König Ludwigs Lieblingsplätze

ZU FUSS UNTERWEGS ZWISCHEN ALPENGIPFELN, SEEN UND WILDEN WASSERN

ANETTE HAUSMANN

Süddeutsche Zeitung Edition

Inhalt

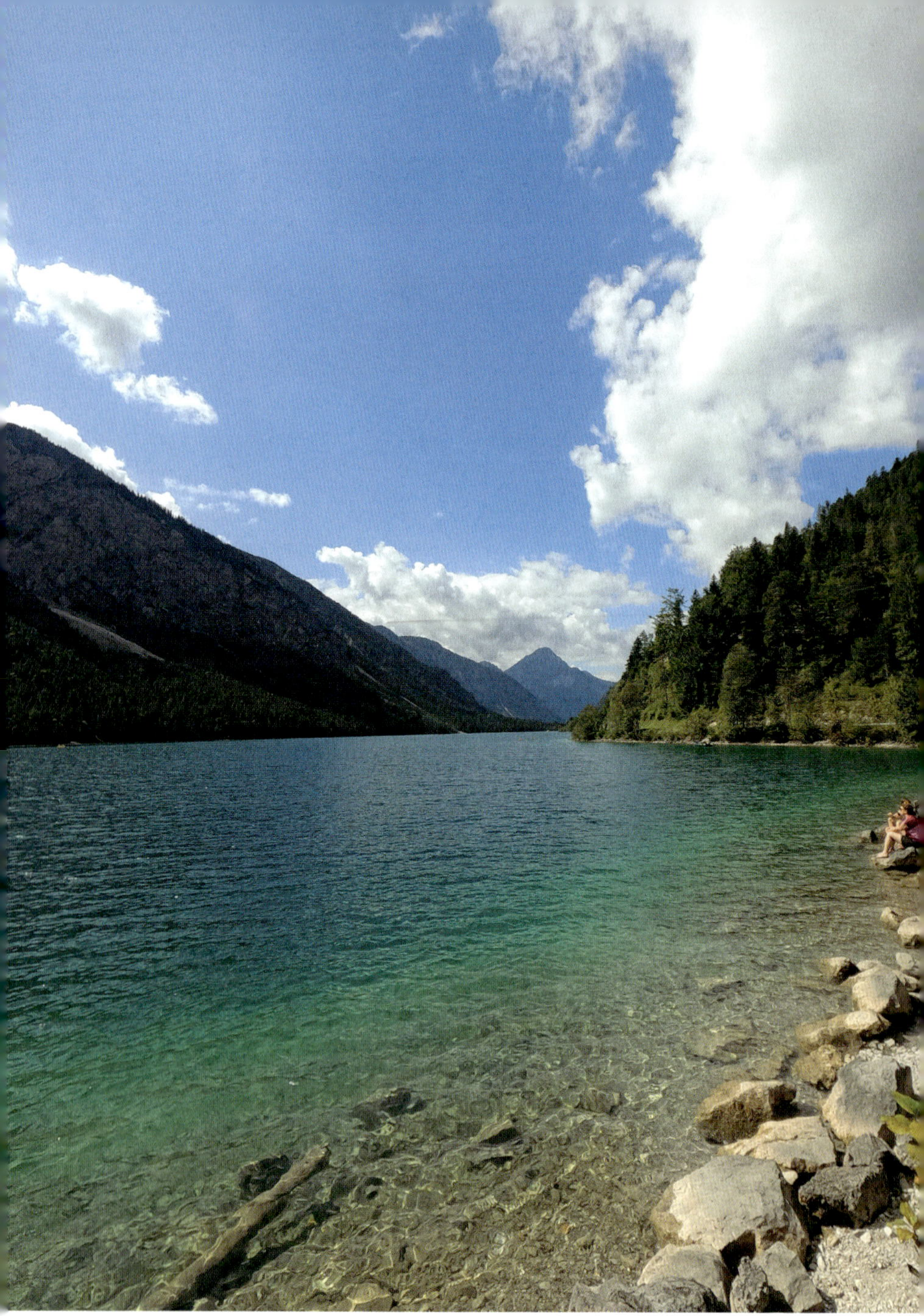

Am Ufer des Plansees in Tirol – hier sollte Ludwigs Sommerpalast entstehen (Tour 20).

Vorwort

Auf unseren königlichen Wanderungen zu Ludwigs Lieblingsplätzen kommen wir durch Bayerns wunderschönste Landschaften, vorbei an aussichtsreichen Sehnsuchtsorten im Blauen Land, Ammergebirge, Fünfseenland, Berchtesgadener Land und Ostallgäu, wo sich der Märchenkönig so gern aufgehalten hat. Besonders liebte er die Einsamkeit in den Bergen.

> *»Oh, es ist notwendig, sich solche Paradiese zu schaffen, solche poetischen Zufluchtsorte, wo man auf einige Zeit die schauderhafte Zeit, in der wir leben, vergessen kann«,*

so schrieb Ludwig II. 1869 an seine frühere Erzieherin Sybille Meilhaus, Baronin von Leonrod (1814–1881).

Ich möchte Sie einladen, diese königlichen Lieblingsplätze und Zufluchtsorte mit mir gemeinsam zu entdecken, und Sie mitnehmen auf entspannte und vielseitige Wanderungen zu den Sehnsuchtsorten des Märchenkönigs: von München bis zu den Alpen. Wir unternehmen einen Streifzug durch das Leben Ludwigs II. und besuchen den Ort der königlichen Geburt, seine Schlösser und die vielen wunderbaren Orte zwischen imposanten Alpengipfeln, traumhaften Seen und wilden Wassern, an denen sich der König so gern aufgehalten hat. Wir kommen in Berührung mit den Mythen und Geschichten um ihn und sind auf Wahrheitssuche, und doch wird uns der König ein ewiges Rätsel bleiben.

Nehmen Sie sich ausreichend Zeit, die schöne Landschaft, die Vielfalt der Natur und die kulturellen Höhepunkte sowie die bayerische Gastlichkeit kennen und genießen zu lernen. Dieses Buch soll Ihre Wanderleidenschaft entstehen und erglühen lassen! Für mich war es ein großes Vergnügen, auf den im Buch beschriebenen Berggipfeln und an den Sehnsuchtsorten eine mitgebrachte Brotzeit mit dem Märchenkönig zu verzehren.

Ich wünsche Ihnen viel Freude und wunderschöne Erlebnisse und Begegnungen!

Mit herzlichen Grüßen
Anette Hausmann

Die Wanderregionen

Die Landeshauptstadt *München* ist mit ca. 1,3 Millionen Einwohnern auch die größte Stadt Bayerns. Unweit der Alpen gelegen, bietet sie einen reichen Kunst- und Kulturgenuss – und eine königliche Geschichte. Der Märchenkönig Ludwig II. wurde hier geboren und verbrachte einen Teil seiner Kindheit und Jugend sowie die Anfangsjahre seiner Regierungszeit in dieser Stadt.

Das *Fünfseenland* – benannt nach den fünf Seen Starnberger, Ammer-, Wörth-, Pilsen- und Weßlinger See – ist ein Freizeit- und Ferienparadies, das im Sommer zum Baden einlädt. Die Gletscher der Alpen drangen vor mehr als 200 000 Jahren bis nach München vor und formten diese Seen. Bekannte Schlösser und elegante Villen prägen zudem das Landschaftsbild. Ein einzigartiger Alpenblick bis zur Zugspitze, die bayerische Seenschifffahrt mit genussreichen Kreuzfahrten und die bayerische Kulinarik machen diese Region zu einem exzellenten Ausflugsziel.

Der *Pfaffenwinkel* bietet eine große Vielfalt an Landschaften, kulturellen und architektonischen Glanzlichtern. Vor allem die zahlreichen prächtigen barocken Klöster und Kirchen brachten diesem Landstrich seinen Namen ein. Ein besonderes Rokoko-Juwel der Gegend ist die weithin berühmte Wieskirche – hier ließen die Baumeister, Stuckateure, Maler und Bildhauer ihren jeweils großen Talenten freien Lauf. Seit 1983 steht die Kirche auf der Liste des UNESCO-Weltkulturerbes.

Das *Blaue Land* rund um Murnau ist durch die Trilogie von Natur, Panorama und Kunst einmalig. Ein großer Teil der königlichen Lieblingsplätze, die in diesem Buch beschrieben werden, und vor allem die königlichen Schlösser sind im Ostallgäu zu finden, das durch über 2000 Meter hohe Gipfel und eine auf rund 800 Metern Höhe vorgelagerte Tallandschaft gekennzeichnet ist. Schloss Neuschwanstein ist das Tor zum Naturschutzgebiet Ammergebirge. Wilde Flusslandschaften und artenreiche Bergmischwälder, klare Seen und Moorgebiete finden sich hier, und auch die Stadt Füssen mit ihrer über 700-jährigen Stadtgeschichte und das Naturschauspiel des Lechfalls sollte man sich nicht entgehen lassen.

Das *Berchtesgadener Land* ist vor allem geprägt vom alles beherrschenden König Watzmann, doch bietet die Gegend auch noch andere Gebirgsland-

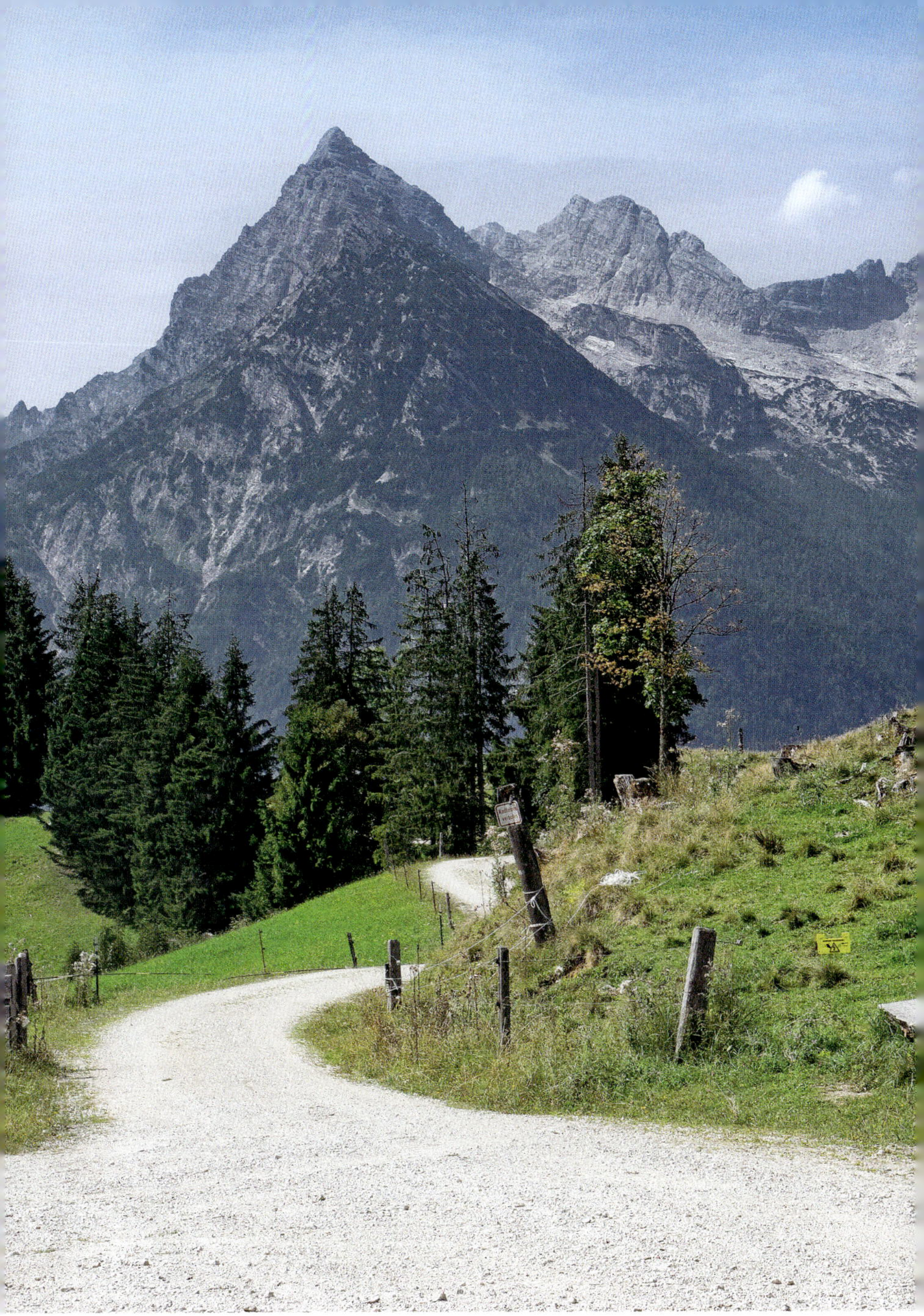

Das Berchtesgadener Land an der Grenze zu Österreich bietet zahlreiche Wandermöglichkeiten.

schaften mit unterschiedlicher Charakteristik – jeder Berg hier hat seine Einzigartigkeit und Schönheit und ist sagenumwoben.

Nachfolgend sind leichte und mittelschwere sowie anspruchsvolle Touren für trittsichere und geübte Bergwandernde mit aller Sorgfalt recherchiert und beschrieben worden. Längere und steilere Passagen setzen Ausdauer und Kondition sowie eine gute Ausrüstung voraus. Pro Stunde sollte man mit ca. 300–350 Höhenmetern im Anstieg rechnen – und immer ausreichend Pausen einlegen, damit das Wandern zum Genuss wird.

Das Alpenvorland ist als Zeckengebiet ausgewiesen, darum insbesondere beim Verweilen auf den Wiesen und im Wald auf ausreichend Zeckenschutz achten! Die Betriebs- und Öffnungszeiten für Bergbahnen, Restaurants, Schifffahrten und Übernachtungsmöglichkeiten können sich schnell ändern, was eine vorherige Überprüfung notwendig macht. Unbedingt rechtzeitig sollte

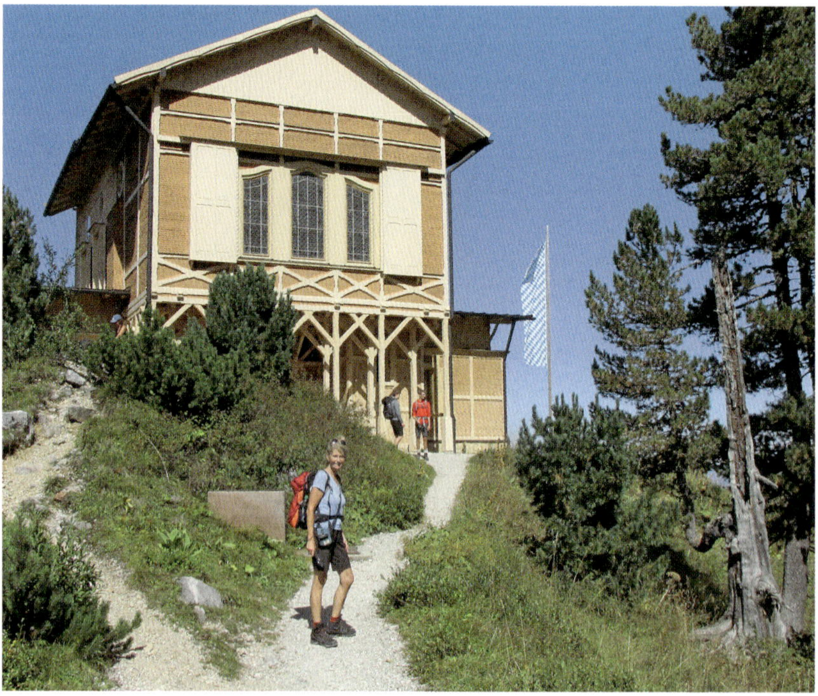

Königliche Bergresidenz – das Schachenschloss lockt viele Wanderer an (Tour 8).

man auch die Wetterbedingungen im Blick haben, um im Gebirge nicht von einem Gewitter überrascht zu werden.

Sollte doch einmal Hilfe nötig sein, nutzt man das *Alpine Notsignal:* Innerhalb einer Minute wird sechsmal in regelmäßigen Abständen ein hör- oder sichtbares Zeichen gegeben, zB. mit Trillerpfeife oder dem Blinken mit einer Taschen- oder Stirnlampe. Danach folgt eine Minute Unterbrechung.

Empfehlung für eine Packliste:

- Rucksack mit Regenhülle
- Regenjacke, Schirm
- Trekking-/Bergschuhe
- Trekkingstöcke, ggf. Grödeln (für Winter- bzw. Schneeverhältnisse)
- ausreichend Trinkvorrat
- Kleidung zum Wechseln und etwas Warmes zum Anziehen, in Plastiktüten verpackt (Regenschutz)
- Sonnenschutzcreme, Sonnenbrille
- Kopfbedeckung (Mütze, Sonnenhut)
- ggf. Badesachen
- Blasenpflaster, Reiseapotheke, kleines Verbandsset
- Handy und Ladegerät, ggf. Kamera
- Insektenschutz
- Brotzeit

Am Wegrand wird man immer wieder auf Kirchen und Kapellen treffen – hat man ein paar Streichhölzer und Teelichter im Rucksack, kann man immer eine Kerze anzünden, um im besonderen Andenken und in Dankbarkeit den Augenblick zu würdigen.

Achtung: Laut Tourist-Info Murnau ist in Planung, den Königsweg 2023 umzurouten – nähere Informationen lagen bei Erstellung dieses Buches (Stand: März 2023) noch nicht vor. Es wird empfohlen, sich vor Begehung des Königswegs (Tour 7) bei der Murnauer Tourist-Info über die aktuelle Lage zu erkundigen (Tel. 08841/476-240).

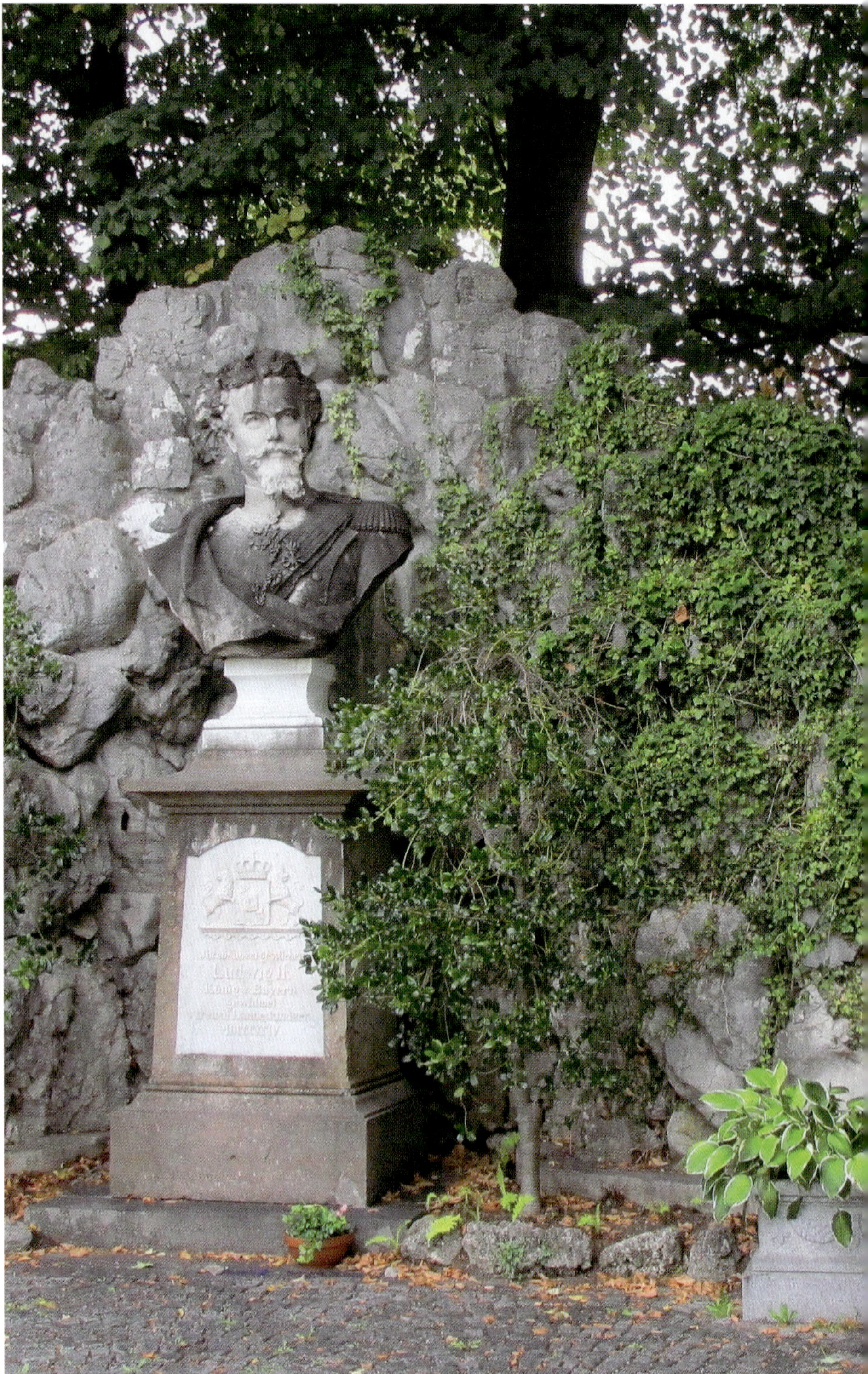

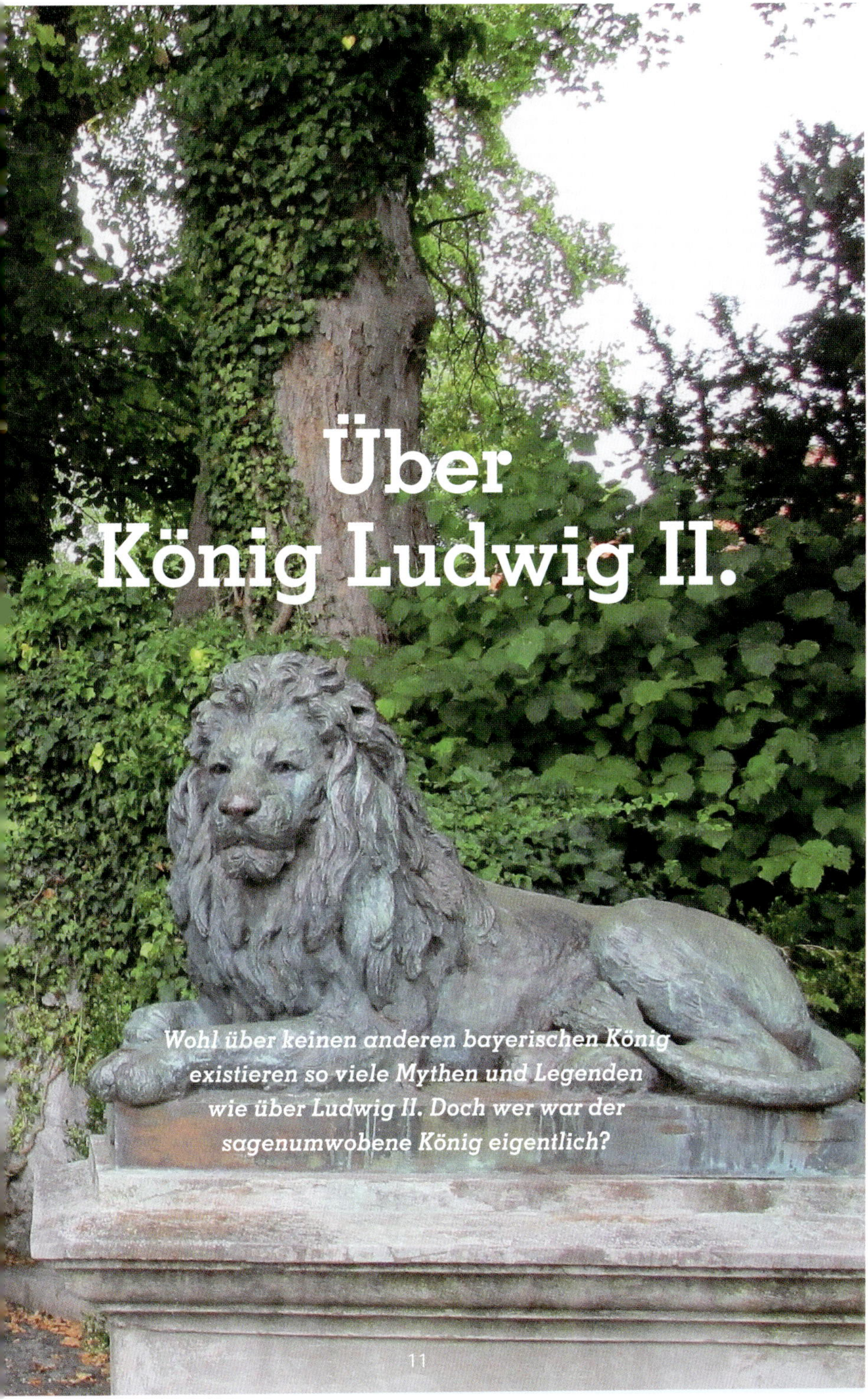

Über König Ludwig II.

Wohl über keinen anderen bayerischen König existieren so viele Mythen und Legenden wie über Ludwig II. Doch wer war der sagenumwobene König eigentlich?

Der »Kini« – ein wahrer König der Herzen

Viele Mythen ranken sich um das Leben und den Tod unseres Märchenkönigs Ludwig II. von Bayern. Er träumte von absolutistischer Allmacht und litt unter dem zunehmenden Druck durch sein Regierungsamt. Viel lieber hätte er sich gänzlich in seine Traumwelt von Kunst und Musik sowie von Mythen und Sagen zurückgezogen.

Ludwig II. war ein Freigeist, gutaussehend und sehr gebildet. Er sprach mehrere Sprachen fließend und war sehr belesen, sehr kreativ und künstlerisch hochbegabt. Er hatte einen großen Sinn für Architektur, zeichnete hervorragend, liebte schöne Dinge und besonders die Musik von Richard Wagner. Den Klassikern von Schiller, Lessing und Goethe und den Dramen von Shakespeare und Victor Hugo war er besonders zugetan. Er nutzte die Aussichtsplätze auf seinen Bergresidenzen, um sich in die literarischen Werke zu vertiefen, z. B. den Pindarplatz am Alpsee (Tour 13). Ludwig II. liebte diese Rückzugsorte, die hier im Buch beschrieben werden.

»... denn auf den Bergen wohnt die Freiheit und überall, dort wo der Mensch nicht hinkommt mit seiner Qual.«

Als Visionär hatte er sich dem technischen Fortschritt mit Haut und Haaren verschrieben, und auch der prunkvollen Architektur seiner Schösser galt seine ganze Aufmerksamkeit. Damit schuf er großartige Meisterwerke des europäischen Historismus und gleichzeitig auch Arbeitsplätze und damit ein Stück Sicherheit für das einfache Volk. Seinen Baumeistern und Bediensteten war er im Besonderen verbunden. Durch sein außergewöhnliches Talent, die unbändige Fantasie und Neugierde wurde er zu einem entscheidenden Mitgestalter des 19. Jahrhunderts. König Ludwig II. ist als Märchenkönig berühmt und als König der Herzen unsterblich geworden.

Er war mit seinen Visionen oft seiner Zeit voraus und fühlte sich deshalb häufig unverstanden. Daher lebte er am liebsten in seiner eigenen Welt und verwirklichte seine Träume lieber durch den Bau seiner Schlösser, anstatt den königlichen Aufgaben im Trubel der Öffentlichkeit nachzukommen. Er hasste Hofbälle, Schmeicheleien und die Selbstherrlichkeit seiner Minister. Nach der

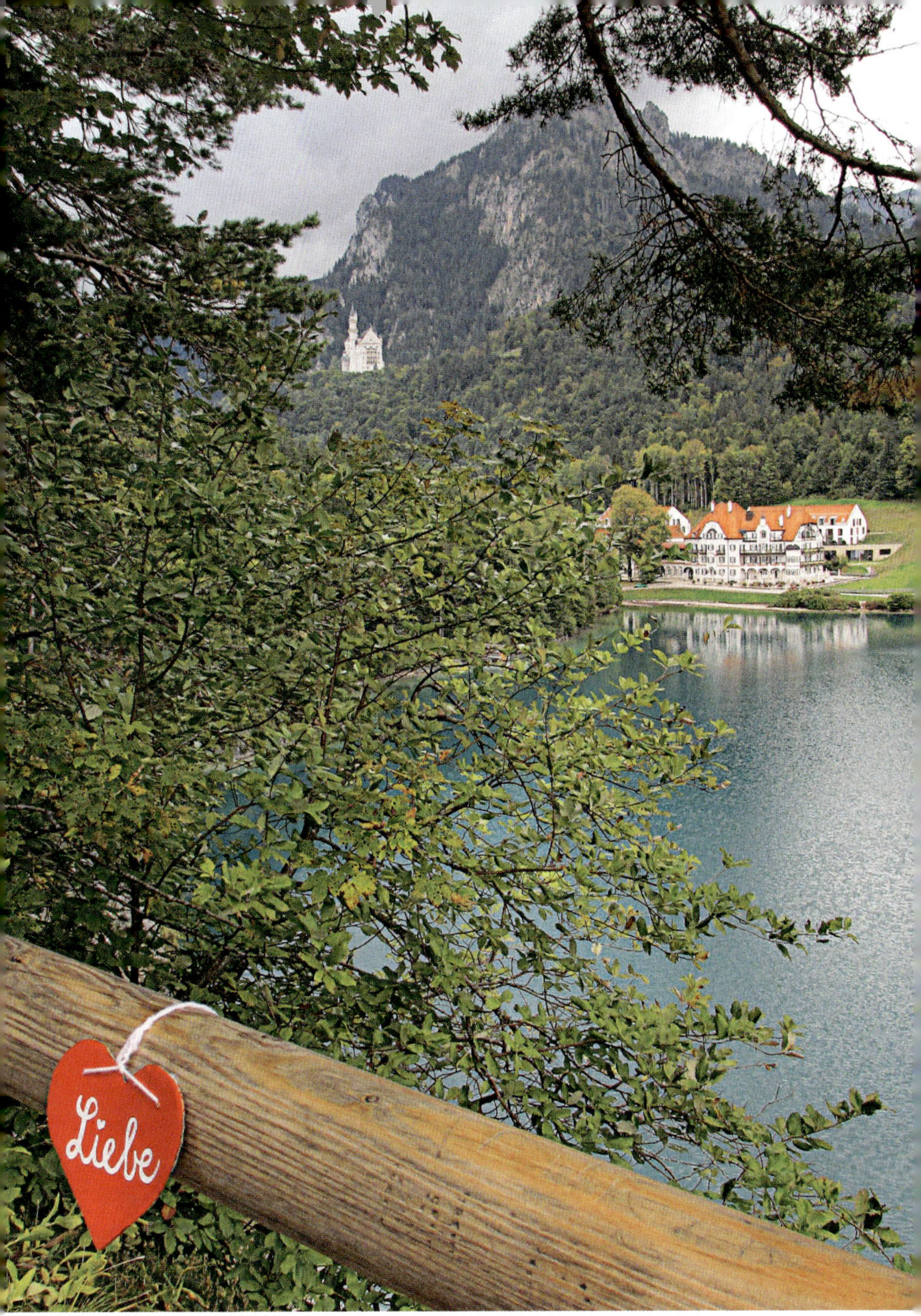

Herrlicher Blick vom Pindarplatz über den Alpsee hinweg auf Schloss Neuschwanstein (Tour 13)

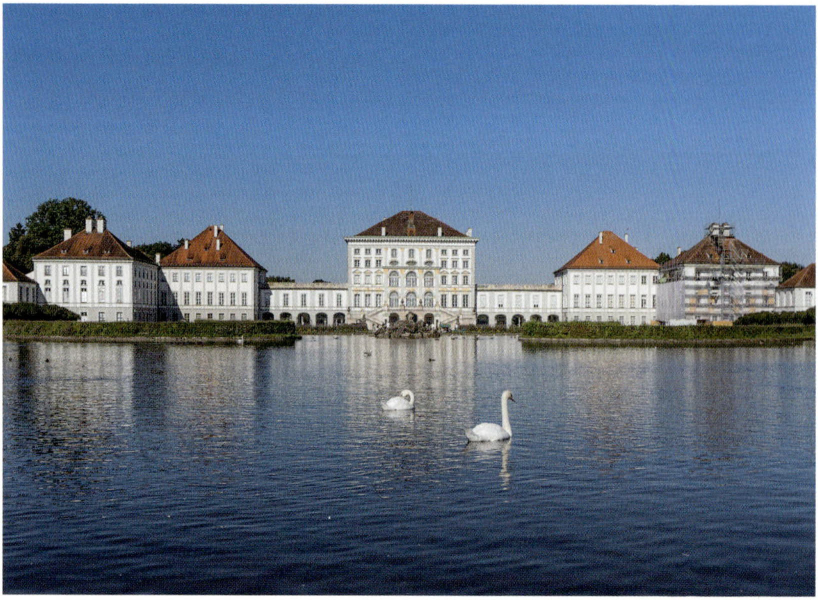

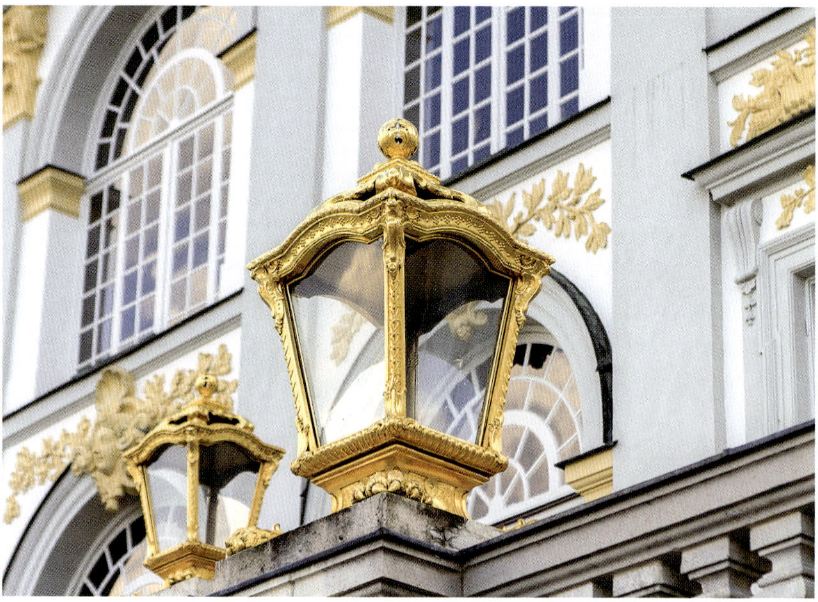

▲ Blick auf das barocke Schloss Nymphenburg (Tour 1)
▼ Die Nymphenburger Schlossanlage glänzt innen und außen (Tour 1).

Reichsgründung 1871 verlor der König mit seinem Bayern die Souveränität und war Preußen unterstellt. Das raubte ihm die Lust am Regieren nahezu vollständig.

Auch die starken Zahnschmerzen, die ihn viele Jahre lang quälten, trugen sicherlich zu seinem vermehrten Rückzug aus dem öffentlichen Leben bei. Er liebte seine einsamen Sehnsuchtsorte in den Bergen und trug sich mit dem Gedanken auszuwandern. Er träumte von einem autonomen Königreich auf den kanarischen Inseln und soll Pläne für einen Geheimbund von Königstreuen geschmiedet haben. Oft verurteilt oder gar für verrückt erklärt, hinterließ er Bayern drei prunkvolle Schlösser, von denen die Tourismusindustrie noch heute profitiert und die Bayern und Deutschland weit über die Landesgrenzen hinweg berühmt gemacht haben.

Geburt auf Schloss Nymphenburg

Schloss Nymphenburg vor den Toren Münchens war eine der Sommerresidenzen der königlichen Familie. Dort, im Grünen Salon, erblickte der Märchenkönig nach einer über zwölfstündigen Geburt am 25. August 1845 das Licht der Welt. Es war der Tag, an dem auch sein Großvater, Ludwig I., Geburtstag hatte. Bereits einen Tag später wurde er auf den Namen Otto Friedrich Wilhelm Ludwig getauft. Einige Tage später überzeugte der Großvater seinen Sohn Maximilian, dass sein Enkel Ludwig heißen sollte, wie er. So wurde aus Otto der Märchenkönig Ludwig. In einem Brief im August 1845 schrieb der Großvater an seinen Enkel: »Bist hingewiesen auf mich vom Himmel, der andere Ludwig lebe in dir noch fort ...«.

Ludwig II. und seinem Großvater wird ein sehr enges, vertrautes Verhältnis nachgesagt. In Briefen schrieb er voller Hingabe: »Wie freu ich mich, Sie, lieber Großvater, recht bald in bestem Wohlsein wiederzusehen ... mit inniger Liebe Ihr dankbarer Enkel Ludwig.« Als Kind verweilte er regelmäßig an den Sonntagen zur Mittagszeit bei den Großeltern. Es gab Trinkschokolade und Brezen, und Opa Ludwig bediente die Kinder. Auch später gab es gemeinsame Unternehmungen – der Großvater begleitete Ludwig 1867 z. B. zur Weltausstellung nach Paris.

Die Eltern waren mit den Regierungsgeschäften eingespannt. Als Kleinkind wurde Ludwig deshalb an eine Amme gegeben. Nach nur acht Monaten verstarb diese an Meningitis, und auch der kleine Ludwig wurde sehr krank und die Kräfte verließen ihn. Es wird spekuliert, ob seine zeitlebens bestehenden häufigen Kopfschmerzen auf diesen Infekt im Kleinkindalter zurückzuführen sind. Sybille Meilhaus, die spätere Baronin von Leonrod, wurde seine Erzieherin und war dies bis 1854. Ludwig II. war zeit seines Lebens mit ihr liebevoll verbunden und verehrte sie. Er nannte sie liebevoll Millau. Bei ihr fand er als Kind die mütterliche Liebe und Fürsorge, nach der er sich sehnte. Am 27. April 1848 kam Ludwigs Bruder zur Welt und erhielt den Namen Otto. Im gleichen Jahr musste Ludwig I. wegen seiner Affäre mit Lola Montez als König abdanken, und der Vater von Ludwig II. wurde König.

Kindheit und Jugendjahre

In den Wintermonaten wohnte Ludwig mit seiner Familie in der Residenz im Hofgarten in München. Im Sommer hielt sich die königliche Familie am liebsten im Schloss Hohenschwangau auf. Schloss Nymphenburg, Schloss Berg und die Roseninsel waren ebenfalls Orte, an denen der Kronprinz die Sommerfrische erleben durfte. 1849 erwarb König Maximilian einen weiteren Sommersitz, die königliche Villa in Berchtesgaden. Ludwig und Otto genossen diese Orte, an denen sie oft mit ihrer Mutter Marie und den Lehrern fernab des väterlichen Zugriffs verweilen durften. Sieben Tage die Woche wurden sie unterrichtet, und die Lehrer mussten täglich an König Maximilian II. berichten. Der Unterricht wurde jedoch sehr abwechslungsreich gestaltet, Geologie auf den Wanderungen vermittelt und Biologie beim Fischen. So verlebten die Jungs glückliche Zeiten fernab des strengen väterlichen Regiments.

Königin Marie war eine leidenschaftliche Bergwanderin und unternahm mit ihren Söhnen viele Wanderungen in die Bergwelt, z. B. auf den Säuling und den Tegelberg bei Füssen. Eigens für Marie wurden Beinkleider zum Wandern geschneidert. Die jungen Prinzen trugen für sie viel zu große Wanderjacken, in die sie wohl noch »hineinwachsen« sollten. Wanderwege wurden für die Königsmutter für jede Jahreszeit angelegt, die heute noch gut erhalten und von denen einige in diesem Buch beschrieben sind (wie z. B. der Alpenrosenweg, s. Touren 10 und 16). Die Bergbegeisterung hatte Ludwig II. hauptsächlich von seiner Mutter Marie quasi in die Wiege gelegt bekommen. Zeit seines Lebens behielt er diese Leidenschaft bei.

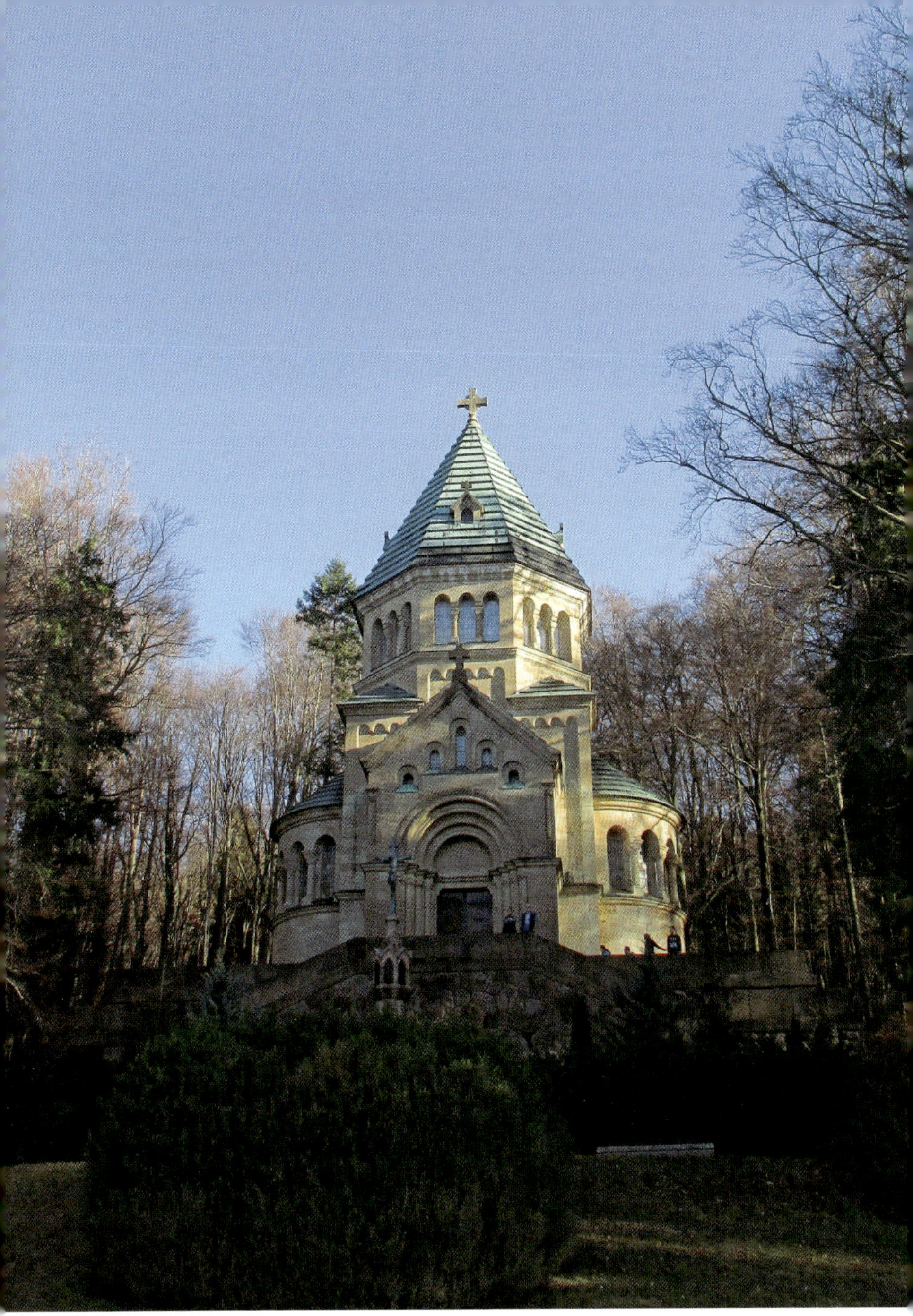

Die Votivkapelle in Berg am Starnberger See, wo König Ludwig II. zu Tode kam (Tour 5)

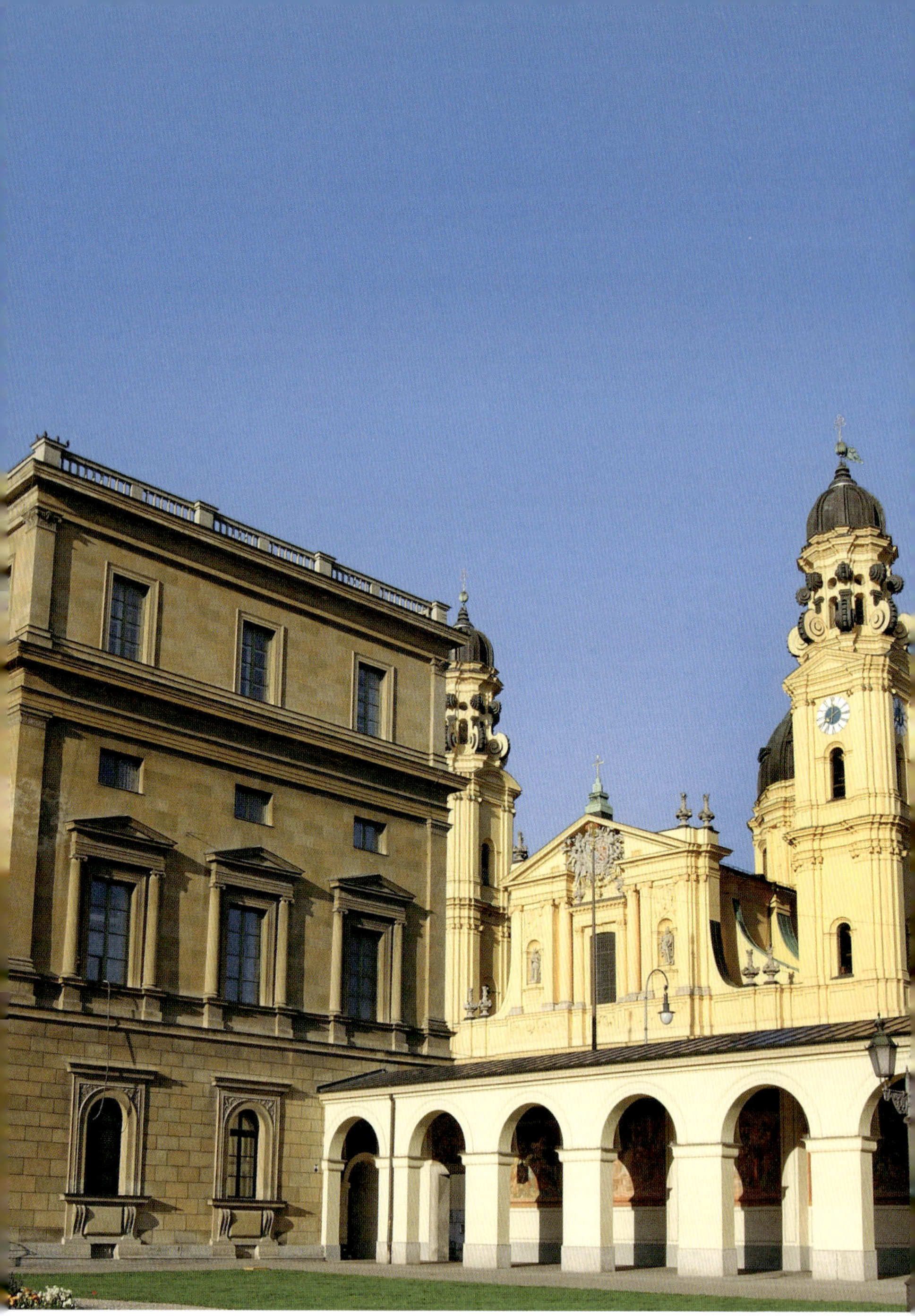

Die Münchner Residenz mit dem nordwestlichen Eckpavillon, wo König Ludwig II. wohnte (Tour 3)

Überliefert ist auch die Geschichte, dass die jungen Prinzen stets hungrig waren und von den Bediensteten heimlich Essen bekamen. König Maximilian II. soll sein Essen voller Hast und Eile eingenommen haben – und sobald der König seinen Teller leer gegessen hatte, mussten auch Frau und Söhne das Essen sofort beenden. Wenn man sich vorstellt, wie kleine Kinder von vier, fünf Jahren ihre Mahlzeiten »zelebrieren«, so fühlt man mit den beiden Prinzen mit und versteht, dass sie hungrig von der Tafel aufstehen mussten. Sie hatten sicherlich nur wenige Brocken essen können, bevor der Vater das Ende des Mahls herbeiführte. Aber so wollte es damals die herrschaftliche Sitte und Ordnung am Hofe.

Der Märchenkönig war ein begnadeter, talentierter und begeisterter Reiter. Er trainierte im Marstall, der königlichen Hofreitschule in München, die nach Plänen des Architekten Leo von Klenze von 1817 bis 1822 errichtet wurde. Seine mehrtägigen Ausritte ins oberbayerische Alpenvorland, ins Allgäu und nach Tirol über enge Pässe und vorbei an tiefen Schluchten ließen seinen Begleitern den Angstschweiß auf die Stirn treten – so war es üblich, dass der König bis zu 80 Kilometer an einem Tag auf dem Pferderücken zurücklegte. Ein Reitunfall beendete seine Laufbahn als Reiter und führte sicherlich dazu, dass er sich in späteren Jahren immer weniger bewegte und statt zu Pferd seine Kutschen und den Schlitten nutzte, um auf seine Bergresidenzen zu gelangen. Das war ein Grund, weshalb er auch an Gewicht zulegte, wie anhand der wenigen Porträts, die es von ihm gibt, deutlich zu erkennen ist.

Königliche Regierungsgeschäfte

Noch am Todestag seines Vaters wurde der junge Ludwig mit erst 18 Jahren zum König ausgerufen. Diese Zeit war geprägt von der Hochindustrialisierung und dem Aufstreben des Bürgertums. Er trat ein schweres Erbe an und war auf sich allein gestellt. Als Monarch fühlte er sich für den Wohlstand und das Glück seines Volks verantwortlich. Ludwigs Vorstellungen von einem absolutistischen Königtum mit ihm als König von Gottes Gnaden stand der politischen Realität einer konstitutionellen Monarchie jedoch entgegen. 1874 schrieb er an Sybille Meilhaus:

> *»Schmerzlich, dass die traurige Gegenwart, das mir sehr zuwidere 19te Jahrhundert mit sich bringt.«*

Zu Anfang seiner Regentschaft kam er voller Begeisterung seinen Regierungsgeschäften nach, so, wie er es in seiner Thronrede am 11. März 1864 versprochen hatte:

> *»... ich bringe ein Herz mit auf den Thron ... Was immer in meinen Kräften steht, will ich tun, um mein Volk zu beglücken ...«*

Auch das bekannte Krönungsbild des jungen Ludwig in blauer Uniform und Krönungsmantel bringt dies zum Ausdruck. Ludwig sah seine Macht unmittelbar von Gott gegeben, was sich in der Architektur seiner Schlösser zeigt, z. B. im Thronsaal auf Schloss Neuschwanstein (Tour 14).

Als bayerischer König versuchte er nun die Politik zu bestimmen, war Befehlshaber der Armee und letzte Instanz der Gerichtsbarkeit. Zeit seines Lebens hatte er sich genauestens mit den Verwaltungsvorgängen beschäftigt. Davon zeugen seine Bemerkungen in vielen Akten. Seine Minister verstanden sich jedoch selbst als Regierung, was das Regieren nach seinen königlichen Vorstellungen erschwerte. So hatte er zunehmend auch an seinen Repräsentationspflichten wenig Freude. Er mied öffentliche Auftritte, wie z. B. die Fronleichnamsprozession oder das Münchner Oktoberfest, und ließ sich oft von der Königinmutter oder seinem Bruder Otto vertreten. Schon bald wurde deutlich, dass sich Ludwig lieber in den Bergen und der Natur aufhielt als in der Residenzstadt München. Die Jagdhütten, die er nach dem Tod seines Vaters übernommen hatte, machte er zu seinen königlichen Zufluchtsorten. Im Sommer soll es für seine Regierungskabinettssekretäre sogar oft schwierig gewesen sein, ihn überhaupt aufzuspüren, weil er seinen Aufenthalt von Hütte zu Hütte wechselte und sie in entlegene Winkel mitten in der Natur bestellte (Tour 22).

Ludwig II. als Technik-Visionär

Ludwig II. wird oft als exzentrischer Romantiker dargestellt, ohne dessen jahrelange Unterstützung Richard Wagner nie sein großes Werk hätte schaffen können. Bekannt ist auch, dass der König sich beim Bau seiner Schlösser tief verschuldet hat und dass er partout keine Kriege führen wollte - schon gar nicht gegen sein geliebtes Frankreich. Weniger bekannt aber ist, dass der König die technische Entwicklung seiner Zeit massiv vorantrieb. Schon 1868 hat er in München die Polytechnische Schule gegründet, 1877 umbenannt in König-

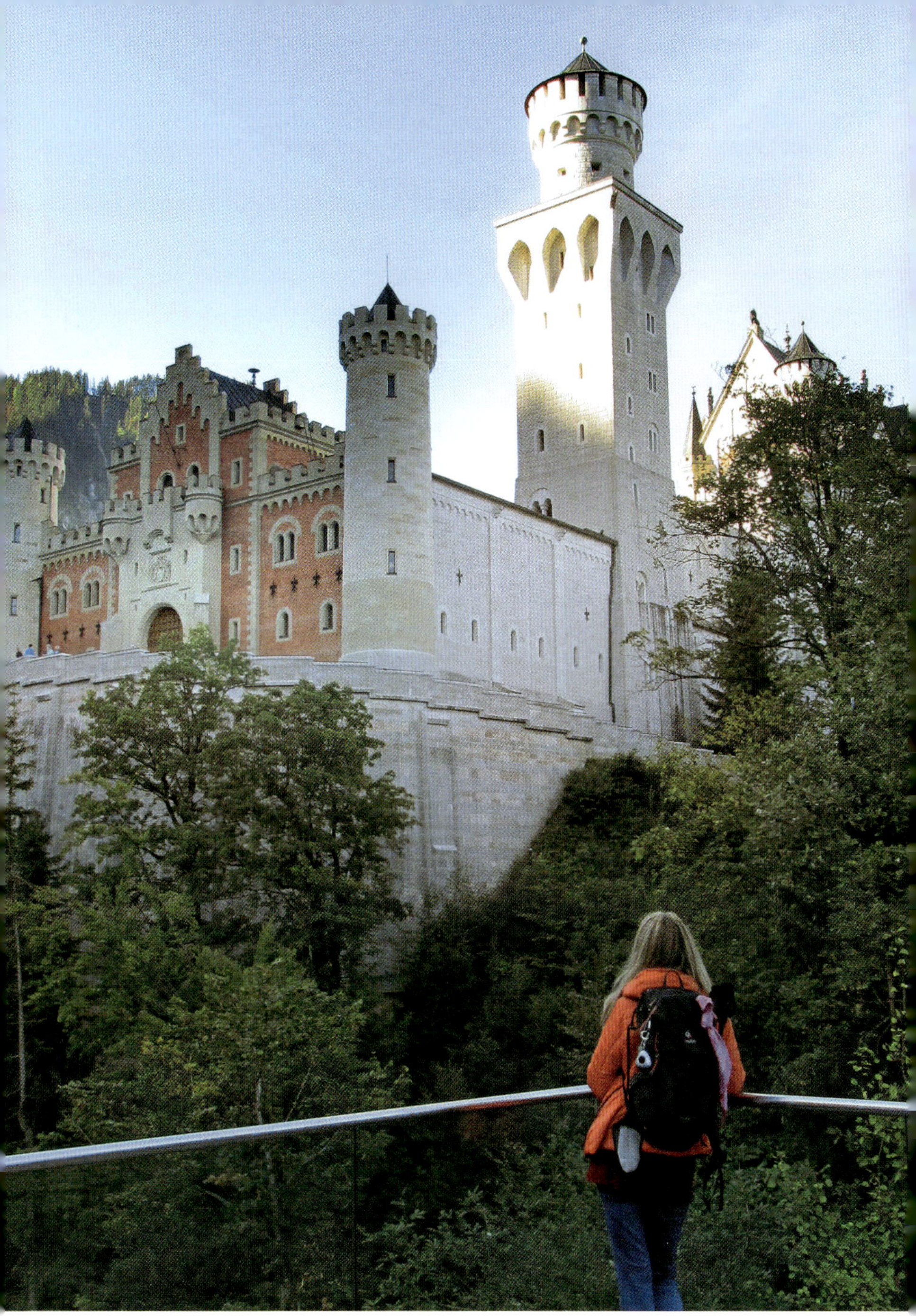

Ludwigs Gralsburg: Schloss Neuschwanstein (Tour 14)

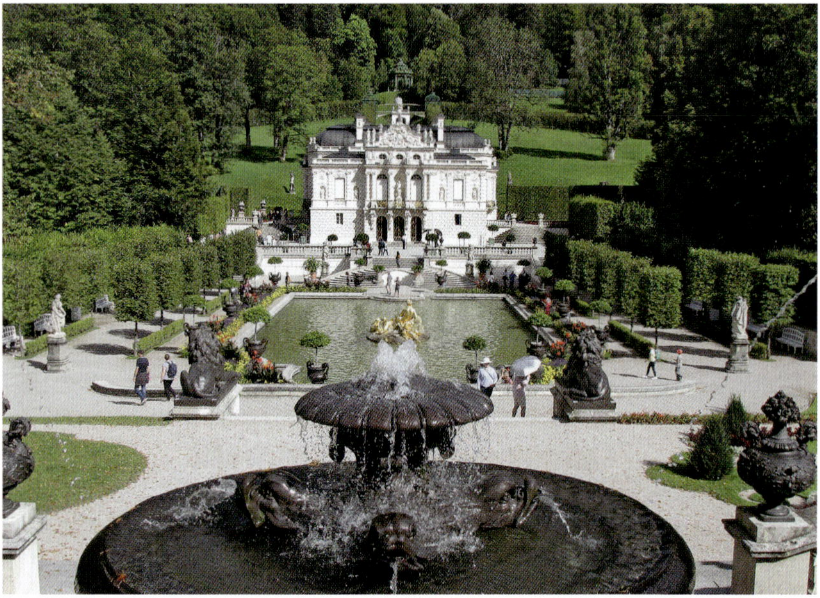

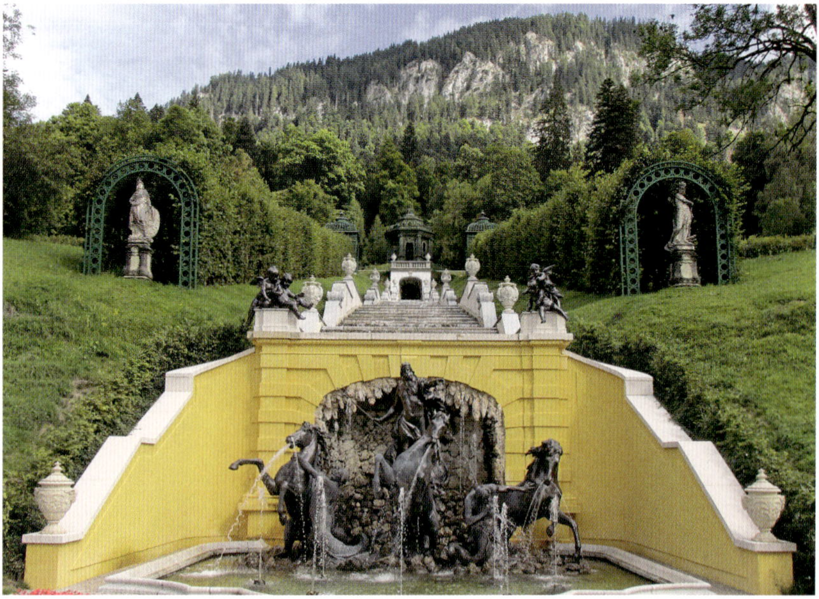

▲ Wasserspiele im Schlossgarten mit Blick auf Schloss Linderhof (Tour 18)
▼ Schlossgarten Linderhof: Kaskade mit Neptunbrunnen (Tour 18)

lich Bayerische Technische Hochschule zu München und den Universitäten gleichgestellt – heute ist das die Technische Universität München (TUM), die zu den angesehensten in Europa zählt.

Man kann natürlich über seine Motive streiten. Es stimmt vermutlich, dass er sich vor allem deswegen für die Technik stark gemacht hat, weil er seine eigenen Pläne und Visionen realisieren wollte. Dazu griff er auf die neuen Möglichkeiten seiner Zeit zurück: auf die Dampfkraft beispielsweise und auf die Elektrizität. Bayern wurde zu einem Vorreiter neuer Technologien.

Die 1877 fertiggestellte Grotte im Schlosspark Linderhof ist dafür bezeichnend: Für ihre möglichst perfekte Beleuchtung ließ Ludwig II. das erste Elektrizitätswerk in Bayern bauen (oft auch als das erste weltweit bezeichnet, vier Jahre vor London und New York), mit den gerade erst erfundenen Dynamos von SIEMENS-Schuckert und GRAMME in Paris – insgesamt 24 Dynamomaschinen für die gleiche Zahl von Kohlebogenlampen in der Grotte und im Maurischen Kiosk. Zugleich suchte er aber auch verzweifelt nach dem sogenannten Capri-Blau für die Beleuchtung der Grotte, und es gibt viele Belege, dass er dafür die besten Chemiker seiner Zeit beschäftigte und die Entwicklung der Farben-Chemie befruchtete. München entwickelte sich damals zum Zentrum der europäischen Chemie-Industrie. Bekanntermaßen hat sich schließlich die junge Firma BASF in die Suche nach dem »blaueren« Blau eingeschaltet, und am Ende stand die Entwicklung von künstlichem Indigo – einem Farbstoff, ohne den die Jeans, so wird zumindest kolportiert, nicht so markant blau geworden wären, wie sie nun einmal sind.

Und dann diese geheimnisvolle Glühbirne am Schlitten des Königs, dem ersten beleuchteten Fahrzeug, mit dem er durch die verschneiten Wälder im Graswangtal fuhr – schon 1875 und damit vier Jahre bevor Thomas Alva Edison sein Patent auf die Glühbirne anmeldete. Niemand weiß bis heute, woher diese Glühbirne stammte! Bunsenelemente mit Chromschwefelsäure in einem mit Bleiblech ausgeschlagenen Batteriekasten lieferten den Strom.

Man denke aber auch an die Internationale Elektrizitäts-Ausstellung, die 1882 im Münchner Glaspalast stattfand. Damals wurde durch Oskar von Miller und Marcel Depréz erstmals in Deutschland elektrischer Strom über eine längere Strecke geleitet, nämlich von Miesbach nach München. Konkret wurde ein kleiner Wasserfall über eine Telefonleitung angetrieben. Das war sehr spektakulär, und Ludwig II. wusste dieses Wissen zu nutzen. Er wünschte sich eine Theaterbeleuchtung, die Bühne sollte ins rechte Licht gesetzt sein, er selbst aber wollte sich vor den neugierigen Blicken des Publikums im Dunkel verbergen können. Die weltweit ersten Ton- und Lichtspiele der Welt (»son et lumière«) des Nachts vor Schloss Herrenchiemsee passen in diesen Kontext.

Auch beim Bau seiner Schlösser und Refugien nutzte der König alle Möglichkeiten seiner Zeit. Hinter der historisierenden mittelalterlichen Fassade von Schloss Neuschwanstein steckte modernste Technik der damaligen Zeit, so eine Heißluft-Zentralheizung, fließendes Heiß- und Kaltwasser, und sogar die Toilette besaß eine automatische Spülung. Über eine elektrische Rufanlage stand der König mit seinen Dienern und Adjutanten in Verbindung, und im dritten und vierten Obergeschoss gab es die ersten Telefonanschlüsse. Dampfgetriebene Lokomobile dienten zur Beförderung schwerer Lasten und Aufzüge, und auch zum Bau von Schloss Herrenchiemsee wollte er einen eigenen Dampfzug zum Transport der Materialien bauen lassen. Er gründete den Dampfkesselüberwachungsverein, der die sichere Funktion der diversen Dampfmaschinen überwachen sollte, daraus ist später der heute allgegenwärtige Technische Überwachungsverein TÜV Süd geworden. Gleichzeitig hat Ludwig II. aber auch die erste Unfall-Krankenversicherung für die unter schwierigen Umständen arbeitenden Bauarbeiter in Neuschwanstein ins Leben gerufen.

Modernste Stahl-Eisen-Konstruktionen wie beim Neubau der Marienbrücke in Neuschwanstein, den mit Stuckmarmor ummantelten Säulen des Thronsaals oder den Doppel-Trägern unter dessen Boden markierten den Aufbruch in eine neue Zeit, wie auch die spektakulären Eisen-Glas-Strukturen für das gewölbte Dach des berühmten Wintergartens über der Münchner Residenz mit seinen exotischen Pflanzen und Tieren. Darüber hinaus aber träumte Ludwig II. zeitlebens vom Fliegen – wobei sich damals niemand so richtig vorstellen konnte, wie das funktionieren sollte. Ludwig II. hat immer wieder nachgehakt, hat den mit ihm befreundeten Maschinenmeister Friedrich Brandt auf diese Frage angesetzt und alle verfügbaren Fachaufsätze über die Möglichkeiten lenkbarer Ballone und Luftschiffe gelesen. Es gibt auch Hinweise darauf, dass der König den Luftfahrtpionier Gustav Koch, der an einem lenkbaren Luftschiff, einer Art Zeppelin, arbeitete, finanziell unterstützte. Außerdem wünschte sich der König eine Gondelseilbahn: Sie sollte von Schloss Hohenschwangau über den Alpsee auf die sogenannte Sperbersau führen und von einem Ballon entlastet werden. In Briefen nennt der König

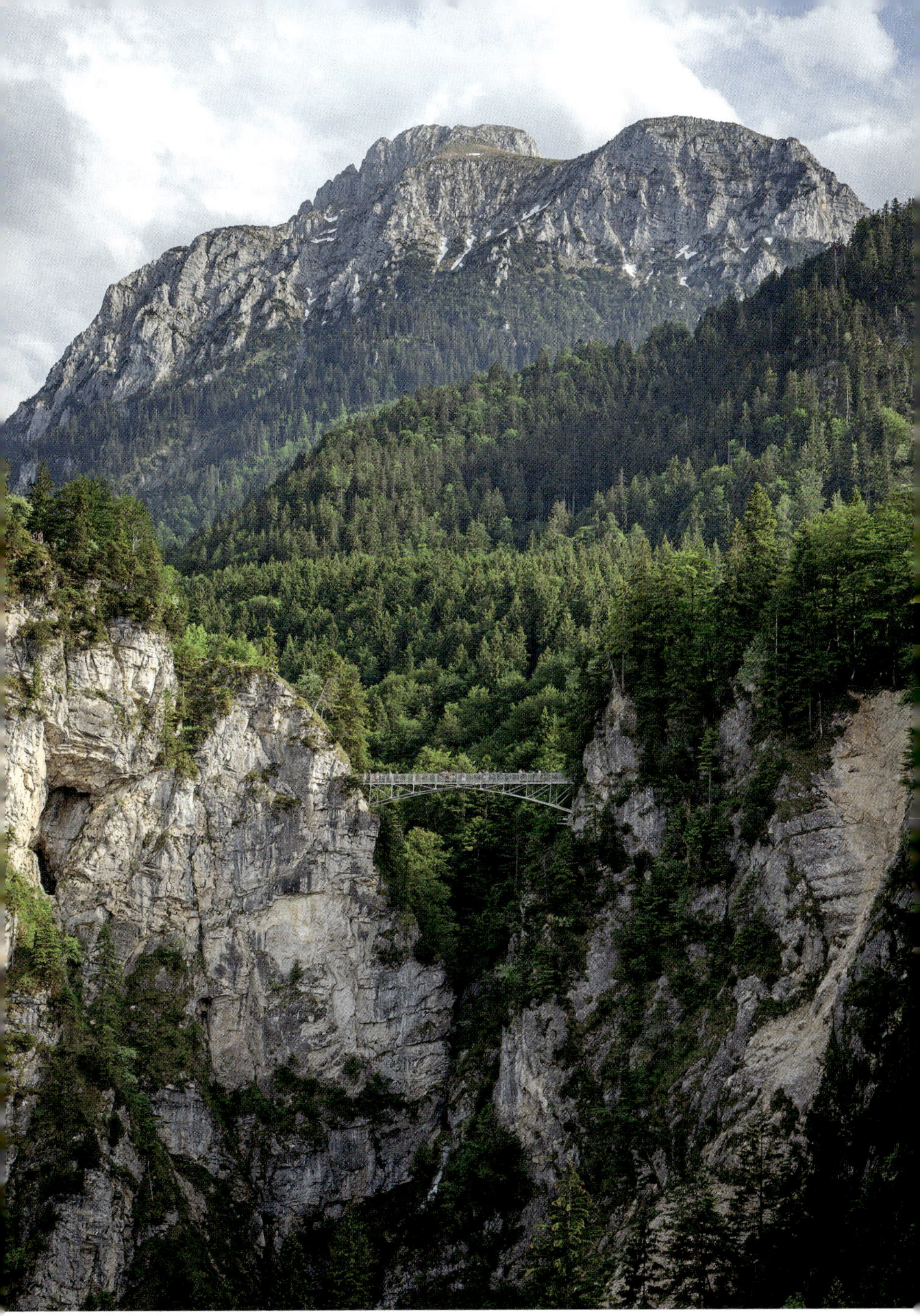

Blick vom Schloss Neuschwanstein auf die Marienbrücke und den Säuling (Tour 14)

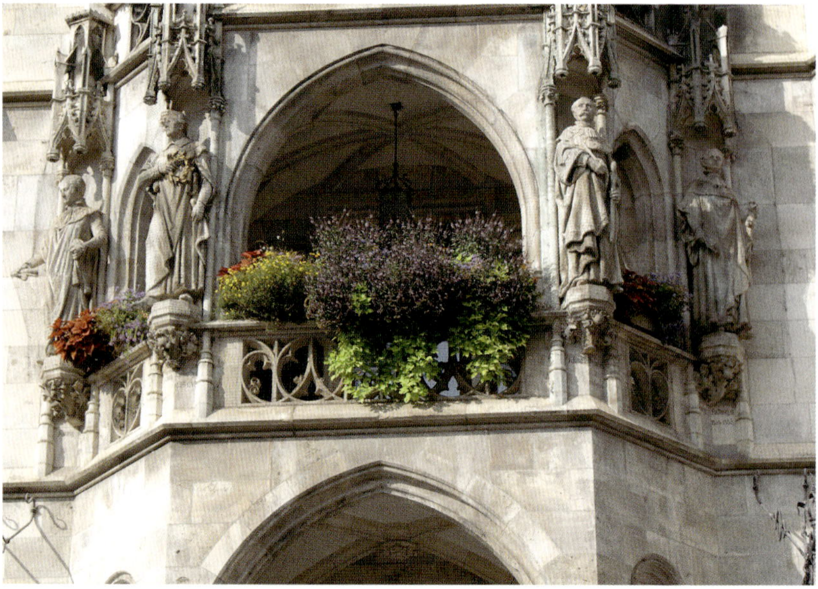

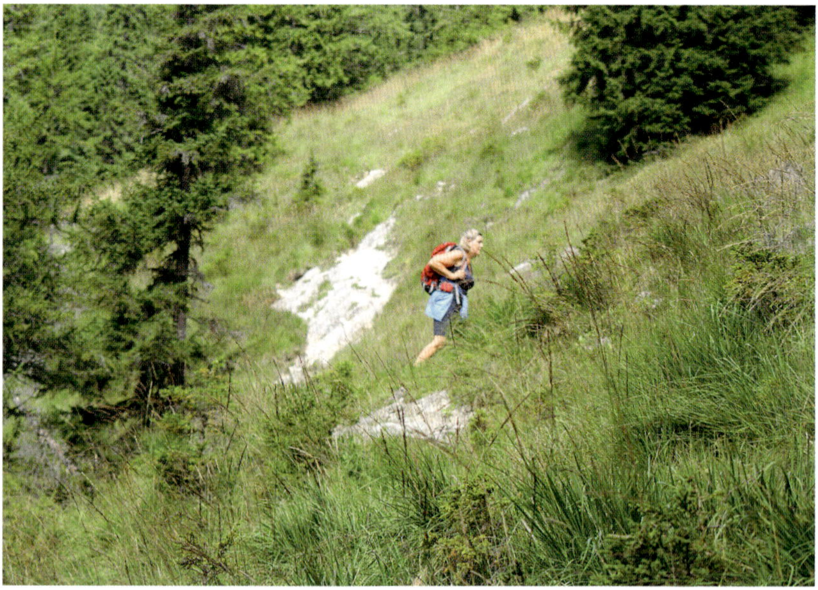

▲ Das Neue Rathaus am Marienplatz: Blick auf die Königslaube mit Ludwig-Skulptur (ganz rechts) (Tour 3)
▼ Über Stock und Stein: Aufstieg zu den Brunnenkopfhäusern (Tour 19)

die Gondel einen »Pfauenwagen« – vermutlich sollte sie entsprechend verziert werden. Die Idee ließ sich aus technischen Gründen aber nicht realisieren – und sie wurde Ludwig II. später neben seiner Verschuldung zum Verhängnis: Die Psychiater, die ihn für unmündig erklärten, meinten offensichtlich, er hätte daran gedacht, sich von fliegenden Pfauen durch die Lüfte ziehen zu lassen. Aber das war natürlich ein Fehlurteil. Tragischerweise sollte es nach dem bis heute mysteriösen Tod des Königs gar nicht mehr so lange dauern, bis zumindest Teile seiner Träume Wirklichkeit wurden: Fünf Jahre später machte Otto Lilienthal seine ersten erfolgreichen Gleitflugversuche, 15 Jahre nach Ludwigs Tod flogen die ersten Zeppeline, der erste Motorflug war in Vorbereitung, und gut 20 Jahre nach seinem Ableben wurde in Bozen auch die erste Seilbahn Europas gebaut. *(Dossier von Prof. Dr. Gerd Hirzinger)*

Ludwig II. und der Krieg

Der König verabscheute den Krieg:

»Ist denn kein Mittel, keine Möglichkeit vorhanden, den Krieg zu vermeiden?«

Nach dem verlorenen Krieg gegen Preußen an der Seite von Österreich musste Ludwig II. kapitulieren. 1870 ließ er sich von Bismarck, der als Gründer des Deutschen Reichs in die Geschichte einging, zu einem »Kaiserbrief« überreden, den Bismarck formuliert hatte. Der Märchenkönig kam nicht umhin, seine Unterschrift unter diesen zu setzen; er soll dafür im Gegenzug sechs Millionen Goldmark für sein Privatvermögen erhalten haben. Der Krönung des preußischen Königs Wilhelm I. zum Kaiser des Deutschen Reichs stand somit nichts mehr im Wege, wurde sie mit dem Brief doch von Ludwig II. unterstützt – und dieser gab quasi die Souveränität von Bayern auf. Als Folge der Vereinbarungen mit Preußen musste sich die bayerische Armee im Kriegsfall unter preußischen Oberbefehl stellen, was den König sehr belastete, war er somit doch auch dazu gezwungen, 1870 den Mobilmachungsbefehl gegen Frankreich zu erteilen – ausgerechnet gegen sein geliebtes und hochverehrtes Frankreich.

Dieser Zwang war nicht vereinbar mit seiner absolutistischen Einstellung. Könnte dies ein Grund gewesen sein, der den Märchenkönig mehr und mehr zu Selbstmordgedanken getrieben hat? War der König seines Lebens überdrüssig geworden?

Der Märchenkönig veranstaltete keine Hofjagden, er hasste die Jagd und den Krieg, verabscheute Gewalt. Nur dem Personal war es erlaubt, Wild zu erlegen, und zwar nur so viel, wie für die Mahlzeiten erforderlich war. Die geerbten ehemaligen Jagdhäuser seines Vaters hatte er aus diesem Grunde umwidmen und umgestalten lassen.

Ludwig II. und die Finanzen

Oft wird behauptet, dass Ludwig seine Bauleidenschaften auf Kosten der Staatskasse auslebte. Dies soll an dieser Stelle auch nicht bewertet werden. Der Kirchenhistoriker Dr. Markus Schmitt, der über Ludwig II. promoviert hat, widerlegt dies jedoch überzeugend und begründet, weshalb »der König in Wirklichkeit keinen einzigen Pfennig an Staatsgeldern ausgegeben hat. Darauf hätte er als konstitutioneller Monarch überhaupt keinen Zugriff gehabt. Was er für seine Schlösser und seine umfangreiche Kunstförderung ausgegeben hat, war bis zum letzten Pfennig sein eigenes Geld aus der sogenannten ›Zivilliste‹ (seinem Jahresgehalt als König) und anderen privaten Einnahmen.«

Das königliche Jahresgehalt betrug etwa 6,7 Millionen Mark und wurde aus Steuergeldern gespeist. Schmitt schreibt dazu weiter: »Dementsprechend sorgte er dafür, dass das Geld im Land blieb, indem er seine Aufträge, wenn irgend möglich, an bayerische Firmen vergeben ließ, der armen Landbevölkerung im Gebiet der Großbaustellen seiner Schlösser über Jahre hinweg Arbeit und Brot gab und durch seine Ansprüche das bayerische Kunsthandwerk zu Höchstleistungen trieb.«

Die Ausgaben für die Schlösser Neuschwanstein, Linderhof und Herrenchiemsee zusammen beliefen sich umgerechnet auf ca. 31 Millionen Mark. Im Vergleich dazu lagen die Reparationszahlungen, die Bayern für den Krieg von 1866 an Preußen zu leisten hatte, bei ca. 48 Millionen Mark. Von der sehr angespannten finanziellen Situation ihres Sohns erfuhr die Königsmutter erst im Frühjahr 1886. Sie soll ihrem Sohn angeboten haben, wertvollen Schmuck zu veräußern, um ihn finanziell zu unterstützen. Ludwig lehnte dies jedoch ab. Die Baukosten waren zweifelsohne so hoch, dass Ludwig im Jahr 1884 bereits Schulden von rund zwölf Millionen Mark hatte, die bis zu seinem Tod auf ca. 14 Millionen anwuchsen. Damit er seine umfangreichen Bauvorhaben weiterführen konnte, bat er sein Kabinett um eine Bürgschaft

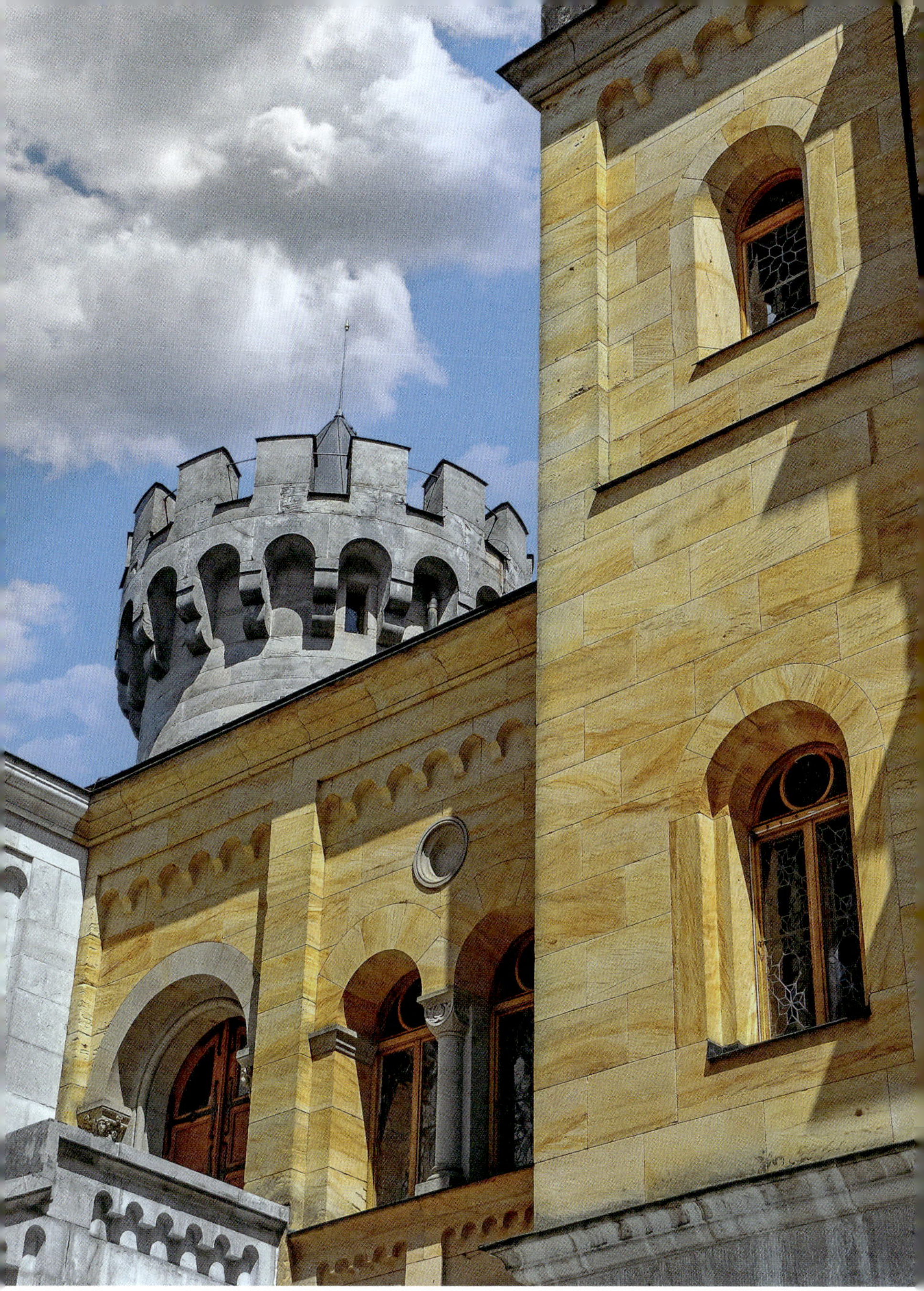

Bis zum Tod des Königs betrugen die Kosten für den Bau von Neuschwanstein bereits über sechs Millionen Mark.

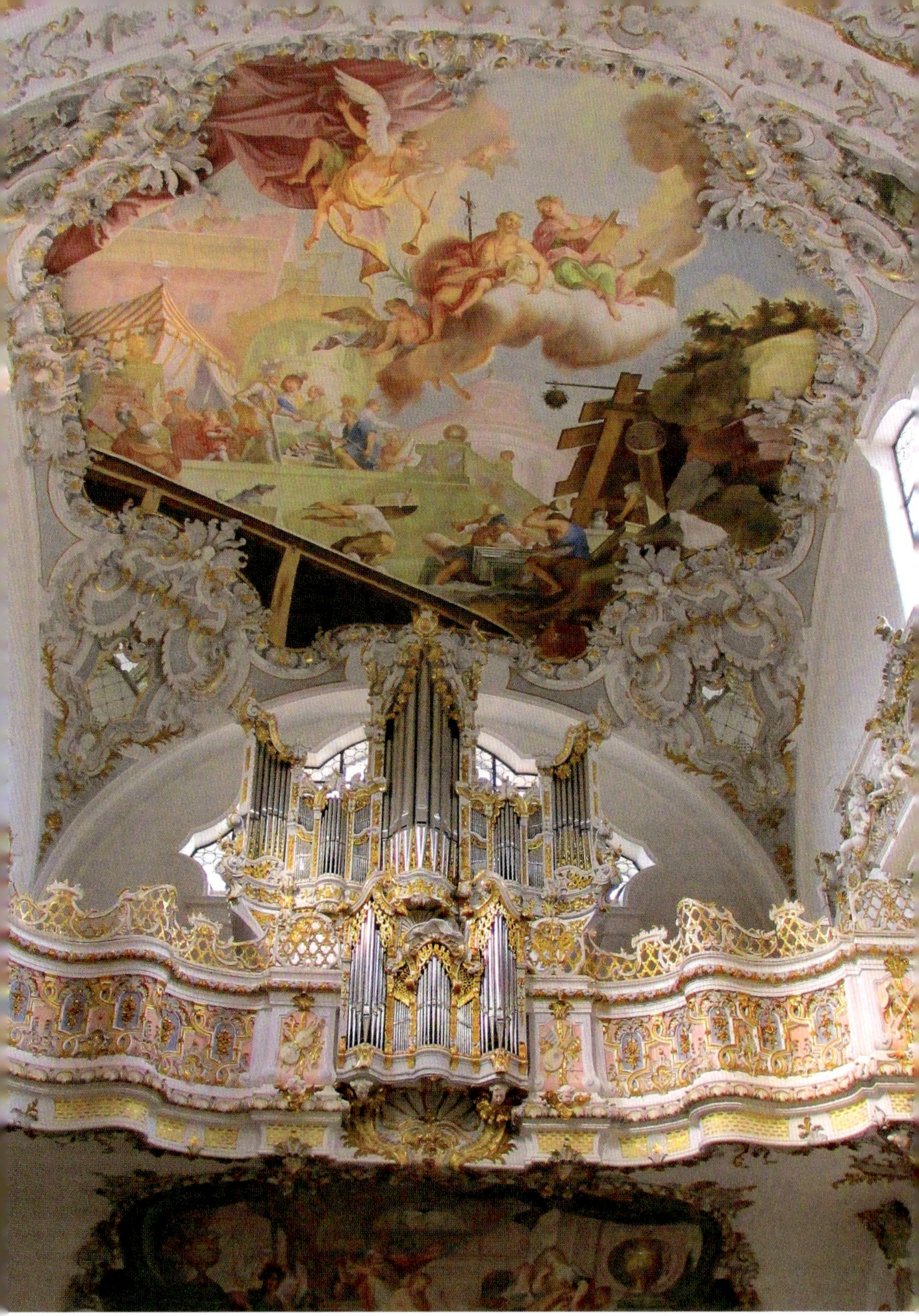

Rokokojuwel: die Wieskirche mit Kuppelfresken von J. B. Zimmermann (Tour 9)

für einen Kredit. Dieses kam seiner Bitte jedoch nicht nach. Könnte es sein, dass die hohe Verschuldung unter anderem auch mit dazu beigetragen hat, die Entmündigung des Königs vorzubereiten?

Der König als Wohltäter

Seine Großbaustellen verschafften der Landbevölkerung über viele Jahre hinweg Arbeit und sicherten ihre Existenz. 1879 gründete Ludwig II. den Bayerischen Verwaltungsgerichtshof, der den Bürgern kostenlos bei behördlichen Rechtsstreitigkeiten zur Seite stand. Täglich sorgte er dafür, dass Hunderte von Bedürftigen etwas zu essen bekamen, und legte zusammen mit seiner Mutter den Grundstein für das Bayerische Rote Kreuz (BRK). In der Folge des Kriegs von 1866 gründete der Märchenkönig den Bayerischen Invaliden- und Unterstützungsverein und unterstützte so die Kriegsverwundeten und Kranken. Auch eine Reihe von Krankenhausneubauten und Erweiterungen ließ er vornehmen. Aufgrund der Choleraepidemie von 1873 in München ließ Ludwig II. die Frischwasserversorgung und ein modernes Kanalisationssystem errichten. Zudem bewahrte er die Kirche St. Bartholomä am Königssee vor dem Abbruch. Diese Aufzählungen sind längst nicht vollzählig, sollen aber seine Nähe zum Volk belegen.

Ludwigs Beziehungen

Dem Märchenkönig werden zahlreiche Beziehungen und Begegnungen mit Frauen und vor allem Männern nachgesagt oder besser gesagt: angedichtet. Ludwig empfand sich zutiefst als ein von Gott erwählter König und wollte deshalb die weltlichen Regelungen und göttlichen Gesetze umsetzen sowie selbst zutiefst »rein« sein. Aufgrund seiner Recherchen in den Wittelsbacher Archiven ist Dr. Markus Schmitt der Meinung, dass sich Ludwig II. zu homosexuellen Schwärmereien hinreißen ließ. Auch Küsse oder Umarmungen hätte es sicherlich gegeben. Ist es aber überhaupt vorstellbar, dass der Märchenkönig sich jemals der körperlichen Liebe hingegeben hat oder lebte er jungfräulich? Man sagt ihm nach, dass er gern ästhetisch schöne Männer um sich hatte und sich überhaupt gern mit schönen Menschen und Dingen umgab. Er war ja selbst ein schöner Mann, und mit seiner stattlichen Größe von über 1,90 Meter und dem prachtvoll frisierten, schwarzen und vollen Haupthaar wird er immer wieder als »Augenweide« und Schwarm der Frauen beschrieben.

Zu seinen engen Vertrauten gehörten sein Friseur und sein Reitknecht Joseph Völk, sein Privatsekretär Richard Hornig, sein Flügeladjutant Lambert von Varicourt, sein Leibkutscher Fritz Osterholzer sowie einige Kammerdiener. Zu dem Schauspieler Josef Kainz soll er sich besonders hingezogen gefühlt haben; dieser begleitete Ludwig auch auf seiner Reise durch die Schweiz. Mit einigen dieser Männer pflegte er einen ausgiebigen Briefwechsel und ließ ihnen Geschenke und Aufmerksamkeiten zukommen. Mit dem Komponisten Richard Wagner verband ihn eine tiefe, allerdings auch recht einseitige Freundschaft, und er war sein Mäzen, was es Wagner erst ermöglichte, sein Talent als Komponist auszuleben.

Frauen betrachtete der König »als eine schöne Seele in einem schönen Kleid«. Mit seiner Erzieherin, Sybille Meilhaus, Baronin von Leonrod, pflegte er zeitlebens eine tiefe, liebevolle Verbindung, genauso wie mit Cosima von Bülow, der Tochter von Franz Liszt und späteren Frau Richard Wagners. Cousine Sisi und Ludwig waren Seelenverwandte: Beide galten als begnadete Reiter, schrieben sich Gedichte, waren sehr sprachbegabt und hatten eine große Vorliebe für das Schöne und Mystische. Die Roseninsel war ihr Zufluchtsort (Tour 6). Wohl legendär war die Verlobung mit Prinzessin Sophie im Januar 1867, der jüngeren Schwester von Kaiserin Elisabeth von Österreich (Sisi). Nach anfänglichen Liebesbriefen und der Wagnerverehrung, die sie teilten, folgte schon im Oktober desselben Jahres die Auflösung der Verlobung. Ludwig empfand Zuneigung für die Herzogin, aber eben nicht die nötige Liebe, schrieb er damals an Cosima von Bülow.

Er schätzte die persönliche Nähe zu Zarin Maria Alexandrowna von Russland. Ihr zu Ehren veranstaltete er ein pompöses Fest mit Feuerwerk auf der Roseninsel. Zu den Schauspielerinnen Lilla von Bulyovsky und Marie Dahn-Hausmann unterhielt der König zeitweise intensiven Kontakt und ließ ihnen Blumen und Schmuck zukommen. Die Bildhauerin Elisabet Ney gestaltete 1869/1870 eine Büste und eine Statue von Ludwig II. Für die Büste soll ihr der König sogar erlaubt haben, sein Gesicht zu vermessen. In dieser Schaffenszeit soll sie auch Zutritt zu den Privatgemächern des Königs gehabt haben, schrieb damals eine Münchner Zeitung. Kurze Zeit später sei sie schwanger geworden und wanderte 1871 mit ihrem Mann nach Amerika aus. In ihr Tagebuch soll

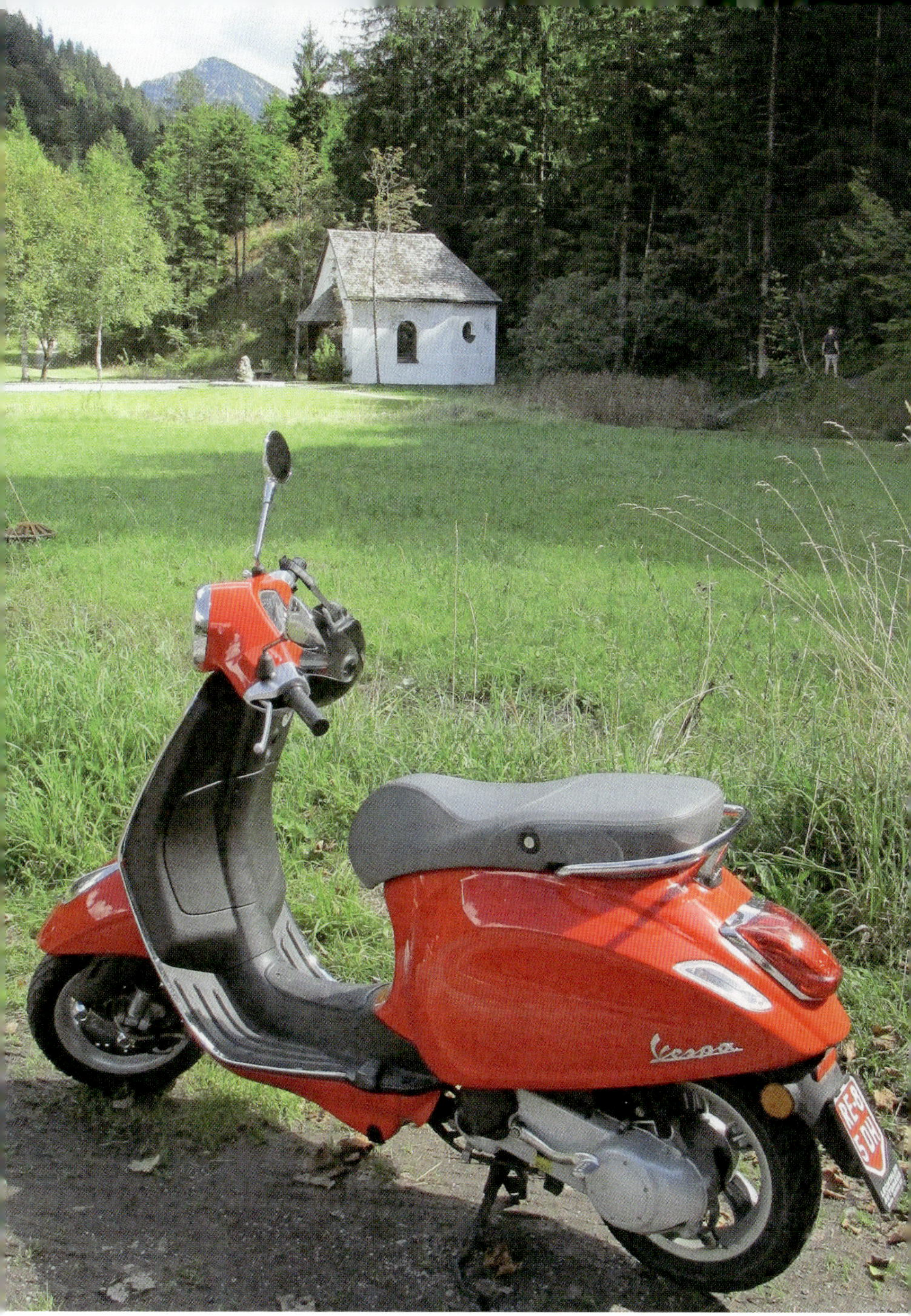

Auf dem Weg zum Plansee kommt man an der Kapelle Frauenbrünnele vorbei (Tour 20).

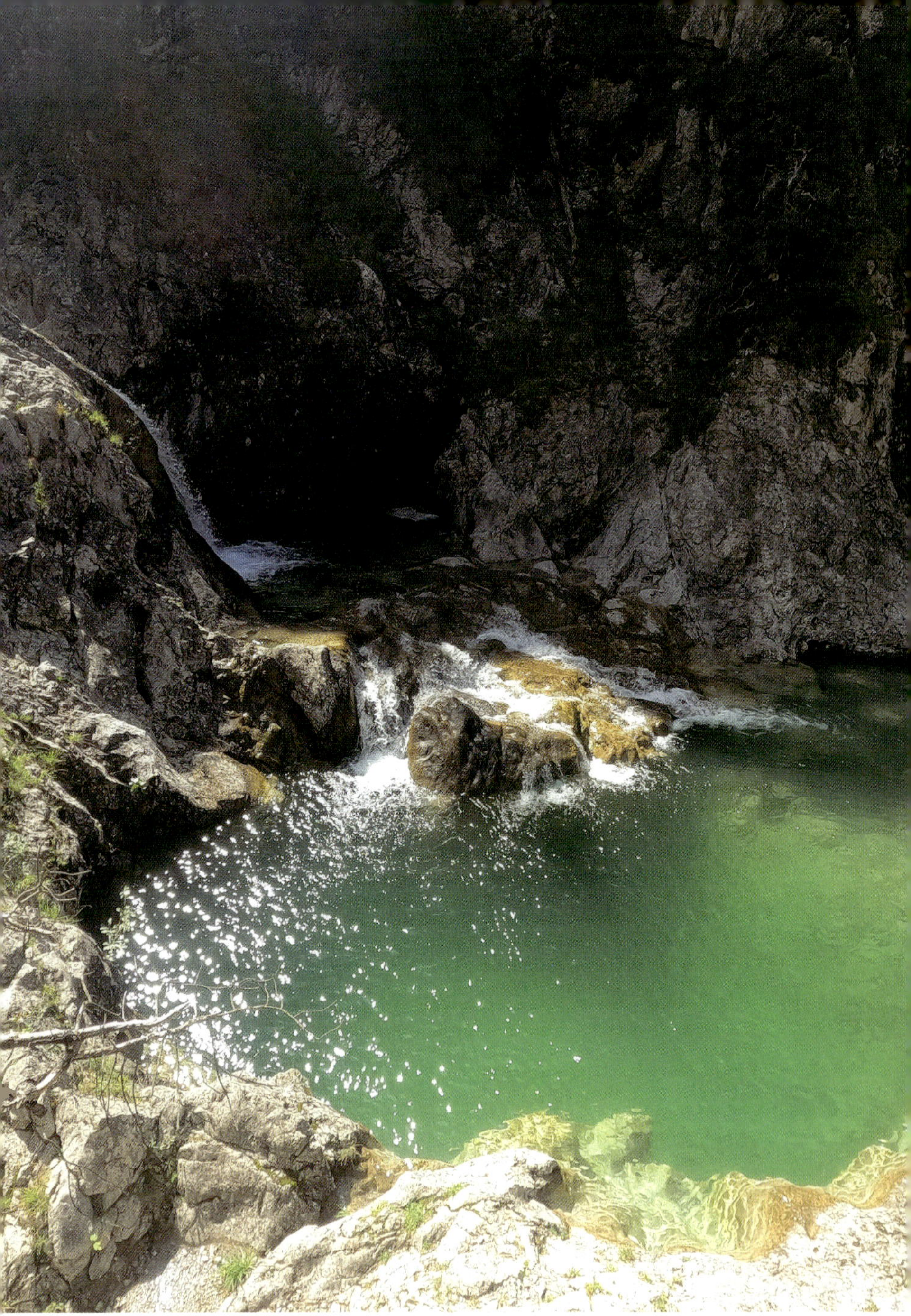

Wilde Wasser: die rauschenden Stuibenfälle (S. 162)

sie eingetragen haben, dass Ludwig II. der Vater ihres Kindes gewesen wäre. Noch ein königlicher Nachkomme oder wieder eine der zahlreichen Episoden, die dem Märchenkönig angedichtet wurden?

Seine Mutter Marie verehrte er sehr. Sie hatte ihm die Bergleidenschaft vererbt und versuchte ihn bei seinen finanziellen Schwierigkeiten wegen der hohen Baukosten zu unterstützen.

Die Freundschaft zu Richard Wagner

Ludwig war seit seiner frühesten Jugend Wagner-Fan. Schon mit 15 Jahren hatte er im Hof- und Nationaltheater in München Wagners Oper »Lohengrin« erleben dürfen. Im Tagebuch soll er später vermerkt haben:

> *»Als ich noch im Knabenalter stand, ward mir durch Himmelsgewalt der erste Keim zur heiligen Begeisterung für Sie in meine Seele gelegt, zum Erglühen für Ihre Werke.«*

1864 traf er ihn erstmals persönlich in der Residenz in München. Wagner überraschte den König mit einigen seiner Werke, z. B. 1865 auf Schloss Hohenschwangau, als er von den Türmen des Schlosses den Morgengruß aus »Lohengrin« aufspielen ließ. Der König genoss 209 private Vorstellungen von Wagners Werken, und dieser bezog auf Veranlassung des Königs gar ein monatliches Gehalt. Das Kabinett mochte Wagner nicht – auch wegen politischer Kontroversen. So soll es vorgekommen sein, dass Wagner einmal eine Kutsche mieten musste, um sein Gehalt abzuholen – es soll ihm in Kleingeld-Münzen ausgezahlt worden sein.

Wagner besuchte den König auch auf der Hochkopfhütte (Tour 22). Ihm stand eine eigens vom König für ihn angemietete Villa, die Villa Pellet am Starnberger See, mit allem Komfort zur Verfügung (Tour 5). Ludwig II. wollte sogar ein Wagner-Festspielhaus in München errichten lassen, Gottfried Semper war dazu als Architekt und Baumeister beauftragt worden – doch die Minister verhinderten das Bauvorhaben. Als Wagner schließlich München verließ, litt der König sehr:

> *»Lange halte ich es nicht aus, von ihm getrennt zu leben …«*

1872, an Wagners Geburtstag, erfolgte in Bayreuth die feierliche Grundsteinlegung des dortigen Festspielhauses. Als der Spielbetrieb im Juli 1886 startete, war der Märchenkönig schon nicht mehr am Leben. Zeit seines Lebens förderte er den Dichter und Komponisten, sprang oft als Garant und Bürge für Wagner ein und tilgte seine Schulden. Die Berühmtheit Wagners ist König Ludwig II. von Bayern zu verdanken.

Ludwigs Gesundheitsmanagement

Der schlankgewachsene, große junge König galt als begeisterter Reiter, bis ein Reitunfall dieser Leidenschaft ein Ende setzte. Bekannt ist auch, dass er von Kindsbeinen an unter quälenden Kopfschmerzen litt, zudem quälten ihn zeitlebens Zahnschmerzen – und doch hatte er Angst vor dem Zahnarzt und lehnte somit eine Zahn-Prothese ab. Die Zähne faulten förmlich dahin, bis sie schließlich herausfielen. Eine grausame Vorstellung und ein unangenehmer Geruch, den der König mit Nelkenöl und Äther, auch gegen die Schmerzen, zu verbergen versuchte. In späteren Jahren war er nahezu zahnlos. Bei den wenigen Festessen, die er über sich ergehen lassen musste, soll er sich bei Tisch oft hinter den großen Etageren versteckt haben, um nicht beim Essen beobachtet zu werden. Vermutlich mied er auch wegen seiner schlechten Zähne die höfische Gesellschaft und die Festessen.

Ludwig hatte im Schloss Linderhof ein »Tischlein-deck-dich« (Tour 18), das so wie im gleichnamigen Märchen zusammen mit vielen anderen Tafeln immer reichlich gefüllt war. Dafür sorgte der königliche Hofkoch Theodor Hierneis. Nach Suppe und Vorspeise folgte der Hauptgang – immer mit frischem Gemüse. Nach einem Zwischengang kam die Nachspeise dran, denn der König liebte Süßes – in der Küche auf Schloss Neuschwanstein sind daher unzählige Kuchen- und Puddingformen aus Kupfer zu bewundern. Seine wirkliche Leibspeise soll aber getrüffelter Pfau gewesen sein. Er mochte aber auch Fleischbällchen, Kartoffelbrei und Omelett. Als weitere Leibspeise bekannt ist das Hechtenkraut: Dafür wurde ein Hecht in Stücke geschnitten und gebacken, Sauerkraut in reichlich Butter gegart und mit in Butter gebratenen Zwiebeln angereichert. In eine Kasserolle schichtete man alsdann abwechselnd Hecht und Kraut hinein und garte es im Ofenrohr – das hört sich köstlich an. Dazu wurden die Mahlzeiten mit vollmundigen Weinen, Bier und weiteren Getränken serviert, die zum Menü passten.

Man braucht nicht viel Fantasie, um zu begreifen, dass bei so einer üppigen Schlemmerei schnell ein paar Kilo auf die Rippen kommen konnten – vor allem,

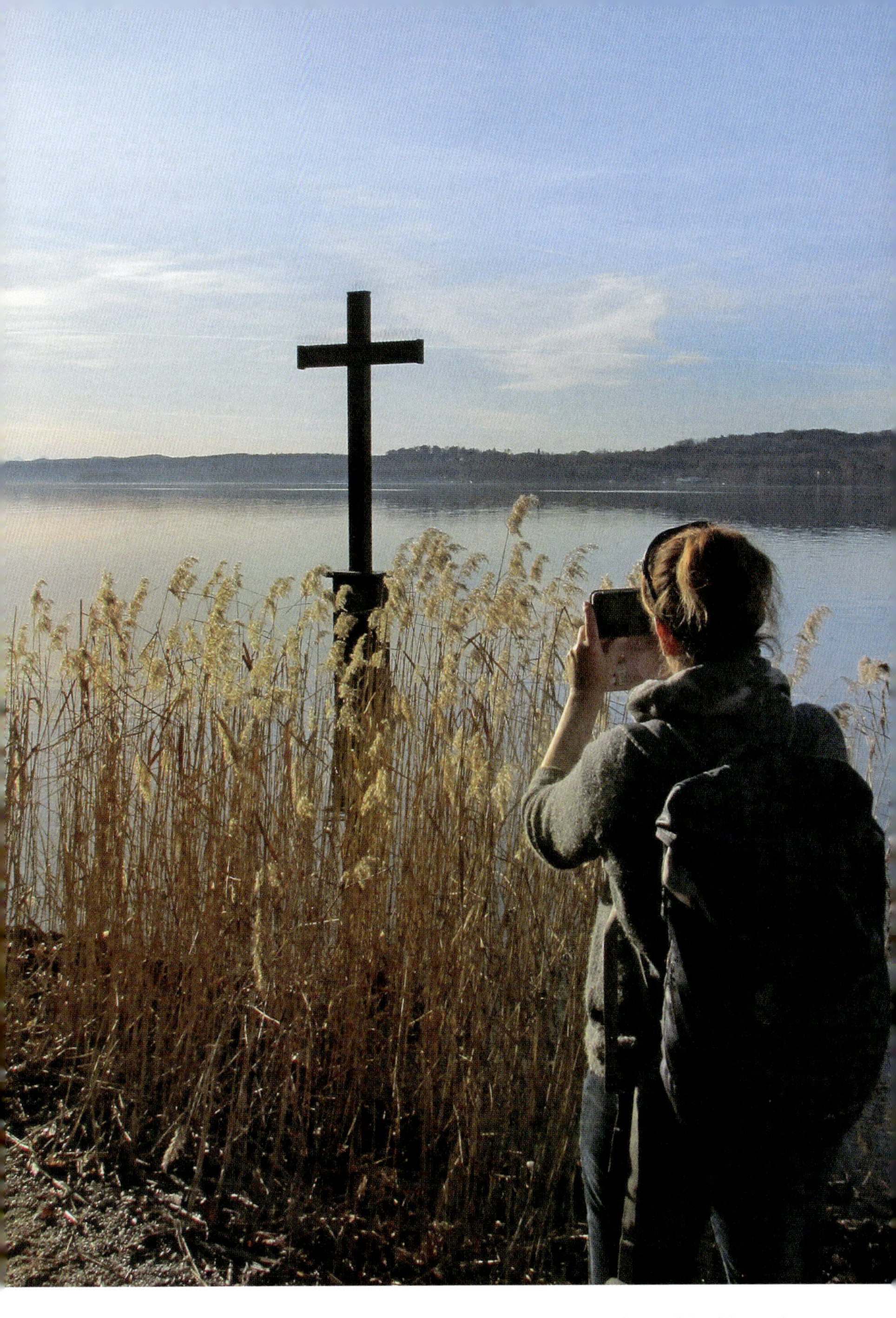

Das Kreuz im Starnberger See erinnert an die Stelle, an der König Ludwig II. den Tod fand (Tour 5).

wenn die Bewegung fehlte, wie es beim König in seinen letzten Lebensjahren der Fall war: Seine Reitleidenschaft musste er eintauschen gegen berggängige Kutschen und Galawagen, und ein kleinerer Galawagen konnte sogar zu einem Schlitten mit elektrischer Beleuchtung umfunktioniert werden. Dieser ist im Marstallmuseum in Schloss Nymphenburg zu besichtigen (Tour 1).

Mysteriös und ungeklärt – Ludwigs Tod

Die Umstände seines Todes im Starnberger See sind bis heute ungeklärt. In diesem Jahr hatte sich Ludwig weitestgehend aus den Regierungsgeschäften zurückgezogen, und seine Bauschulden waren erdrückend. Bei Ludwigs Bruder Otto war bereits eine Geisteskrankheit diagnostiziert worden, und auch der König wurde 1886 für geisteskrank erklärt. Daraufhin soll Ludwig den Psychiater Dr. Gudden, der auch Otto behandelte, gefragt haben:

> *»Wie können Sie mich für geisteskrank erklären, Sie haben mich ja vorher gar nicht angesehen und untersucht?«*

Gudden berief sich daraufhin auf die »reichhaltige und erdrückende Aktenlage«. In der Nacht vom 12. auf den 13. Juni 1886 soll Ludwig II. im Schloss

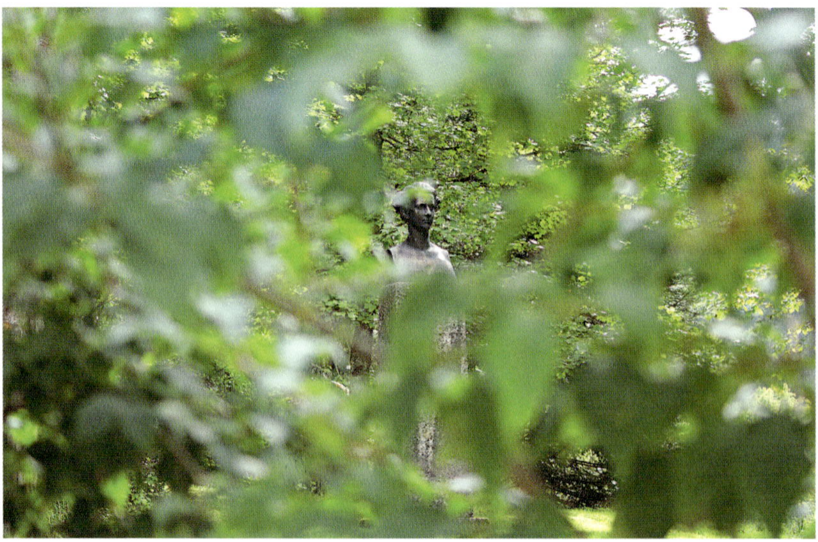

Neben dem Eingang von Schloss Linderhof steht diese Statue von König Ludwig II. (Tour 18).

Neuschwanstein gegen 4 Uhr morgens von einer Staatskommission überwältigt worden sein. Die Mitglieder führten einen Brief von Prinz Luitpold mit sich, der sich auf übereinstimmende Gutachten berief, die bezeugten, dass eine weitere Ausübung der Regierungsrechte unmöglich sei und dass er, Luitpold, die Regentschaft zu ergreifen hatte. Der König wurde daraufhin in einer Kutsche die ca. 100 Kilometer in einer achtstündigen Fahrt nach Schloss Berg gebracht. Dort sollte er sich einer Behandlung unterziehen. Er wurde entmündigt und für regierungsunfähig erklärt, was auch zugleich öffentlich gemacht wurde.

Ist es vorstellbar, dass sich der Märchenkönig deshalb mit Selbstmordgedanken getragen haben soll? Wie verzweifelt musste Ludwig II. gewesen sein. Er verstand nicht, wieso seine Minister und sein Onkel, Prinz Luidpold, ihn für verrückt erklärten und einsperren wollten. Er hatte große Angst und wollte nicht wie sein Bruder Otto enden, der auf Schloss Fürstenried bei München wegen Geisteskrankheit eingesperrt war. Ein Besuch der Pfingstmesse in der kleinen Pfarrkirche in Aufkirchen, der er 1867 den Glockenturm spendiert hatte, wurde dem König verwehrt – er verblieb eingesperrt auf Schloss Berg, die Türklinken zu seinem Zimmer wurden innen entfernt und die Fenster verdunkelt.

Am Abend des 13. Juni 1886 kurz nach 18 Uhr wurde dem König gestattet, sich von Schloss Berg aus mit seinem behandelnden Arzt zu einem Spaziergang an den Starnberger See aufzumachen. Wenig später wurde er, zusammen mit Dr. Gudden, tot im knietiefen Wasser unweit des Ufers gefunden. Die Armbanduhr war bei etwa 19 Uhr stehen geblieben – wohl der Todeszeitpunkt? Es heißt, der Märchenkönig sei ein guter Schwimmer gewesen, er durchschwamm beispielsweise den Alpsee und den Starnberger See bis zur Roseninsel. Die Umstände seines Todes sind bis heute umstritten und ungeklärt.

Überliefert ist, dass Sisi ein Jasminsträußchen schickte, welches auf Ludwigs Leichnam gelegt wurde – neben Rosen gehörte auch der duftende Jasmin zu seinen Lieblingsblumen. Der Leichnam des Märchenkönigs wurde alsdann nach München überführt und in der Hofkapelle der Residenz für einen öffentlichen Abschied aufgebahrt. Am 19. Juni fand der große Leichenzug durch München statt. Seine letzte Ruhe fand der König in der Krypta der Kirche St. Michael (Tour 2). Ihm zu Ehren wurde in Berg eine Gedenkstätte mit Votivkapelle errichtet (Tour 5).

Obwohl Ludwig II. seine Zeit lieber außerhalb von München verbrachte, finden sich in der Wittelsbacher Residenzstadt einige Lieblingsplätze, die auf den Märchenkönig zurückzuführen sind, wie etwa Schloss Nymphenburg, die Residenz, der Englische Garten oder auch der Hofgarten mit dem Dianatempel und Blick auf die Theatinerkirche (ab S. 54).

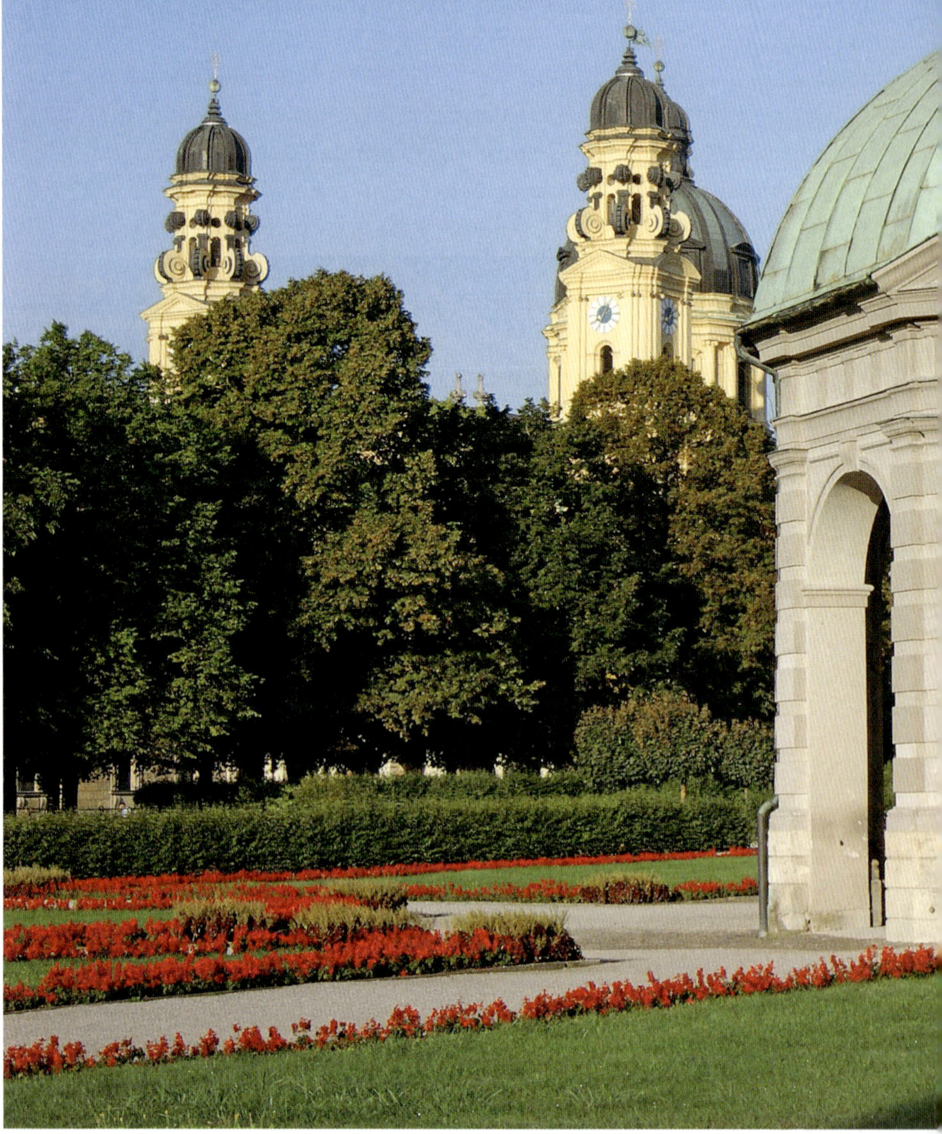

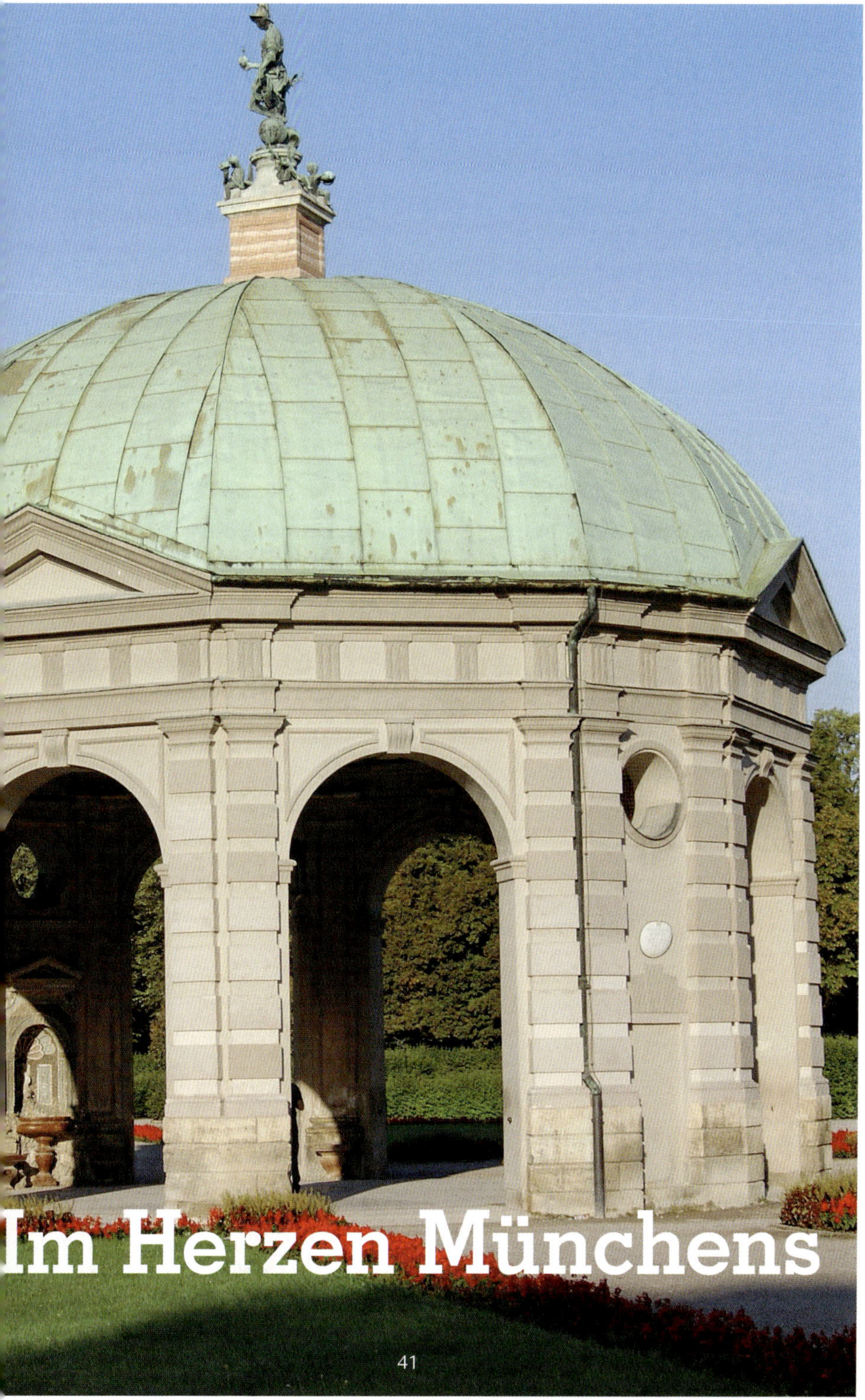

Im Herzen Münchens

1

Schloss Nymphenburg mit seinem Park

WO ALLES BEGANN – LUDWIGS GEBURT UND KINDHEIT

Am 25. August 1845 wurde der Kronprinz im Grünen Salon des Schlosses geboren, das festlich geschmückt und beleuchtet wurde, als bereits einen Tag nach der Geburt des kleinen Kronprinzen seine Taufe im Steinernen Saal stattfand. Sein stolzer Großvater Ludwig I. trug den Enkel auf dem Arm zum Taufbecken.

Das **Schloss Nymphenburg** war die ehemalige Sommerresidenz der bayerischen Kurfürsten und Könige, und der **Schlosspark** zählte vom 17. bis zum 19. Jahrhundert zu einer der weitläufigsten Parkanlagen in Europa. Im 18. Jahrhundert wurde Nymphenburg zu einer barocken Schlossanlage umgestaltet und ab 1792 wurde der Schlosspark für die Bevölkerung öffentlich zugänglich gemacht. Die rund 230 Hektar große Anlage beherbergt Wasserspiele, Kanäle, Seen, Brücken und Alleen. Entlang des weit verzweigten Wegesystems findet man Statuen, Ziergärten und große alte Bäume. Es handelt sich um ein ausgewiesenes Landschaftsschutzgebiet.

Ludwig II. ritt gern durch den weitläufigen Park und besuchte häufig die **Pagodenburg**. Auch die im Stil des Rokokos errichtete **Amalienburg** gehörte zu seinen Lieblingsplätzen – sie sollte als bauliches Vorbild für das nicht realisierte Projekt des St.-Hubertus-Pavillons im Ammerwald bei Linderhof dienen. Die **Badenburg** war ein Schloss zum Baden und Entspannen und mit einem prunkvollen Badesaal ausgestattet. Der herrliche **Badenburger See** gibt den Blick frei auf den Monopteros. Sehenswert sind außerdem die

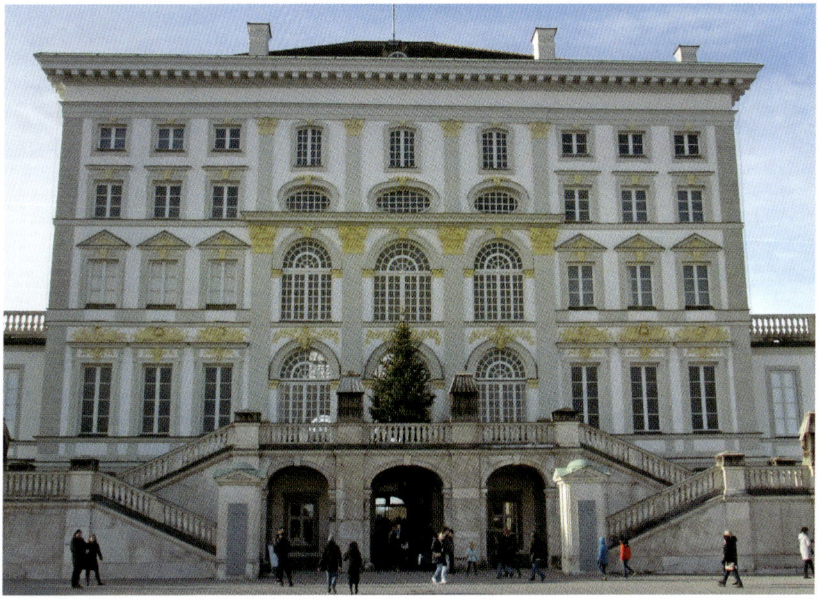

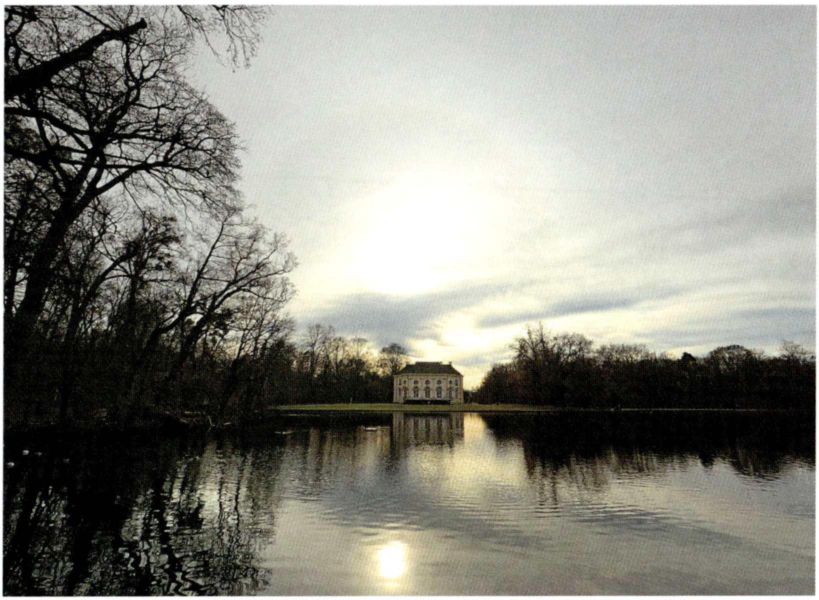

▲ Vom Schlosspark blickt man auf den Hauptflügel von Schloss Nymphenburg.
▼ Mystische Stimmung am Badenburger See mit Blick auf die Badenburg

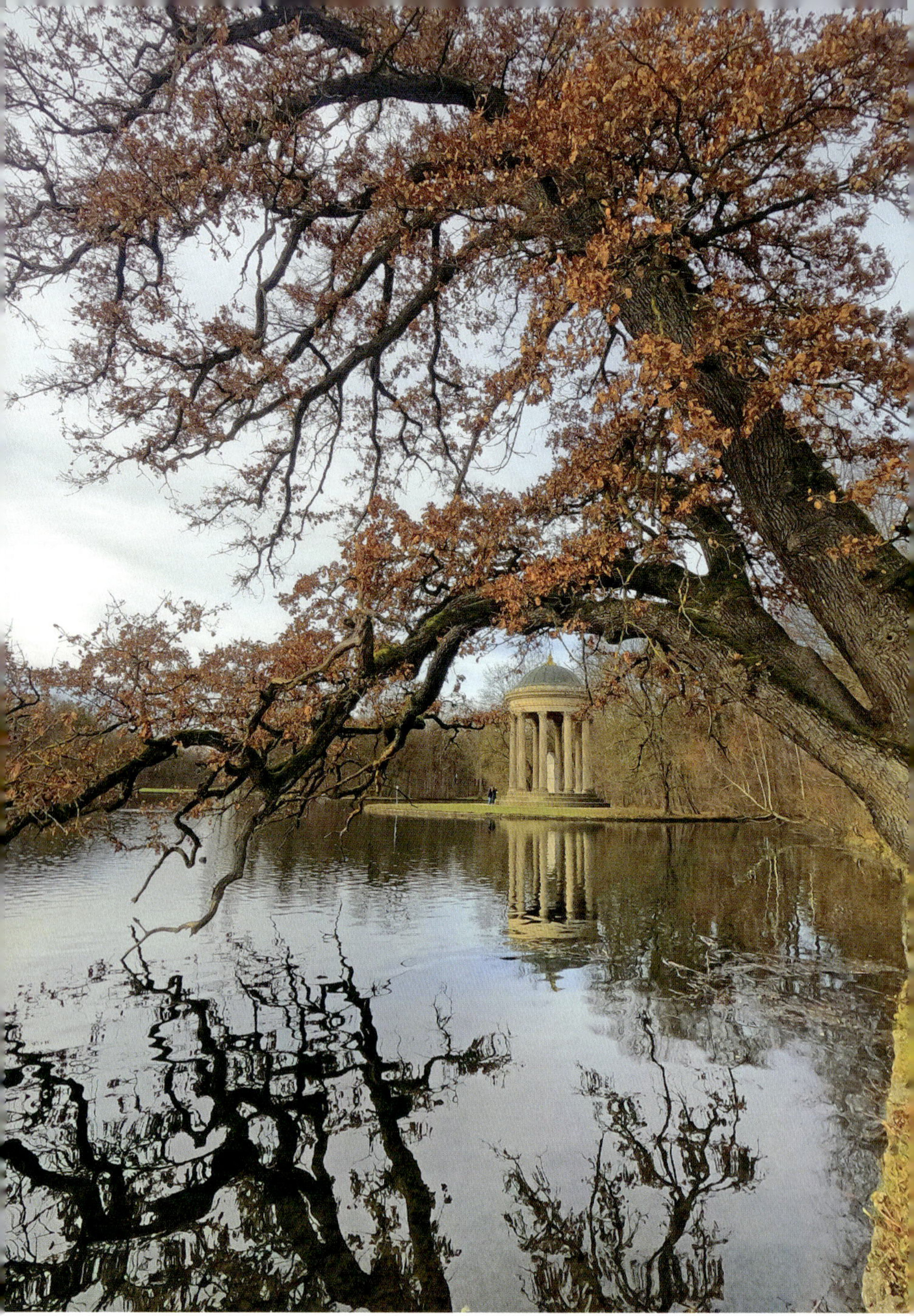

Eine grüne Oase mitten in München: der Monopterus am Badenburger See

historischen Pumpwerke, die nach 200 Jahren noch immer die Fontänen vor dem Schloss und im Park mit Wasser versorgen.

Die berühmte **Schönheiten-Galerie** von König Ludwig I. von Bayern zählt zu einer der Hauptattraktionen Nymphenburgs: Zu sehen sind 36 Porträts von wunderschönen Frauen aus der damaligen Zeit.

Was für Ludwig I. die Frauen waren, waren für seinen Enkel Ludwig II. die Pferde: Er ließ in der Zeit von 1866 bis 1880 insgesamt 26 seiner Lieblingspferde vor seinen Lieblingsplätzen porträtieren. So wurden u. a. »Gisela und Antigone« im Schlosspark Nymphenburg (Tour 1), »Woluspa« in Berg am Starnberger See (Tour 5), »Ralf« am Schachen (Tour 8), »Regina« und »Editha« am Branderflecken (Tour 11), »Wala« in der Bleckenau (Tour 11), »Nikur« und »Verbena« in Hohenschwangau (Touren 13 bis 15), »Luitprand« vor dem Gutshof Schluxen (Touren 15 und 16), »Erda« am Nordufer des Plansees (Tour 20), »Hildolf« am Herzogstand (Tour 21) und »Thorilde« vor dem Forsthaus am Walchensee (Tour 22) dargestellt. Die **Pferde-Galerie** befindet sich im Südflügel des Schlosses, im neuen **Marstallmuseum**. Der Schimmel Cosa-Rara, das Lieblingspferd seiner Majestät, wurde sogar präpariert und ist heute ebenfalls im Marstallmuseum ausgestellt.

Seit 1952 werden in Nymphenburg auch Ludwigs Reitzubehör und Bilddokumente ausgestellt. Zuvor befand sich das **Museum in der Königlichen Reitschule** am Marstallplatz (Tour 3). Höhepunkte der Kutschensammlung sind der Prunkwagen des Märchenkönigs, der Krönungswagen von Kaiser Karl VII. und weitere Kutschen, Prunkschlitten, Reitausrüstungen und Prunkgeschirren der bayerischen Kurfürsten und Könige des Münchner Hofs. Ludwig II. ließ die Fahrgeschirre stilistisch passend zur jeweiligen Kutsche fertigen und in Vitrinen aufbewahren. Allein für seine Prunkschlitten waren 32 Schlittengeschirre kunstvoll gefertigt worden. Den kleinen Galawagen nutzte der Märchenkönig für Parkausfahrten um Linderhof. Im Winter konnte dieser zum Schlitten umfunktioniert werden und war somit quasi ein Alljahres-Fahrzeug.

Im Nördlichen Flügel des Schlosses befindet sich die 1747 gegründete **Königliche Porzellan Manufaktur**. Wertvolle Stücke sind im **Museum Nymphenburger Porzellan** im Südflügel, im Marstallmuseum im ersten Stock ausgestellt. Dort wird interessierten Besuchern eine Sammlung von Nymphenburger Porzellan aus dem 18.–20. Jahrhundert und Gemäldekopien auf Porzellan gezeigt.

In Nymphenburg fand im August 1863 auch ein kurzes Treffen mit Bismarck statt. Bei einem Galadinner, bei dem auch Ludwigs Mutter Marie zugegen war, begegneten sich der junge Kronprinz und Otto von Bismarck das einzige Mal persönlich. Ludwig II. soll Bismarck bis zu dieser Begegnung in seinen Vorstellungen für eine »Siegfried«-Figur gehalten haben.

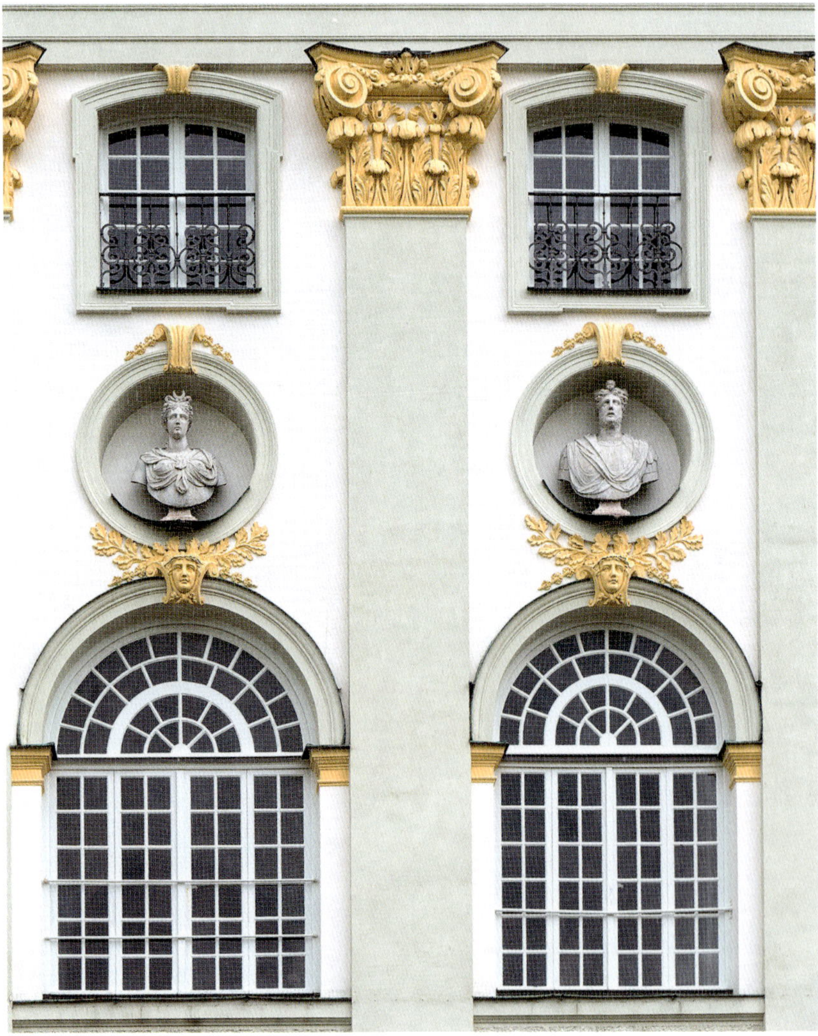

Die kunstvoll gestaltete Fassade von Schloss Nymphenburg

Auf einen Blick

AUSGANGS-/ENDPUNKT

Haupteingang (Ehrenhof) des Schlosses Nymphenburg, München
GPS: N48° 09.479‘ E11° 30.239‘

ANFAHRT

Bus & Bahn: Vom Hauptbahnhof München mit Tramlinie 17 bis zum Schlosskanal
Auto: Über eine der Autobahnen nach München und über die Schlossauffahrt zum Platz vor dem Schloss mit zahlreichen Parkplätzen

GEHZEIT UND SCHWIERIGKEIT

Einfacher, ca. 3,5 km langer Rundweg auf gut ausgebauten Spazierwegen, den man in 1–2 Std. gut bewältigen kann.

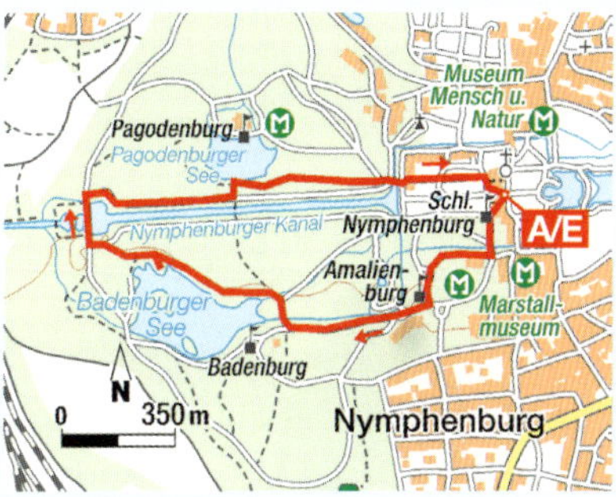

EINKEHR

Schlosswirtschaft Schwaige (schlosswirtschaft-schwaige.de), Schloss-Café im Palmenhaus (palmenhaus.de/schlosscafe)

ÖFFNUNGSZEITEN

Von April bis Mitte Okt. sind Schloss und Museen von 9–18 Uhr zu besichtigen, von Nov. bis März von 10–16 Uhr (Parkburgen sind in dieser Zeit geschlossen).

ZUSÄTZLICHE HINWEISE

Die kostenlose App »Schlosspark Nymphenburg« der Bayerischen Schlösserverwaltung bietet drei Tourenvorschläge (GPS-basiert) durch den Park an (Download unter schloss-nymphenburg.de). Mit Tour 2 können Sie den königlichen Spaziergang durch München fortsetzen bzw. ihn mit den Touren 3 und 4 kombinieren.

INFORMATION

schloss-nymphenburg.de

2

Münchens königliche Highlights – Teil I

AUF DEN SPUREN LUDWIGS II. DURCH DIE ALTSTADT

Obwohl Ludwig II. seine Zeit lieber außerhalb von München verbracht haben soll, finden sich in der Wittelsbacher Residenzstadt einige Lieblingsplätze, die eindeutig auf den Märchenkönig zurückzuführen sind. Auf geht's zum königlichen Spaziergang durch die Altstadt der bayerischen Landeshauptstadt!

Der Spaziergang beginnt am **Karlstor**, einem im 13. Jahrhundert erbauten Stadttor von München. Wir schlendern gemütlich durch die Fußgängerzone der Kaufinger Straße. Auf der rechten Seite befindet sich das Restaurant Augustiner, wo man gut einkehren kann. Ein paar Schritte geradeaus, und wir stehen vor der Jesuiten-Kirche **St. Michael**, die den zweitgrößten Kuppelbau nach dem Petersdom in Rom hat. Hier befindet sich das **Grabmal König Ludwigs II.** In der Fürstengruft von Sankt Michael hat auch sein Bruder Otto seine letzte Ruhestätte. Der Metallsarkophag von Ludwig II. erscheint größer und prunkvoller ausgestattet. Er ist durch einen Metallzaun rundum begrenzt, der wohl das Grabmal vor Übergriffen schützen soll – immer wieder sollen Königstreue (Guglmänner) versucht haben, den Sarg aufzubrechen, um den mysteriösen Tod des Märchenkönigs aufzuklären. Liegt der König wirklich in diesem Sarg?

Bei diesem Thema brodelt die Gerüchteküche: Fand der königliche Leichnam wirklich in diesem Sarg die letzte Ruhe, oder ist er hinter den Klostermauern des einst von den Wittelsbachern gegründeten Klosters Andechs

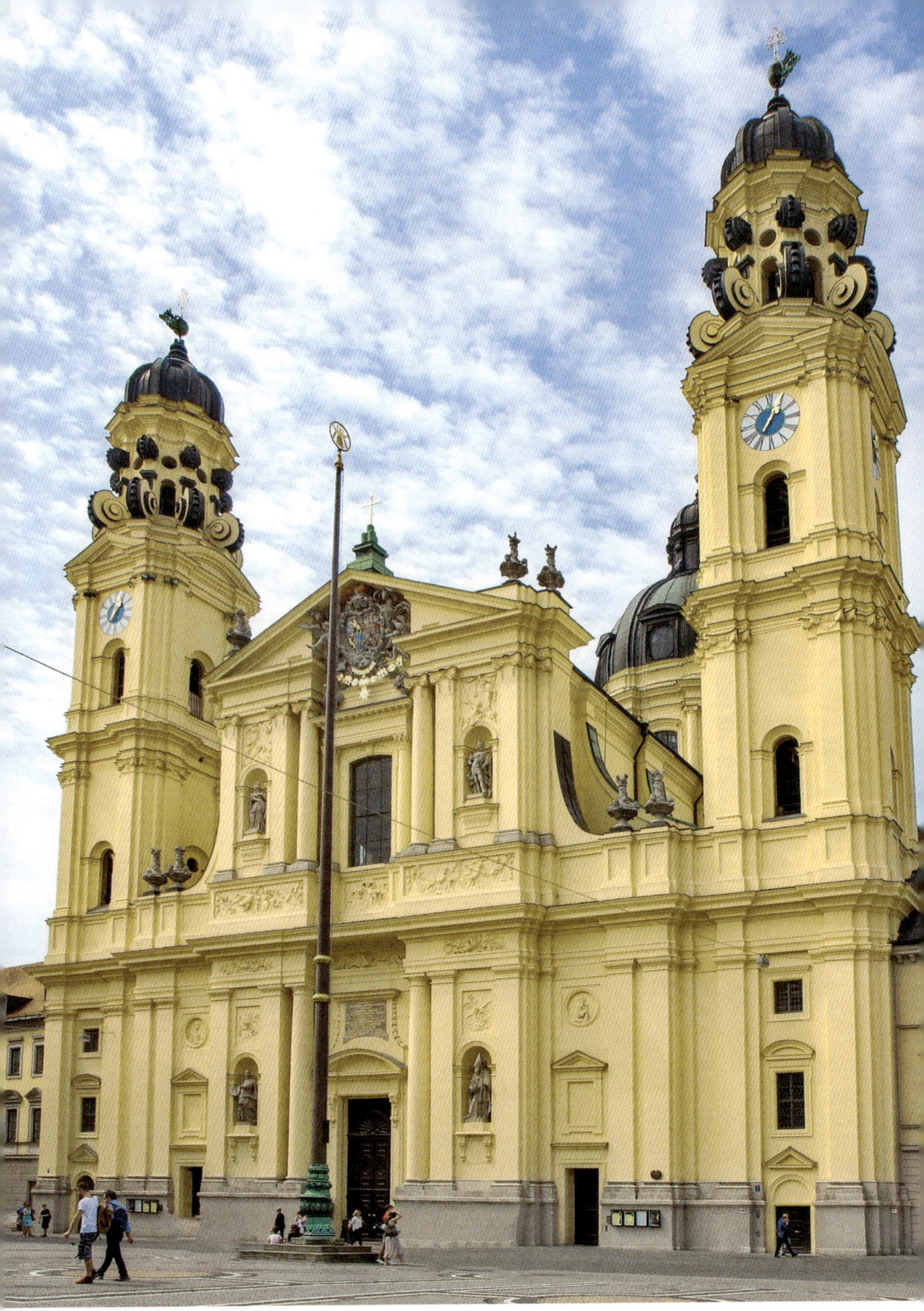

Im Herzen Münchens: Die imposante Theatinerkirche strahlt Besuchern am Odeonsplatz entgegen.

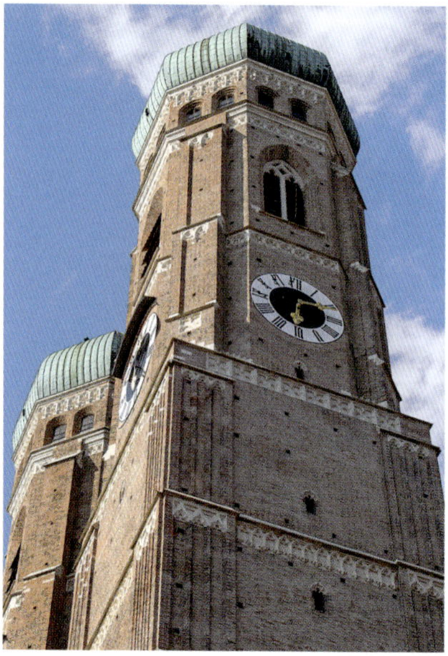

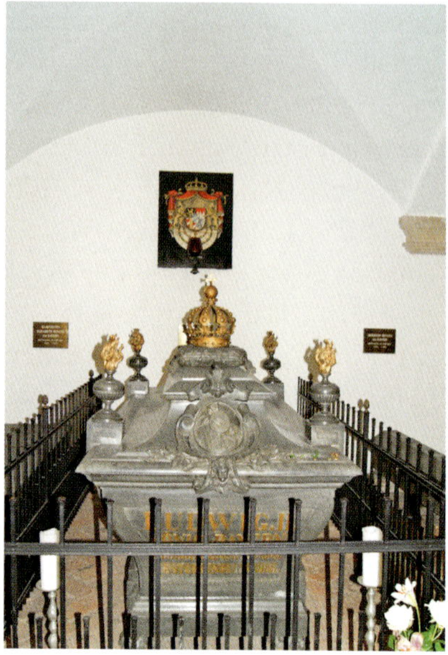

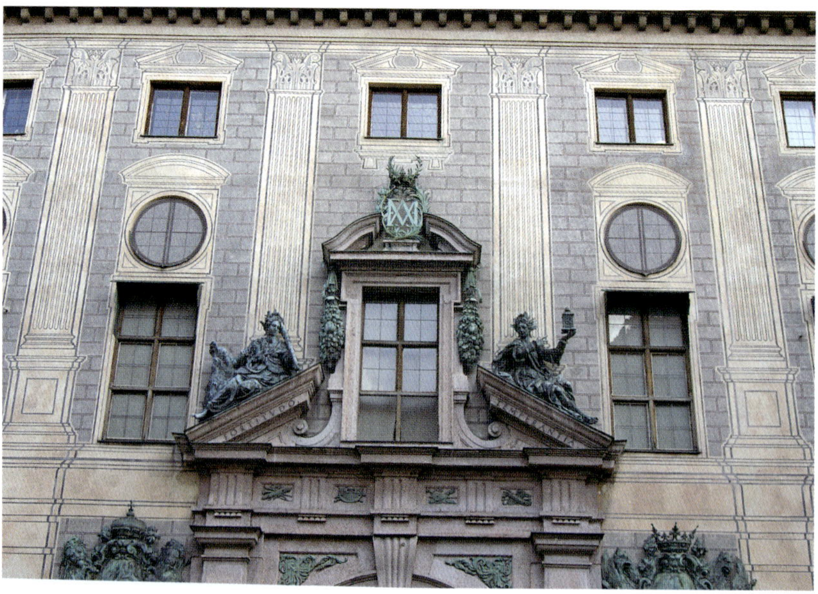

◀ Wahrzeichen der bayerischen Landeshauptstadt: die Frauenkirche
▶ Das Grabmal König Ludwigs II. in der Fürstengruft der St.-Michaels-Kirche
▼ Der barocke Nordflügel des Kaiserhofs in der Münchner Residenz

eingemauert? In jedem Fall soll es am 19. Juni 1886, als der Sarg Ludwigs II. um halb drei Uhr nachmittags versiegelt und der Gruft in St. Michael übergeben werden sollte, zu einem heftigen Gewitter mit Blitz und Donnerschlag gekommen sein. Von einer »mächtigen Feuergabe« war die Rede – ein himmlisches Finale für das Ende eines irdischen Königslebens?

Wie in der Dynastie der Wittelsbacher üblich, wurde auch Ludwig II. getrennt bestattet, d. h., dass Ludwigs Körper ohne Herz beigesetzt wurde. Die sogenannte Herzbestattung erfolgte am 16. August 1886 im Rahmen eines festlichen großen Trauerzugs von München nach Altötting. Sein Herz ruht dort in einer prächtigen Urne aus vergoldetem Silber in Herzform und ist sichtbar gegenüber dem Gnadenbild der Schwarzen Madonna in der heiligen Kapelle in Altötting aufgestellt. Auch die Herzen seiner Eltern, König Maximilian II. und Königin Marie, sind hier bestattet.

Am **Deutschen Jagd- und Fischerei-Museum** biegen wir links ab in den Färbergraben und erreichen nach ein paar Metern rechter Hand Münchens Wahrzeichen, den Dom Zu Unserer Lieben Frau. Die **Frauenkirche**, wie dieser auch bezeichnet wird, ist ein spätgotischer Kirchenbau. Mit rund 100 Metern Höhe bietet sie eine perfekte Aussicht über München. Auch hier in der Kirche befinden sich Gräber der Wittelsbacher, so z. B. von Ludwig III., der 1913–1918 als letzter bayerischer König regierte. Ludwigs Mutter Marie soll in ihr Tagebuch notiert haben, dass Ludwig für die Frauenkirche eine besondere Vorliebe hatte und sich gern als Klosterfrau kostümierte.

Wir gehen weiter durch den Färbergraben und erreichen die Straße **Löwengrube**. Dort angekommen, passieren wir Hugo's Tresor Club und gelangen über den Promenadeplatz zur Kardinal-Faulhaber-Straße. Dort am First des **Hauses Nr. 7** kann man das Wappen der Wittelsbacher erkennen, allerdings mit einer Besonderheit: Diagonal von links unten nach rechts oben verläuft ein roter Strich. Was hat es damit auf sich? Es handelt sich um einen sogenannten »Bastardfaden« – dieser soll wohl für die uneheliche Herkunft eines Adligen, quasi für ein unehelich geborenes Kind stehen.

Das bietet natürlich viel Raum für Spekulationen. War unser Märchenkönig vielleicht sogar Halb-Italiener? Ludwigs Vater soll an einer Geschlechtskrankheit – Gonorrhoe oder Syphilis – gelitten haben, die ihn zeugungsunfähig gemacht haben soll. So spekuliert man noch heute darüber, ob der Kammerdiener und spätere Hofkellermeister Giuseppe Tambosi aus Riva del Garda oder doch der große stattliche königliche Adjutant Ludwig Samson Arthur von und zu der Tann-Rathsamhausen der genetische Vater von Ludwig II. war. Heute noch erinnert das Caféhaus Tambosi am Odeonsplatz an den Namen Tambosi (wobei das Café dem Bruder von Giuseppe, Luigi, gehörte).

Wir begeben uns nun über die Salvatorstraße in Richtung der Residenz. Wer abkürzen möchte, durchquert die Passage der Fünf Höfe und gelangt zum **Odeonsplatz**. Hier befindet sich auch die **Theatinerkirche**, in der die Körper von Ludwigs Eltern beigesetzt sind. Von der **Feldherrnhalle**, die Ludwigs Großvater Ludwig I. erbauen ließ, blicken wir direkt auf einen Flügel der **Residenz**. Nach dem Triumph über den bei Sedan gefangen genommenen Napoleon III. wurden 1870 die heimgekehrten Soldaten an der Münchener Feldherrnhalle mit einer Büste Ludwigs II. empfangen – seine Majestät befand sich zu dieser Zeit lieber außerhalb der Residenz und ließ sich entschuldigen.
Teil I der Stadttour endet hier – freuen Sie sich auf Teil II!

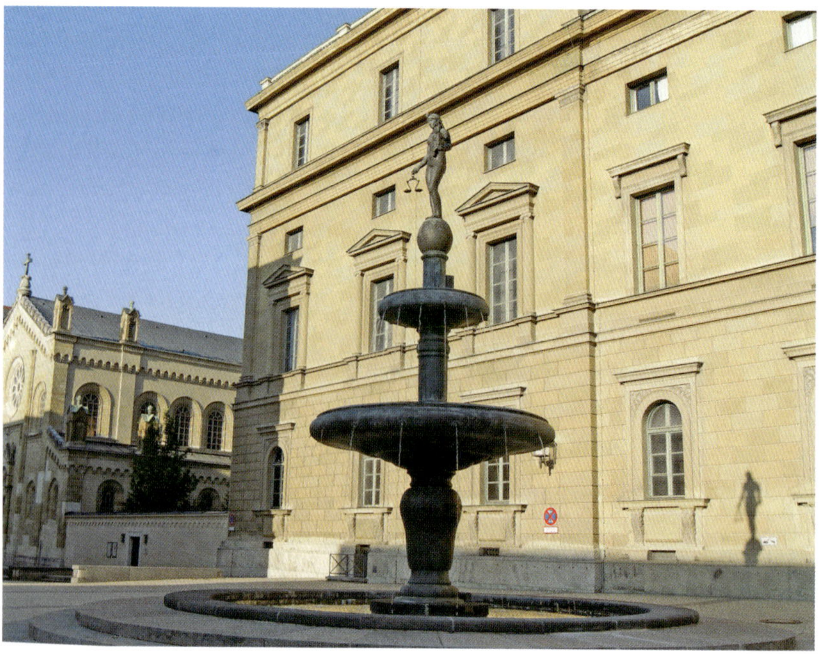

Eingang zum Apothekenhof mit Kronprinz-Rupprecht-Brunnen und Allerheiligen-Hofkirche

Auf einen Blick

AUSGANGSPUNKT

Karlstor (Stachus), München
GPS: N48° 08.350' E11° 34.006'

ENDPUNKT

Residenz am Odeonsplatz in München
GPS: N48° 08.543' E11° 34.006'

ANFAHRT

Bus & Bahn: ICE-Verbindungen zum Hauptbahnhof München, von dort mit S- oder U-Bahn Richtung Marienplatz bis Haltestelle Stachus
Auto: Über A 96, A 8, A 9 oder A 94 nach München; nutzen Sie P & R und den öffentlichen Nahverkehr, um ins Stadtzentrum zu gelangen.

GEHZEIT UND SCHWIERIGKEIT

Einfacher, ca. 2,5 km langer Stadtspaziergang (ca. 2 Std.). Für die Besichtigungen sollte ausreichend Zeit eingeplant werden.

EINKEHR

Unterwegs in der Altstadt zahlreiche Einkehrmöglichkeiten, z. B. das Augustiner Bräuhaus (augustiner-restaurant.com) oder das Café Tambosi (tambosi-odeonsplatz.de; im Sommer mit Biergarten)

ÖFFNUNGSZEITEN

Die Residenz München ist eines der bedeutendsten Raumkunst-Museen Europas und fast täglich geöffnet (residenz-muenchen.de). Residenzmuseum und Schatzkammer: April bis 15. Okt. täglich 9–18 Uhr (letzter Einlass 17 Uhr), 16. Okt. bis März täglich 10–17 Uhr (letzter Einlass 16 Uhr)

ZUSÄTZLICHE HINWEISE

Mit Tour 3 können Sie den königlichen Spaziergang durch München fortsetzen bzw. ihn mit Tour 4 kombinieren.

INFORMATION

muenchen-touristeninformation.de

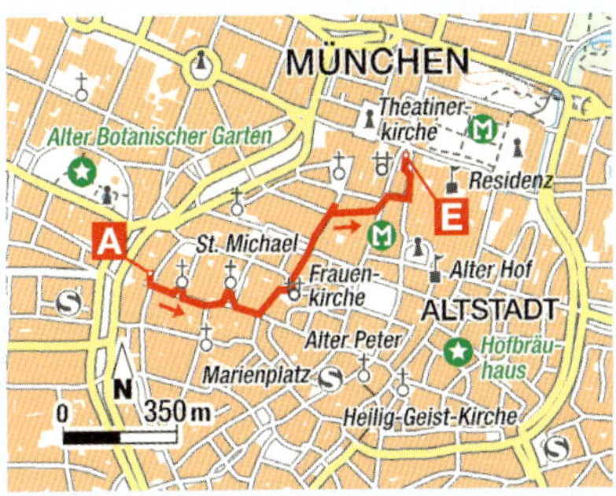

3

Münchens königliche Highlights – Teil II

MIT DEM MÄRCHENKÖNIG RESIDIEREN

Wo wohnte Ludwig II. als König? Und wo hat er so gut Reiten gelernt? Ob er damals wohl öfter in der Abenddämmerung im Dianatempel verweilte und den Klängen der Geigen lauschte?

Wir starten an der **Feldherrnhalle** am **Odeonsplatz** und gehen durch das Hofgartentor. Links unter den Kastanien sehen wir den schönen Biergarten des Cafés Tambosi. Auf der rechten Seite befindet sich bereits ein Gebäudeflügel der **Residenz**. Ludwig bewohnte das Dachgeschoss des nordwestlichen Eckpavillons mit Blick auf den heutigen Odeonsplatz, auf die Theatinerkirche und den Hofgarten.

Als Ludwig II. König wurde, ließ er von 1867 bis 1869 zuerst seine Wohnung aufwendig und prunkvoll im Stil Ludwigs XIV. gestalten. Die Räumlichkeiten umfassten Vor- und Audienzzimmer, Speisezimmer, Schlaf- und Arbeitszimmer. Die Residenz war über 400 Jahre der Regierungssitz der Wittelsbacher. Während dieser Zeit wurde der Bau von zahlreichen Architekten, u. a. auch durch Leo von Klenze, verändert und erweitert. So wurde aus einer ehemaligen Burg ein Gebäudekomplex mit vier miteinander verbundenen Flügeln: dem Festsaalbau an der Hofgartenstraße, dem Apothekenbau am Marstallplatz, dem Königsbau am Max-Joseph-Platz und dem Maximiliansbau an der Residenzstraße. Auch die Allerheiligen-Hofkirche, die Parkanlage des Hofgartens, das Königliche Hof- und Nationaltheater, das Residenztheater (Cuvilliés-Theater) vor dem Max-Joseph-Platz sowie der Marstall (die Königliche Hofreitschule) werden zum Gebäudekomplex der Residenz gezählt.

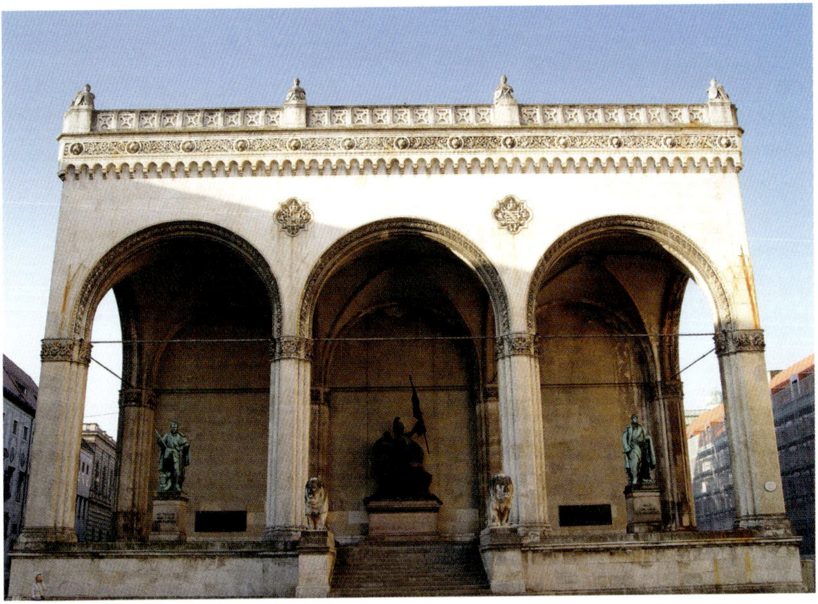

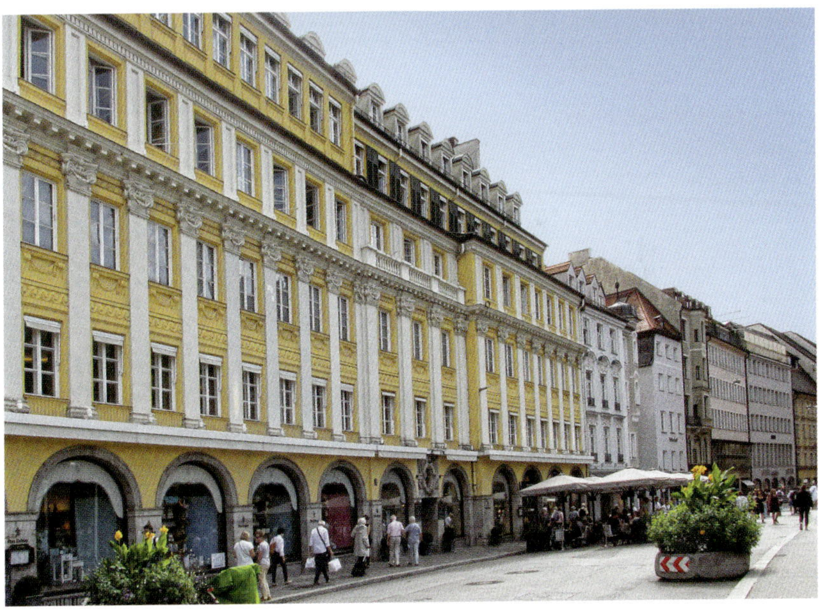

▲ Denkmal für die Bayerische Armee: die Feldherrnhalle am Odeonsplatz
▼ Das bekannte Kaffeehaus Dallmayr in der Dienerstraße ist immer gut besucht.

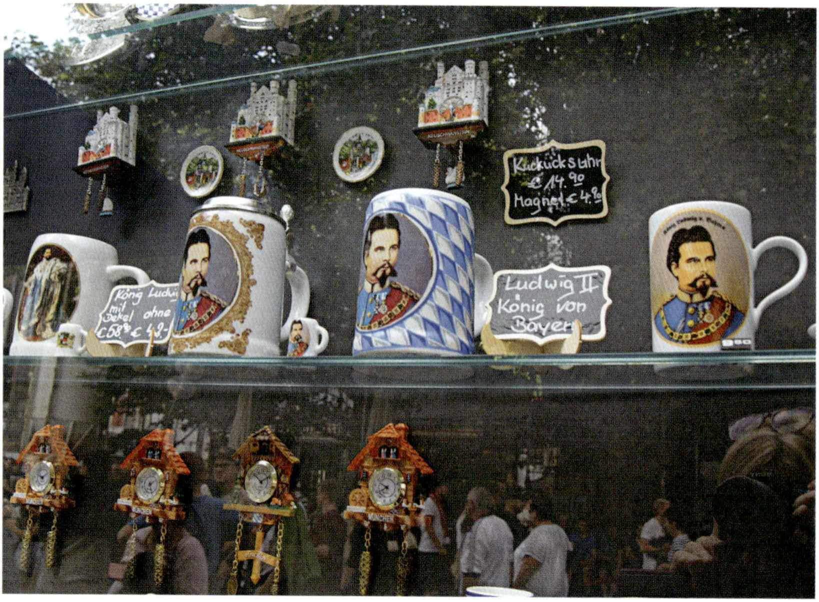

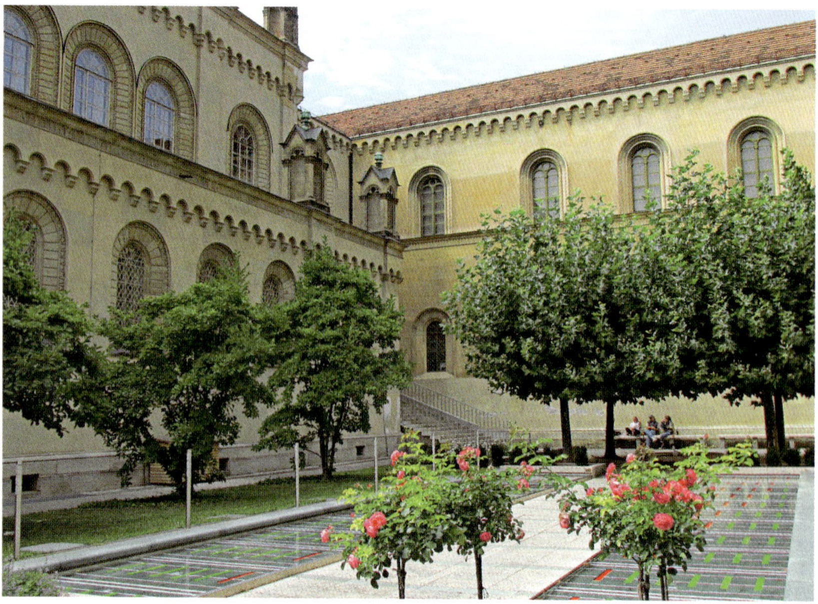

▲ Die Souvenirläden in der Münchner Innenstadt bieten viele König-Ludwig-Mitbringsel.
▼ Oase der Ruhe: der Kabinettsgarten neben der Allerheiligen-Hofkirche

Zu Beginn seiner Regierungszeit verbrachte der Märchenkönig noch mehr Zeit in München, und bis etwa 1874 besuchte er sonntags, in der Königsloge sitzend, regelmäßig die Heilige Messe in der Allerheiligen-Hofkirche. In demselben Jahr nahm er zum letzten Mal an der traditionellen Fronleichnamsprozession teil.

Um 1870 ließ der junge König über dem Nordwestflügel des Festsaalbaus einen **Wintergarten** errichten, den er direkt von seinem Arbeitszimmer aus begehen konnte. Die Anregung dafür hatte er sich wahrscheinlich 1867 auf der Weltausstellung in Paris geholt, bei der er Alexandre Gustave Eiffel kennengelernt haben soll. Der 70 x 17 Meter große und neun Meter hohe, mit Glas und Eisenstreben überdachte Park wurde vom Hofgartendirektor Carl von Effner geplant und 1871 fertiggestellt. Am Hofgarten stehen wir direkt gegenüber dem früheren Glaspalast – in diesem Garten-Paradies befanden sich exotische Pflanzen und Tiere wie Pfaue und Papageien. Auch einen Elefanten wollte der Märchenkönig anschaffen, dies wurde jedoch von seinen Ministern abgelehnt. Der künstliche See, auf dem Ludwig auch mit einem kleinen Boot herumfahren konnte, wurde mit einer Wellenmaschine betrieben; in ihm spiegelte sich ein künstlicher Mond. »Indien über den Dächern« nannte der König seinen Glaspalast.

Eines Abends soll der Frauenschwarm Ludwig II. eine Operettensängerin zu einer Gondelfahrt in seinen Wintergarten hoch über den Dächern der Münchner Residenz eingeladen haben. Die Dame wollte sich die Gunst seiner Majestät erschleichen und täuschte ein Missgeschick vor: Sie ließ sich ins Wasser fallen und hoffte auf königliche Rettung. Diese jedoch blieb aus, weil der König sie durchschaut hatte und die Rettung einem Diener überließ, um sich einstweilen schleunigst zu entfernen. Eine weitere Einladung für diese Dame soll es nicht mehr gegeben haben.

Die Heizung für den Wintergarten verschlang viel Kapital, und das Wasserbecken aus Blech für den Gondelteich soll ein Leck gehabt und in die darunterliegenden Betten der Küchenjungen getropft haben. Nach dem Tod des Märchenkönigs ließ Prinzregent Luitpold den Wintergarten 1897 abbauen.

Unser Stadtrundgang führt uns weiter durch den liebevoll gestalteten **Hofgarten**, eine im Stil der Renaissance errichtete Parkanlage. Weiter geradeaus laufen wir direkt auf die **Staatskanzlei** zu. Wir verlassen den Hofgarten und gehen in Richtung Hofgartenstraße. Links können wir einen Blick auf das dunkle Glasgebäude werfen, in dem die Generalverwaltung der Max-Planck-Gesellschaft untergebracht ist. Gegenüber stehen wir nun direkt vor dem Apothekenbau der Residenz am Marstallplatz. Links vom Brunnen gelangt man durch eine kleine Öffnung im Mauerwerk in den **Kabinettsgarten**, einen kleinen Park an der Ostseite der Residenz neben dem Eingang zur Allerheiligen-Hofkirche. Der Garten ist mit seinen Wasserspielen im Sommer und inmitten der Großstadt gelegen eine herrliche Oase der Ruhe. Die **Allerheiligen-Hofkirche** gehörte zu Ludwigs Lieblingsplätzen – die dort jährlich am Gründonnerstag stattfindenden Fußwaschungen waren für ihn jedoch kein Vergnügen, und er ließ sich auch dafür gern vertreten.

Hinter dem Gebäude der Max-Planck-Gesellschaft befindet sich der Marstallplatz mit dem **Marstall**. Hier war die frühere Königliche Hofreitschule mit Reitbahn (87,5 x 23,3 m) und Stallungen für damals rund 400 Pferde untergebracht, und König Ludwig II. sowie die spätere Kaiserin Sisi lernten hier reiten. Das Gebäude beherbergte ab 1923 das erste Münchner Marstallmuseum und wird heute als Spielstätte des Residenztheaters (Bayerisches Staatsschauspiel) genutzt. Es ist nicht öffentlich zugänglich. 1868 soll Ludwig II. mit seinen imaginären nächtlichen Reitausflügen begonnen und sich dafür einen bestimmten Ort ausgedacht und die Distanz dorthin im Verhältnis zum Umfang der Reitbahn berechnet haben. Dann soll er mehrere Nächte hintereinander von 20 Uhr bis 3 Uhr nachts in der Reithalle seine Bahnen geritten sein. Sein Reitknecht sei ihm gefolgt und hätte für die virtuelle Reise z. B. nach Innsbruck eine goldene Uhr mit Kette als Geschenk erhalten.

Wir überqueren die Alfons-Goppel-Straße, biegen rechts in die Maximilianstraße ein und erreichen nach ein paar Metern geradeaus den **Max-Joseph-Platz** mit der **Oper** und dem **Königsbau der Residenz**. Wir biegen links in die Dienerstraße ein und stehen nach ca. 200 Metern vor dem berühmten **Dallmayr-Gebäude**, das wohl fast jeder aus der Fernsehwerbung kennen dürfte – Alois Dallmayr war seinerzeit Königlich Bayerischer Hoflieferant. Geradeaus haben wir bereits einen Blick auf den **Marienplatz**, wo sich das **Neue Rathaus** befindet. Es wurde von 1867 bis 1909 im neugotischen Stil erbaut. Besonders beliebt ist das **Glockenspiel**, dessen 43 Glocken täglich um 11 und um 12 Uhr sowie von März bis Oktober zusätzlich um 17 Uhr erklingen. Unterhalb des Glockenspiels ist ein Balkon, die **Königslaube** – dort befindet sich ganz rechts eine **Statue** zu Ehren König Ludwigs II. Hier vor dem Rathaus endet unser königlicher Spaziergang.

Auf einen Blick

AUSGANGSPUNKT

Odeonsplatz, München
GPS: N48° 08.543‘ E11° 34.006‘

ENDPUNKT

Rathaus am Marienplatz, München
GPS: N48° 08.226‘ E11° 34.554‘

ANFAHRT

Bus & Bahn: Vom Hauptbahnhof München mit U4/U5 bis Haltestelle Odeonsplatz
Auto: A 96, A 8, A 9 oder A 94 nach München, dort am besten P & R und den öffentlichen Nahverkehr ins Stadtzentrum nutzen

GEHZEIT UND SCHWIERIGKEIT

Einfacher, ca. 2,5 km langer Stadtspaziergang (ca. 2 Std.). Für die Besichtigungen sollten Sie ausreichend Zeit einplanen.

EINKEHR

Unterwegs zahlreiche Einkehrmöglichkeiten, z. B. im Café Tambosi (tambosi-odeonsplatz.de; im Sommer mit Biergarten) oder im Restaurant Brenner (brennergrill.de) in der denkmalgeschützten Säulenhalle des Marstalls

NOCH WICHTIG

Im Sommer Sonnenschutz und Kopfbedeckung nicht vergessen.

ZUSÄTZLICHE HINWEISE

Mit Touren 2 und 4 kann man den königlichen Spaziergang durch München kombinieren.

INFORMATIONEN

muenchen-touristeninformation.de

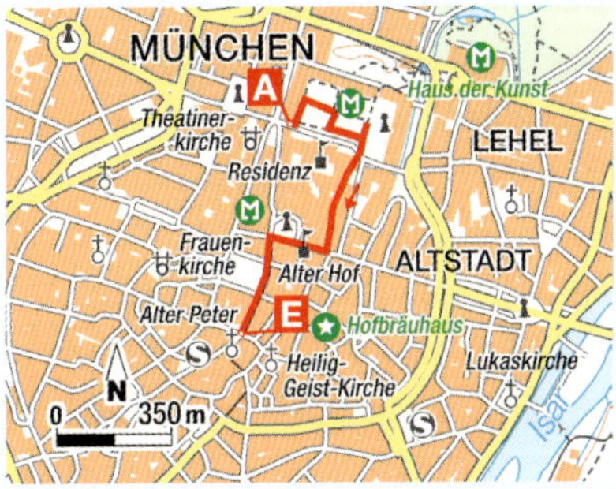

4

Der Englische Garten

AUF DEN SPUREN EINER KÖNIGLICHEN KUTSCHFAHRT

Von seiner Residenz am Hofgarten nutzte der junge König gern die Gelegenheit zu einer Kutschenausfahrt in den Englischen Garten, und dies am liebsten bei Nacht. Monopteros, Chinesischer Turm, Japanisches Teehaus und Eisbachwelle – vielleicht wäre der Märchenkönig heute ein begeisterter Eisbach-Surfer?

Die Anfänge des Englischen Gartens sind auf das Jahr 1789 zurückzuführen, der Volkspark wurde dann 1792 eröffnet. Aber warum heißt dieser Park nun eigentlich Englischer Garten? Ganz einfach: Er wurde im Stil einer englischen Gartenanlage errichtet und gehört nun zu den größten Parkanlagen der Welt. Über 200 Jahre lang wurde er immer wieder verändert und erweitert – heute besteht er aus dem bekannten und beliebten Südteil und dem ruhigeren Nordteil. Der vierspurige Isarring trennt die beiden Parkteile.

Wir starten unseren Spaziergang am **Odeonsplatz** und gehen durch das Hofgartentor direkt in den **Hofgarten**. Im Zentrum des kleinen Parks steht der **Dianatempel** mit seinen acht Bögen, von denen aus die Wege sternenförmig durch den Hofgarten verlaufen – glücklich, wer hier den Musikern lauschen kann, die immer wieder gern in diesem Pavillon aufspielen. Wir gehen weiter geradeaus und laufen direkt auf die **Bayerische Staatskanzlei** zu; Franz Josef Strauß war es, der über der Staatskanzlei nach den Bauplänen des Wintergartens von Ludwig II. einen ähnlichen Glaskuppelbau errichten ließ (siehe Tour 2). Nun halten wir uns links und gehen leicht abwärts auf eine Unterführung zu, die uns direkt in den **Englischen Garten** bringt. In den Sommermonaten folgt man einfach den Touristenströmen.

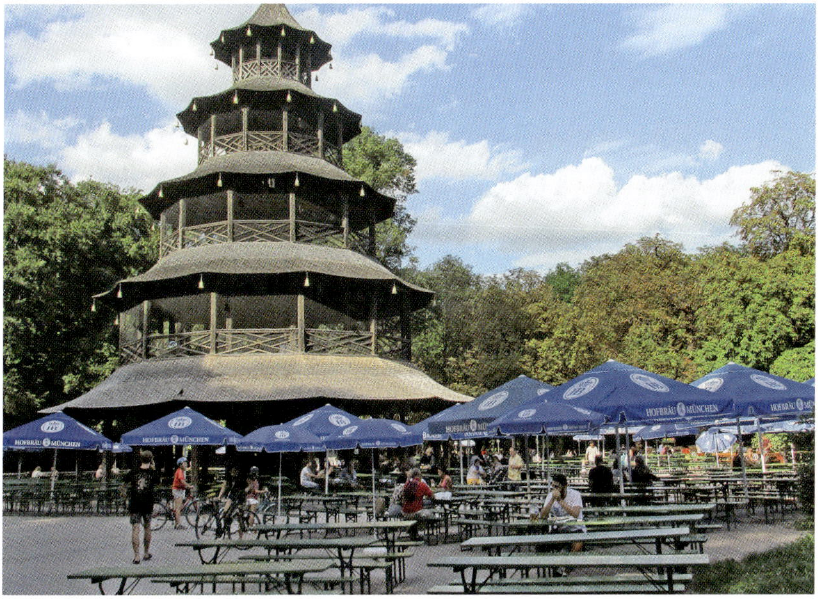

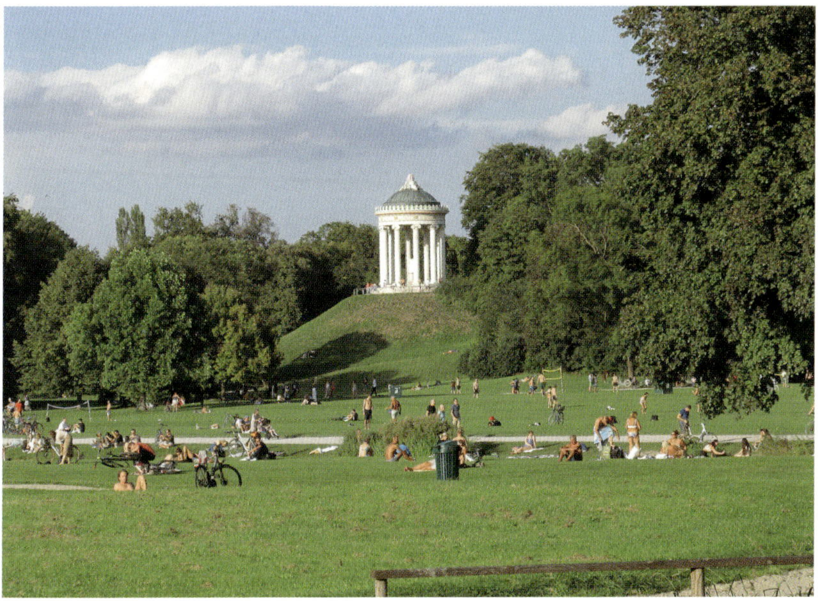

▲ Beliebtes Ausflugsziel: der Biergarten am Chinesischen Turm
▼ Der Monopteros nach Plänen von Leo von Klenze bietet eine wunderbare Aussicht.

Nach dem Tunnel halten wir uns rechts über eine kleine Brücke, gehen dann gleich nach links wenige Meter weiter den Weg entlang und erreichen schließlich rechts die berühmte **Eisbach-Welle**. Viele Schaulustige tummeln sich zu jeder Jahreszeit hier, um den spannenden Aktionen der Eisbach-Surfer zuzuschauen – geht man direkt links hinauf zur kleinen Brücke an der Prinzregentenstraße, hat man den besten Blick auf das Spektakel. Nach der Brücke halten wir uns wieder links und gelangen zurück in den Park, wo wir uns nach wenigen Metern bei »Fräulein Grüneis« eine Einkehr gönnen: Das ehemalige Toilettenhäuschen wurde in ein kleines Lokal mit interessantem Speisen- und Getränkeangebot umgewandelt.

Wir folgen jetzt dem Hauptweg in nördlicher Richtung ca. 500 Meter, spazieren anschließend nach links, überqueren ihn und gelangen so direkt zum **Monopteros**, einem Aussichtstempel mit wundervollem Blick über den Englischen Garten und auf die Münchner Altstadt bis hin zur Frauenkirche – er wurde auf Geheiß von Ludwigs Großvater Ludwig I. errichtet und 1836 fertiggestellt. Dann halten wir uns rechts und kehren wieder auf den zentralen Hauptweg zurück, der uns zum **Chinesischen Turm** bringt. Der Biergarten ist ein Publikumsmagnet und sein namengebender 25 Meter hoher Turm in Holzbauweise schon weithin sichtbar.

Wir setzen unseren Weg immer geradeaus entlang des zentralen Hauptwegs fort, überqueren die Tivolistraße und erreichen den **Kleinhesseloher See** mit dem schönen Biergarten des Restaurants Seehaus und einem Ruderbootverleih ganz in der Nähe. Hinter dem Seehaus könnte man über die Isarring-Brücke in den nördlichen Teil des Englischen Gartens weiterspazieren. Wir gehen jedoch um den See herum und folgen dann dem Hauptweg weiter in südlicher Richtung. Der Englische Garten verwandelt sich bei schönem Wetter zu einer wahren Sport- und Freizeitmeile, und am Schwabinger Bach gibt's im Uferbereich eine Liegewiese – Mutige springen auch hier ins kühle Nass. Am Ende des Schwabinger Bachs halten wir uns rechts und folgen nach der Brücke rechts dem Weg zur Unterführung. Durch den **Hofgarten** kehren wir auf dem Hinweg zu unserem Ausgangspunkt am **Odeonsplatz** zurück.

Auf einen Blick

AUSGANGS-/ENDPUNKT

Odeonsplatz, München
GPS: N48° 08.530‘ E11° 34.655‘

ANFAHRT

Bus & Bahn: Vom Hauptbahnhof München mit U4/U5 bis Haltestelle Odeonsplatz
Auto: A 96, A 8, A 9 oder A 94 nach München, dort am besten P & R und den öffentlichen Nahverkehr ins Stadtzentrum nutzen

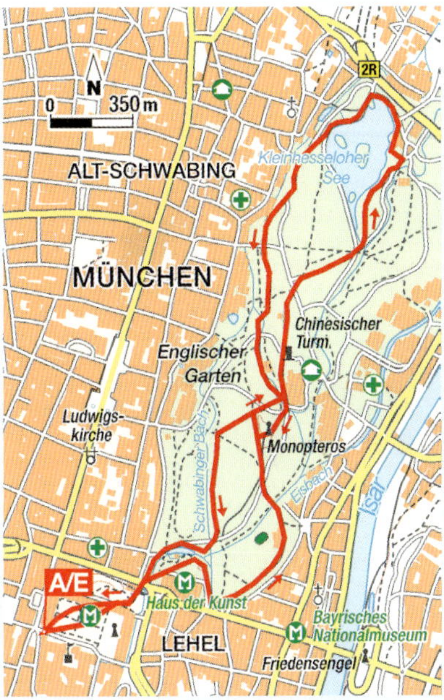

GEHZEIT UND SCHWIERIGKEIT

Einfacher Spaziergang ohne nennenswerte Höhendifferenzen und Herausforderungen; die Wegstrecke umfasst rund 9 km und kann verkürzt und verlängert werden. Sie sollten gut 2 Std. für den Rundweg bzw. etwas mehr Zeit für Einkehr und Besichtigungen einplanen.

EINKEHR

Fräulein Grüneis (fraeulein-grueneis.de), Biergarten am Chinesischen Turm (chinaturm.de), Seehaus am Großhesseloher See (kuffler.de; mit Biergarten)

ZUSÄTZLICHE HINWEISE

Ein besonderes Highlight ist die Besichtigung des und die Aussicht vom Monopteros zum Sonnenuntergang! Der Spaziergang kann in den Nordteil des Englischen Gartens ausgeweitet werden. Empfehlenswert ist auch eine Kombination mit Tour 2 und/oder 3. Man kann auch eine Fahrrad-Rikscha durch den Englischen Garten buchen (rikschaguide.com).

INFORMATION

muenchen-touristeninformation.de

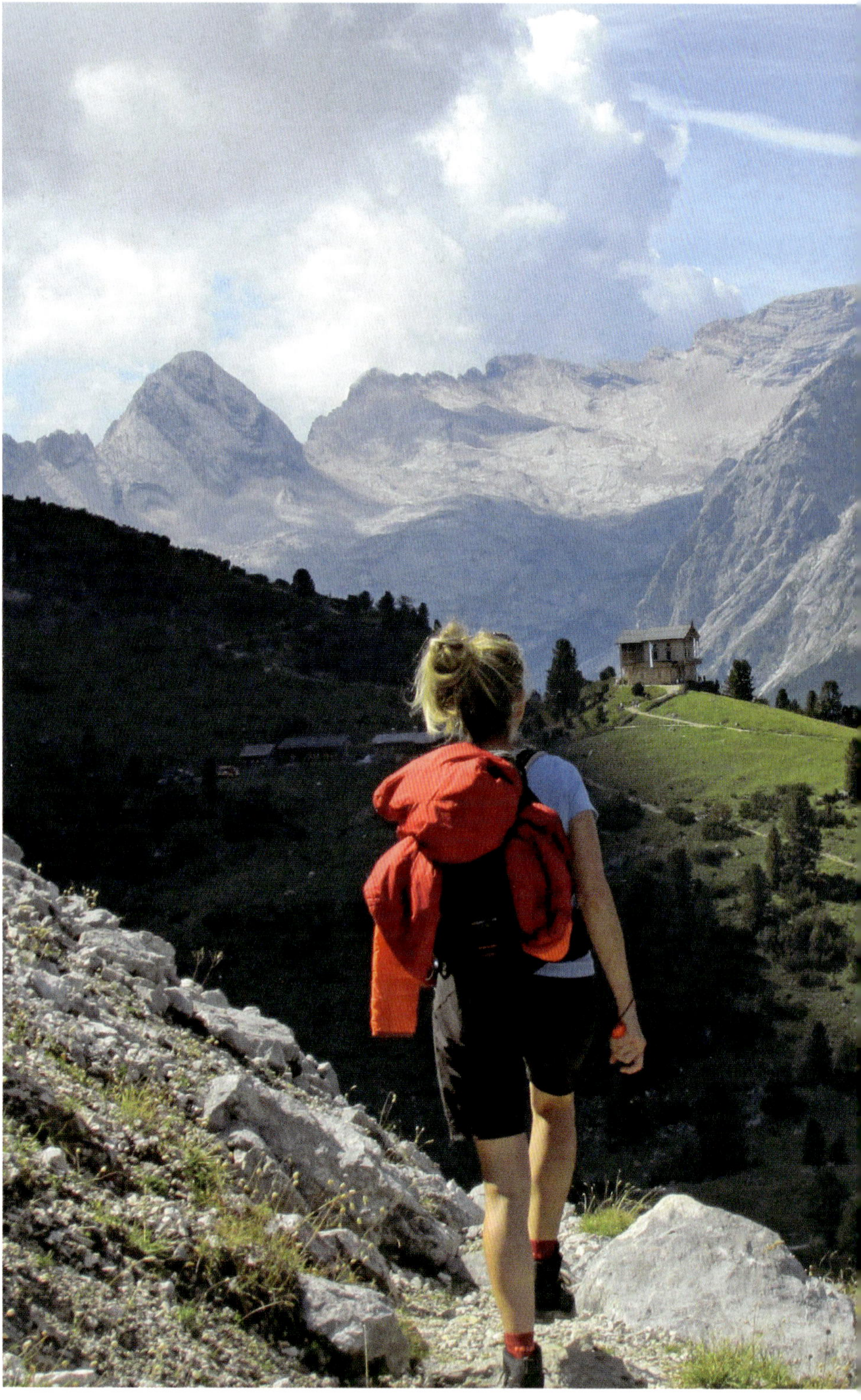

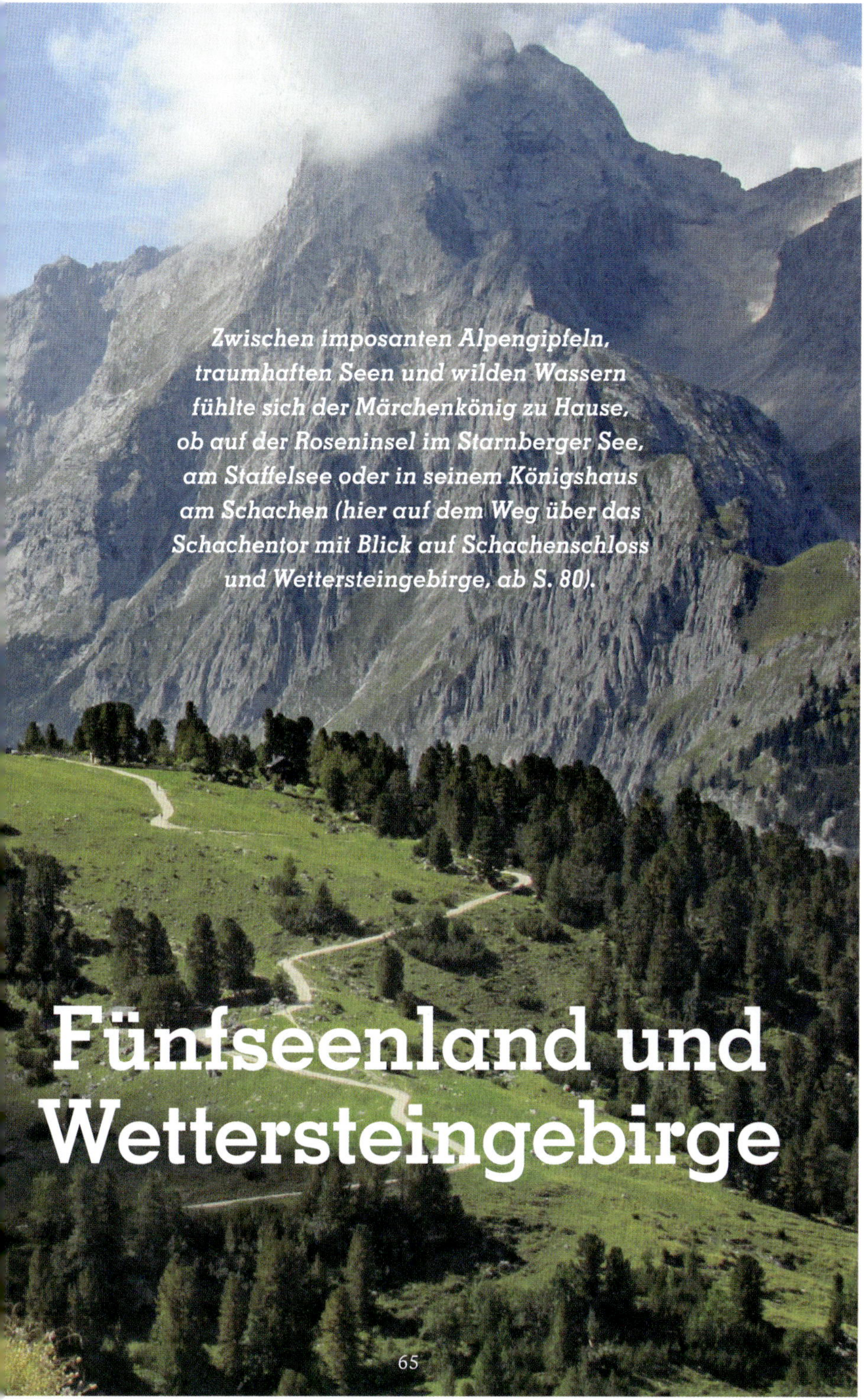

Zwischen imposanten Alpengipfeln, traumhaften Seen und wilden Wassern fühlte sich der Märchenkönig zu Hause, ob auf der Roseninsel im Starnberger See, am Staffelsee oder in seinem Königshaus am Schachen (hier auf dem Weg über das Schachentor mit Blick auf Schachenschloss und Wettersteingebirge, ab S. 80).

Fünfseenland und Wettersteingebirge

5

Schloss Berg und die königliche Gedenkstätte

»EIN EWIGES RÄTSEL
WILL ICH BLEIBEN …«

Wir beginnen unsere königliche Spurensuche dieses Mal an einem Ort, der der Bezeichnung »Lieblingsplatz« nicht gerecht wird: an der Votivkapelle in Berg, unterhalb derer der Märchenkönig unter noch immer ungeklärten Umständen im Starnberger See den Tod fand. Neben dem Ehrenmal erinnert auch ein schlichtes Holzkreuz im See an Ludwig II.

Prinz Luitpold von Bayern, der Onkel König Ludwigs II., erteilte zehn Jahre nach dem Tod seines Neffen den Bauauftrag für die **Gedächtniskapelle St. Ludwig**. Die Kirche wurde im byzantinisch-romanischen Stil erbaut und am 13. Juni 1900 mit einem Gedenkgottesdienst geweiht. Die Votivkapelle, deren Inneres in royalem Blau gehalten ist (Ludwigs Lieblingsfarbe), wurde unter den Schutz der Patrona Bavariae gestellt. Eine der lateinischen Inschriften am Eingang auf der linken Seite lautet: »Dem Gedächtnis Seiner Majestät Ludwigs II., König von Bayern, errichtet, der nach 22-jähriger Regierung zur Trauer des Vaterlandes an dieser Stelle am 13. Juni 1886 aus dem Leben schied.«

Oberhalb der Votivkappelle führt unser Wanderweg nach links und dann weiter geradeaus zum Parkausgang in die Straße Am Hofgarten. Danach geht es links bergab in Richtung See und entlang der Wittelsbacher- bis zur Seestraße. Kurz bevor die Wittelsbacher- in die Seestraße übergeht, kommen wir am **Schloss Berg** vorbei, das sich im Privatbesitz der Wittelsbacher befindet und nicht besichtigt werden kann. Hier auf Schloss Berg verbrachte der

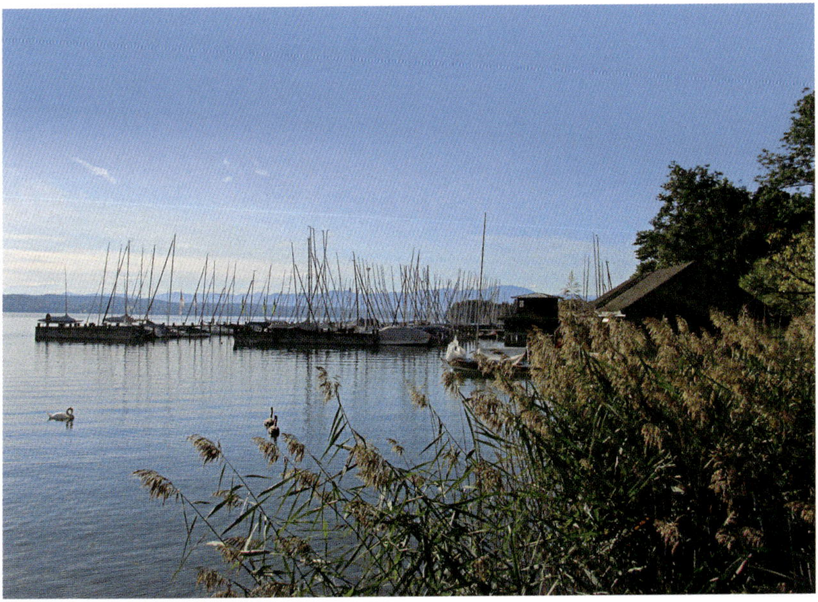

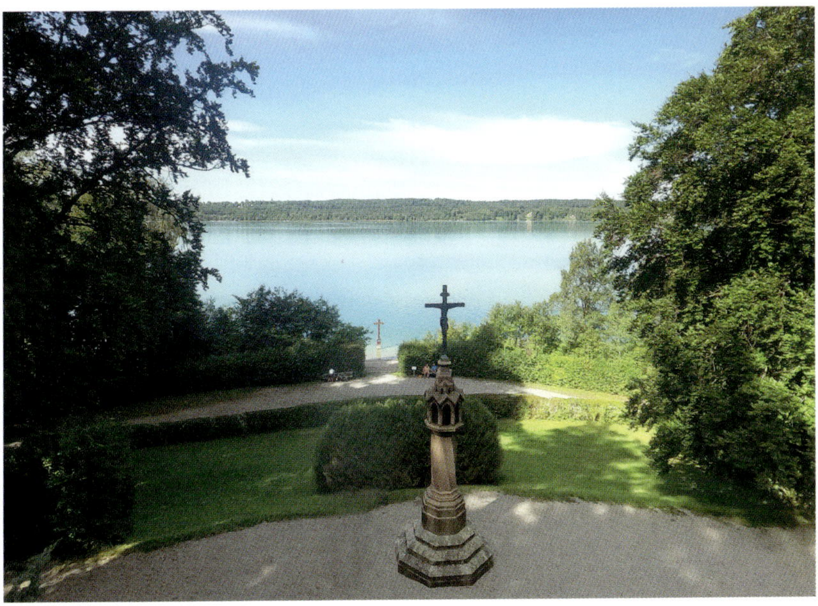

▲ Blick über den Starnberger See – bei klarer Sicht bis zu den Alpen
▼ Die Totenleuchte unterhalb der Votivkapelle wurde von Ludwigs Mutter gestiftet.

Märchenkönig gern seine Zeit, von hier aus schwamm er durch den Starnberger See bis zur Roseninsel. Anfang des 19. Jahrhunderts wurde der barocke Lustgarten des Schlosses auf Geheiß von König Max I. im Stil eines englischen Landschaftsparks umgestaltet. Dort finden sich heute die Gedenkstätten für König Ludwig II. und König Maximilian II. Zu Ehren von Richard Wagner ließ Ludwig II. die Räume von Schloss Berg mit den Motiven aus den Opern von Wagner bemalen und 1865 den Isoldenturm anbauen. Die letzten Stunden seines kurzen Lebens verbrachte der Märchenkönig entmündigt im Schloss Berg unter Hausarrest.

Der Weg führt uns weiter entlang der Seestraße und vorbei am Hotel Schloss Berg und der **Schiffsanlegestelle Berg** (von hier kann man nach Starnberg und Possenhofen übersetzen). Auf der Seestraße geht es weiter geradeaus bis zum Abzweig Uferweg, wo man links abbiegt und nach wenigen Metern über Treppenstufen direkt ans Seeufer des **Starnberger Sees** und nach **Kempfenhausen** gelangt. Der Starnberger Postillon und Gastwirt Andreas Pellet ließ 1855 ein Landhaus am Starnberger See in Kempfenhausen bauen, was König Ludwig II. 1864 für seinen Freund Wagner mietete. Dieser bezog die Villa Pellet und soll hier den Huldigungsmarsch für den König komponiert haben. Auch seine spätere Gattin, Cosima von Bülow, hat den Komponisten hier besucht.

Der Weg führt uns weiter entlang des nördlichen Seeufers, vorbei am Restaurant Seestuben mit Badestrand und Zugspitzblick und über zwei hölzerne Fußgängerbrücken – ertönt ein Warnton, sind diese schnellstens zu verlassen, da die elektrische Zugbrücke dann für den Schiffsverkehr geöffnet wird. Weiter geradeaus entlang des Nepomukwegs und vorbei am Hallenbad Starnberg erreichen wir linker Hand die **Seepromenade** mit der Schiffsanlegestelle Starnberg und bald darauf auch den **S-Bahnhof Starnberg**, wo unsere Tour endet.

Auf einen Blick

AUSGANGSPUNKT

Votivkapelle in Berg am Starnberger See
GPS: N47° 57.817‘ E11° 20.910‘

ENDPUNKT

S-Bahnhof Starnberg
GPS: N47° 57.715‘ E11° 20.463‘

ANFAHRT

Bus & Bahn: Vom Hauptbahnhof München mit Regionalbahn oder der S6 nach Starnberg und weiter mit Bus 975 Richtung Wolfratshausen bis Haltestelle Grafstraße; Auto: A 95 bis Ausfahrt Starnberg und weiter Richtung Berg

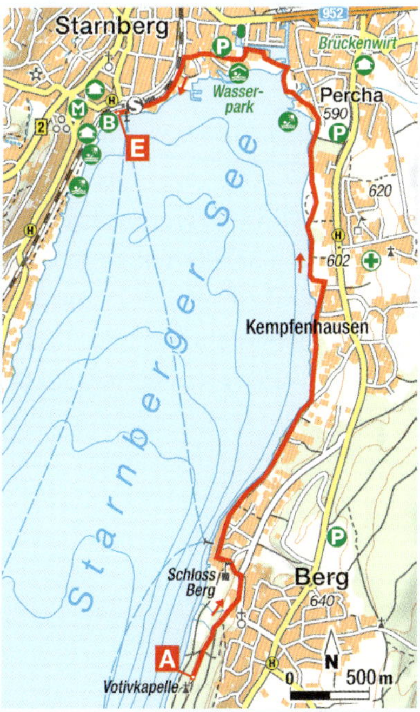

GEHZEIT UND SCHWIERIGKEIT

Die ca. 7 km lange Strecke über Wege und Nebenstraßen ohne nennenswerte Höhenunterschiede kann man gut in 2.30–3 Std. bewältigen.

EINKEHR

Restaurant Seestub’n in Starnberg/Percha (seestubn-percha.de)

ZUSÄTZLICHE HINWEISE

Erwähnenswert sind die Reste von Pfahlbauten bei Kempfenhausen und ein Einbaum, der als Fortbewegungsmittel diente und 1984 aus der Luft entdeckt wurde. Mit einem Audiospaziergang wird der »Kini« wieder lebendig: Auf der Strecke finden sich Infotafeln zu König Ludwigs II. Leben und Tod, und ein Audioguide informiert zusätzlich (starnbergammersee.de/entdecken-erleben/audiospaziergaenge).

INFORMATION

starnbergammersee.de

6

Roseninsel und Sisi-Schloss

DER MÄRCHENKÖNIG, DIE KAISERIN UND IHR GEHEIMPOSTFACH

Die Roseninsel, ein geometrisch angelegtes Rosenparadies, war ein Sehnsuchtsort des Märchenkönigs. Die rund 2,6 Hektar große Insel im Starnberger See gehört seit 2011 zum Weltkulturerbe der UNESCO und ist nur mit einem romantischen Fährboot vom Glockensteg im Park Feldafing aus erreichbar.

Ludwigs Vater, König Maximilian II., erwarb 1850 die Insel, die einzigartige Ausblicke auf den Starnberger See und die Alpenkette bietet und ihm als Rückzugsort dienen sollte. Maximilian II. ließ auch eine Schiffsanlegestelle bei Schloss Berg errichten – dort legte das Dampfschiff »Maximilian« an, mit dem man zur Roseninsel übersetzten konnte. Auch Ludwig II. fuhr von hier aus zu seinem Lieblingsplatz. Als junger Mann soll er sogar über den See bis zur Insel geschwommen sein. Mit der Gestaltung des Parks wurde Peter Joseph Lenné beauftragt, der auch die Anlagen von Sanssouci konzipiert hatte. Über 2000 Hochstamm- und Buschrosenstöcke ließ er geometrisch anordnen, deren Duft in der Blütezeit betörend ist.

Nach dem Tod des Vaters ging die Insel in den Privatbesitz Ludwigs II. über, und er empfing auf der Roseninsel fortan nur ausgewählte Gäste wie Zarin Maria Alexandrowna, Richard Wagner und natürlich: Sisi. Mit seiner Großcousine, der Kaiserin Elisabeth von Österreich, verband Ludwig II. zeitlebens eine sehr innige Freundschaft. Immer wieder schrieb er seiner »Möve«

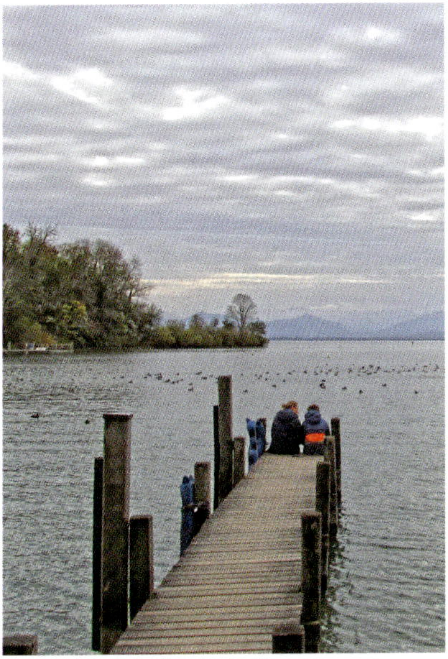

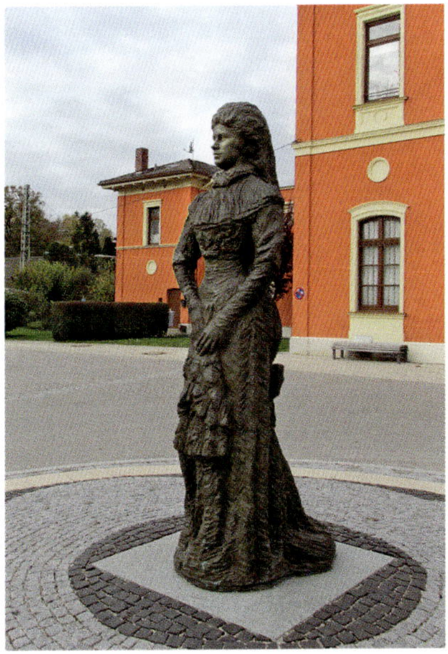

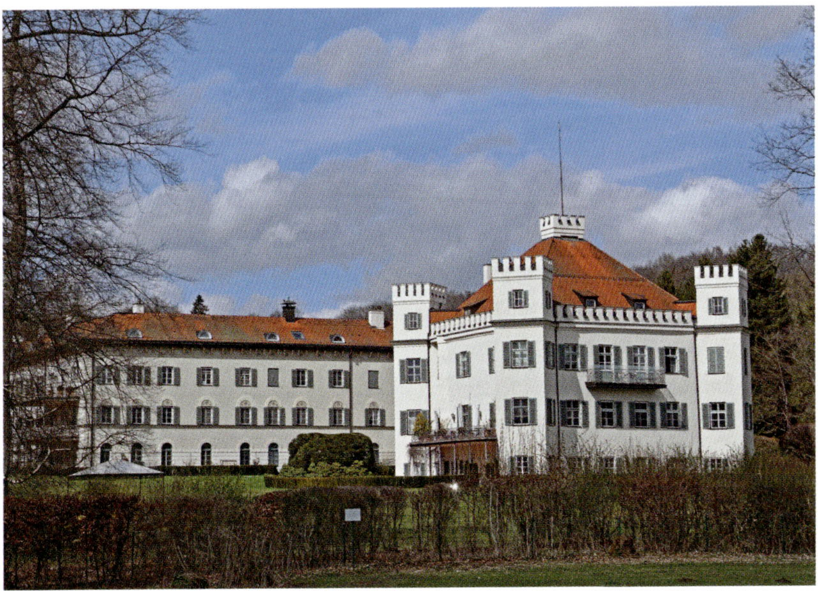

◀ Steg am Starnberger See mit Ausblick auf die Roseninsel
▶ Sisi-Bronzestatue vor dem Museum im historischen Bahnhof Possenhofen
▼ Blick auf Schloss Possenhofen

Verse, und sie antwortete ihrem »Adler«. Als Briefkasten für diese geheime Post fungierte das Schubfach des Sekretärs im Gartensaal des Sommerhauses (Casino) – hätte es damals schon WhatsApp gegeben, um wie viel einfacher wäre dann die Kommunikation zwischen den beiden wohl gewesen!

Wir starten die Tour am schön gestalteten **Bahnhof in Possenhofen**, wo sich auch das **Kaiserin Elisabeth Museum** befindet, und biegen direkt in den Fußweg am Bahndamm ein. Die ersten Meter verlaufen parallel an den Gleisen entlang bis zum Abzweig Feichtetstraße, wo man links abbiegt und der Straße abwärts in Richtung Possenhofen und Starnberger See folgt. Nach Überquerung der Hauptstraße (St 2063) führt die Karl-Theodor-Straße zur **Fischerkapelle** aus dem 17. Jahrhundert und zum **Sisi-Schloss Possenhofen**, das in Privatbesitz ist und nicht besichtigt werden kann.

Weiter geht es rechts am Seeufer entlang durch den **Schlosspark Paradies**. Der König-Ludwig-Weg führt uns nun vom Dampfersteg und Yachthafen bis zum **Strandbad Feldafing** und am See entlang zur Bootsanlegestelle, wo man mit einer Glocke nach dem Fährmann läuten kann. Mit einem kleinen Boot setzt man zur **Roseninsel** über, wo die wundervolle Parkanlage und der Rosengarten mit seinen über 2000 Rosenstöcken zum Verweilen einladen. Auch das Casino, das Ludwig II. und Sisi als Sommerhaus diente, lohnt einen Besuch, der allerdings nur im Rahmen einer Führung möglich ist. Um die komplette Insel besteht eine Schutzzone für das UNESCO-Weltkulturerbe Prähistorische Pfahlbauten, denn hier befindet sich die jüngste Fundstelle von Pfahlbauten aus einer frühkeltischen Seeufersiedlung im Alpengebiet.

Von der Roseninsel geht es wieder mit dem Fährboot zurück und weiter entlang des Elisabethwegs über den schön angelegten **Lenné-Park** in Richtung Tutzinger Straße bis zum Golfhotel Kaiserin Elisabeth in **Feldafing**. Von dort biegen wir rechts in die Bahnhofstraße und gelangen zum Kirchplatz. Ein Fenster der Kirche **St. Peter und Paul** stiftete Kaiser Franz Joseph I. von Österreich für Kaiserin Elisabeth (Sisi). Auch das Innere der Kirche lohnt eine Besichtigung.

Vom Kirchenweg biegt man rechts wieder in die Bahnhofstraße ein, läuft geradeaus bis zur Johann-Biersack-Straße, überquert diese und folgt der Beschilderung des Pöckinger Fußwegs bis zur **Wolfsschlucht**. Ein idyllischer Wanderweg führt durch den tiefen Einschnitt, den der Starzenbach hier hinterlassen hat. Nach 1,5 Kilometern erreicht man wieder die Feichtetstraße, der man aufwärts zurück zum Ausgangspunkt beim **Bahnhof in Possenhofen** folgt.

Auf einen Blick

AUSGANGS-/ENDPUNKT

S-Bahnhof Possenhofen
GPS: N47° 57.726' E11° 182.427'

ANFAHRT

Bus & Bahn: Mit der S6 Richtung Tutzing bis Haltestelle Possenhofen
Auto: A 95 bis Ausfahrt Starnberg und weiter in Richtung Feldafing bzw. Possenhofen; Parken am S-Bahnhof Possenhofen

GEHZEIT UND SCHWIERIGKEIT

Spaziergang von rund 8 km Länge auf Straßen und Waldwegen ohne nennenswerte Höhendifferenzen. Sie sollten gut 3 Std. Zeit für die landschaftlich reizvolle Wanderung einplanen. Wundervolle Plätze mit Aussicht auf See und Alpen laden zum Verweilen ein. Im Sommer Badesachen nicht vergessen. Achtung: Bei Nässe ist besonders in der Wolfsschlucht Vorsicht geboten.

EINKEHR/ÜBERNACHTUNG

Restaurant Forsthaus am See Possenhofen (forsthaus-amsee.de); Golfhotel Kaiserin Elisabeth in Feldafing (kaiserin-elisabeth.de)

ZUSÄTZLICHE HINWEISE

Die heutige S-Bahnstation Possenhofen ließ Ludwigs Vater, Maximilian II., als Bahnhof für den Adel errichten. Im historischen Bahnhofsgebäude ist seit 2004 das Kaiserin Elisabeth Museum untergebracht. Neben der Sammlung über »Sisi« und ihre Aufenthalte am Starnberger See gibt es auch einen Ausstellungsteil zu Ludwig II. (kaiserin-elisabeth-museum-ev.de, nach Voranmeldungen sind Führungen möglich).

INFORMATION

roseninsel.bayern (Fährbetrieb zur Roseninsel von Ostern bis Mitte Okt.)

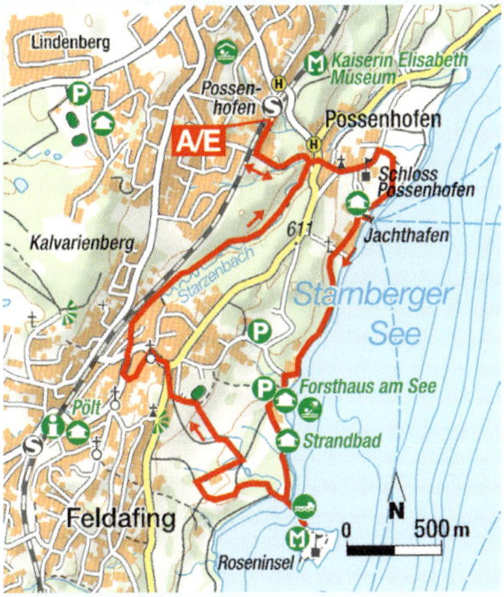

7

Königswege am Staffelsee

MIT LUDWIG UND KANDINSKY DURCHS BLAUE LAND

Der Name Blaues Land leitet sich ab von der Künstlervereinigung Blauer Reiter, gegründet von Wassily Kandinsky und Franz Marc. Wir gehen auf königliche Spurensuche im Künstlerort Murnau und am Staffelsee, denn auch hier hatte Ludwig II. seine Lieblingsplätze.

Blau, genauer gesagt Lapislazuli-Blau war die Lieblingsfarbe des Märchenkönigs. Aber deshalb kam er freilich nicht nach Murnau: Auf seinem Weg nach Schloss Linderhof oder zum Königshaus am Schachen kehrte er regelmäßig im Gasthof Post ein (heute Hotel Post), wo ihn Frau Bayerlacher nach allen Regeln der Kunst bekochte, sodass er auch wegen des guten Essens immer wieder gern dort verweilte. Auch die Insel Wörth im Staffelsee hatte es dem Märchenkönig angetan. Nicht belegt ist allerdings, ob der König auf der Insel tatsächlich sein »Herrenchiemsee« erbauen wollte – die Landbesitzer hätten ihm die Insel nicht überlassen wollen, weshalb Ludwig II. dann wohl nicht wieder hierher zurückgekehrt wäre.

Wir wollen auf königliche und künstlerische Spurensuche gehen, und zwar mitten durch die Altstadt und durch die Natur, zu den schönsten Aussichtspunkten der Gegend. Vom **Murnauer Rathaus** in der farbenfrohen Fußgängerzone genießen wir schon einen herrlichen Blick, den sogenannten »Kistenblick«, auf Estergebirge und Wettersteinmassiv mit der Zugspitze. Murnau hat das Marktrecht seit 1332, einst übertragen vom Herzog und späteren König Ludwig dem Bayer, einem Wittelsbacher. Der zweibeinige Drachen aus

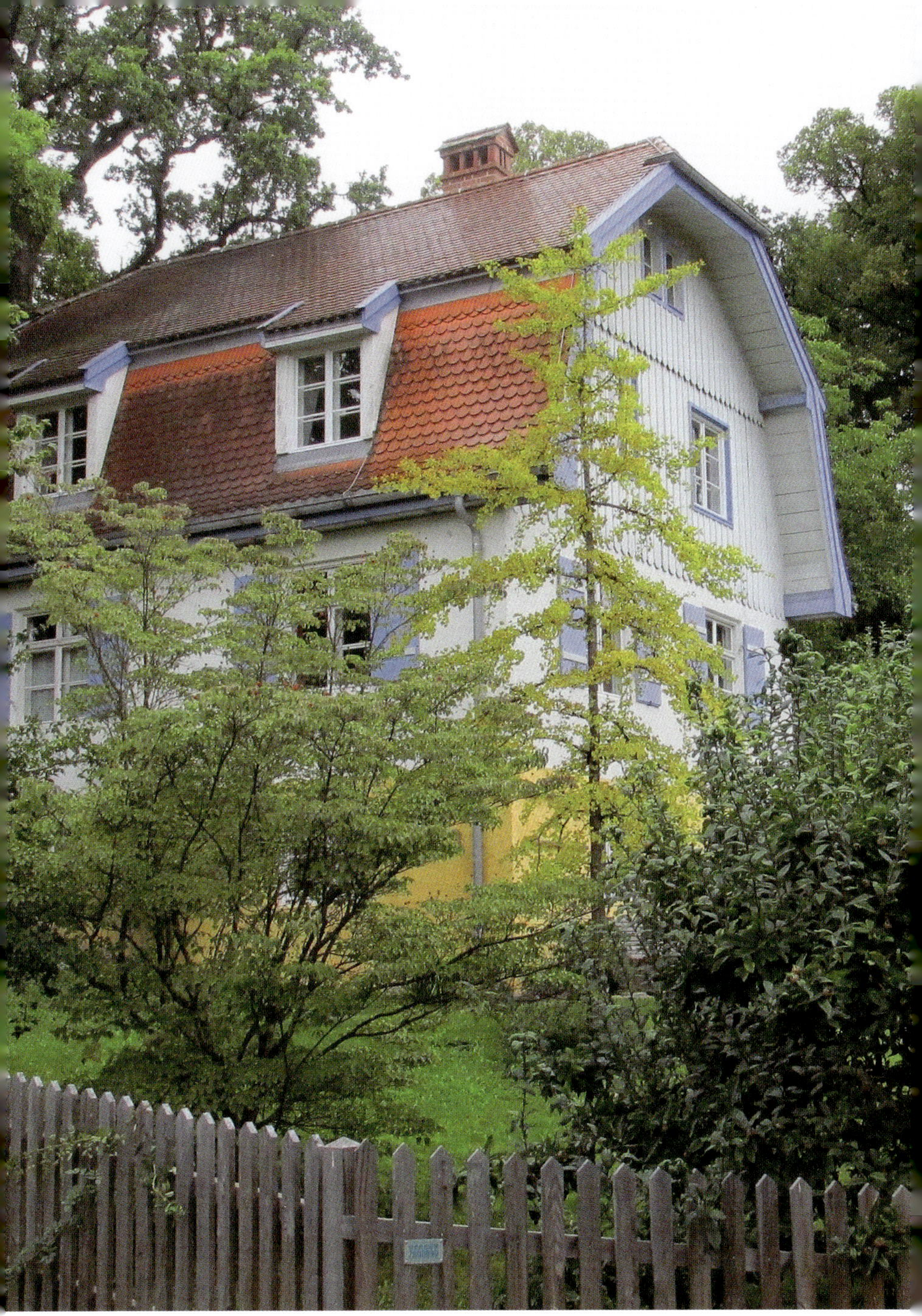

Im Haus von Gabriele Münter in Murnau ließ sich die Künstlergruppe Blauer Reiter inspirieren.

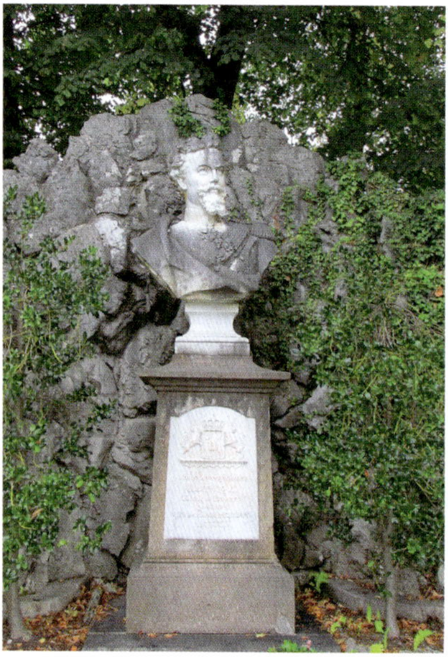

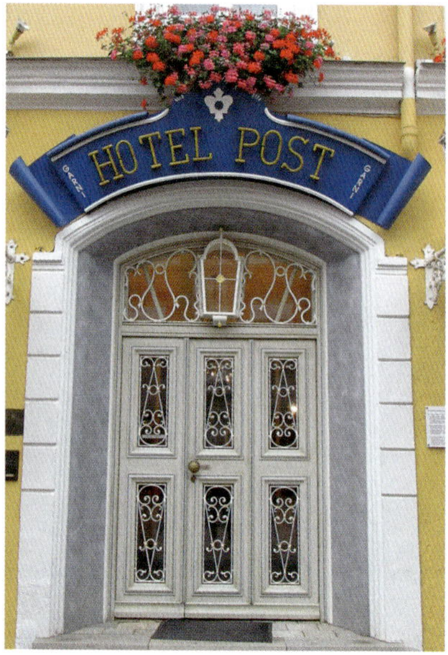

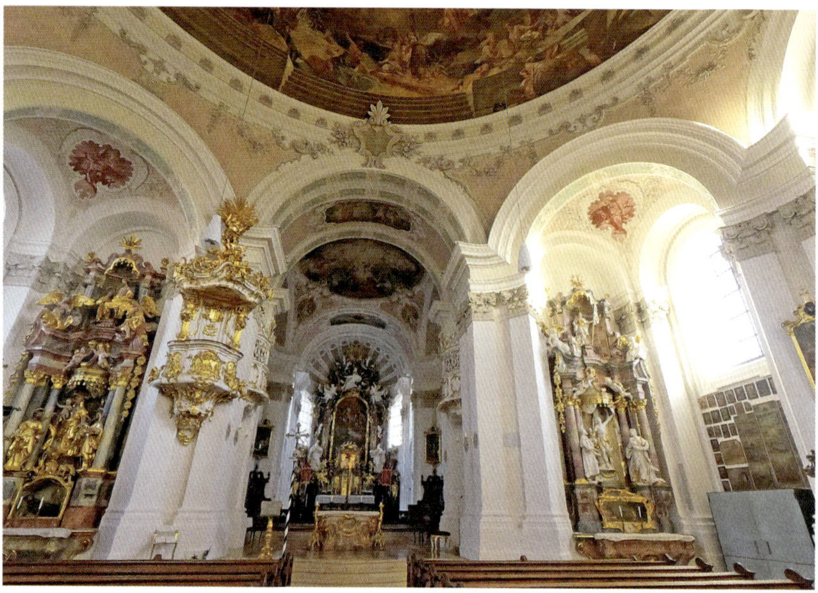

◂ Dieses Denkmal war das erste für König Ludwig II. in Bayern.
▸ Eingang des Hotels Post in der Fußgängerzone in Murnau
▾ Die spätbarocke Wallfahrtskirche St. Nikolaus liegt nahe beim Schloss Murnau.

der Ritter-Georg-Sage, der Lindwurm, ist das Wappentier der Stadt, welches am Rathaus am Untermarkt auf uns herunterschaut. Viele der wunderschönen Häuserfassaden in der Fußgängerzone sind auf den Münchner Architekten und Ingenieur Emanuel von Seidel zurückzuführen.

Wir spazieren zum Schlosskirchplatz mit schönem Blick auf das Schloss mit dem Museum und auf den Turm der Kirche St. Nikolaus. Bei unserem Besichtigungsspaziergang entdecken wir auch die Murnauer Madonna mit den Sieben Schwertern im Herzen, die immer wieder das Stadtbild prägt. Durch die Grüngasse erreichen wir wieder die Fußgängerzone und stehen vor der **Maria-Hilf-Kirche** (direkt bei der Mariensäule), in deren Innerem man ein beeindruckendes Gemälde dieser Madonna bewundern kann. Gegenüber der Kirche befindet sich das schon erwähnte **Hotel Post**, wo noch heute im Eingangsbereich diverse Erinnerungsstücke der Besuche des Märchenkönigs ausgestellt sind, wie z. B. Bilder oder auch die Uniform des Postillions August Bayerlacher.

Weiter geht es durch die Fußgängerzone, und über die Postgasse erreichen wir das Kultur- und Tagungszentrum. Gegenüber vom Haupteingang entdecken wir ein **Denkmal Ludwigs II.** Die königliche Büste wird von zwei großen Löwen bewacht. Initiiert von August Bayerlacher, wurde das Denkmal am 26. August 1894 eingeweiht, und noch heute finden hier jährlich am Geburtstag des Märchenkönigs Feierlichkeiten statt. Wir wenden uns nach links und folgen dem gekennzeichneten Weg in den **Kulturpark** hinein. Dort sticht die große Skulptur des **Roten Huts** von Ödön von Horváth ins Auge – der Schriftsteller lebte von 1924 bis 1933 in Murnau, und die Skulptur entstand 2001 anlässlich Horváths 100. Geburtstags.

Wir halten uns nun rechts, gehen über eine Brücke und durch die Fußgängerunterführungen in Richtung Seestraße. Über den Seewaldweg erreichen wir die Infotafel Nr. 3 und biegen links ab in einen Pfad. Nun geht es über einige Stufen etwas steiler aufwärts zur **Luitpold-Höhe**. Wir folgen dem Pfad weiter und erreichen den nächsten Aussichtspunkt, die **Ludwigshöhe**, von wo sich eine schöne Aussicht auf den Staffelsee mit seinen sieben Inseln bietet. Im Pavillon entdeckt man Tafeln mit Fakten zur Geschichte König Ludwigs II.

Der Pfad wendet sich nun nach links, und es geht vorbei an einer Infotafel zu Christoph Probst, einem Widerstandskämpfer der Weißen Rose. Wir gelangen zur Kohlgruberstraße, überqueren diese und steigen über Stufen zum

Prinzregent-Luitpold-Platz (heute Asam-Höhe). Über die Straße Am Dünaberg führt der Weg zum Eiblwiesweg. Nach erneuter Überquerung der Kohlgruberstraße biegen wir nach rechts in den Maria-Antonien-Weg ab und folgen diesem bis zum Hochbehälter. Am Ende der Straße führt der Weg rechts über die Wiese, und wir gelangen zur **Grabstelle von James Leob**. Er wurde u. a. bekannt durch seine Unterstützung von medizinischen und psychiatrischen Einrichtungen, wie z. B. der Deutschen Forschungsanstalt für Psychiatrie in München (heute Max-Planck-Institut). Weiter geht es entsprechend der Beschilderung links vorbei am DRK-Seniorenheim und dem ehemaligen Stahlbad über den Seewaldweg ans Ufer des **Staffelsees**.

Von hier spazieren wir am Minigolfplatz vorbei in Richtung Kultur- und Tagungszentrum. Im **Kulturpark** folgen wir der Beschilderung bis zum **Münter-Haus** an der Kottmüllerallee, einem Wohnort der Künstler Gabriele Münter und Wassily Kandinsky. Auf dem Weg dorthin genießt man die schöne Aussicht über die Marktgemeinde, und an den Plätzen, an denen die Künstler die wunderschöne Landschaft zeichneten, stehen Hinweistafeln mit interessanten Informationen.

Wir wählen den Rückweg über den Kulturpark und den Burggraben und gelangen wieder zur Postgasse. Von hier spazieren wir durch die Fußgängerzone zum Untermarkt mit dem **Rathaus** zurück.

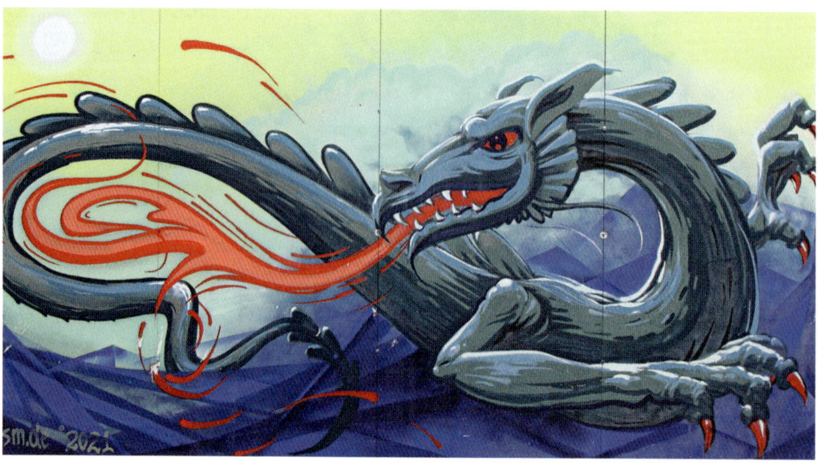

Modernes Graffito: der Lindwurm aus der Ritter-Georg-Sage

Auf einen Blick

AUSGANGS-/ENDPUNKT

Rathaus am Untermarkt in Murnau
GPS: N47° 40.651‘ E11° 12.046‘

ANFAHRT

Bus & Bahn: Vom Hauptbahnhof München mit der Regionalbahn nach Murnau
Auto: A 95 Richtung Garmisch-Partenkirchen bis Ausfahrt Murnau

GEHZEIT UND SCHWIERIGKEIT

Spaziergang auf Straßen und Waldwegen mit einer Höhendifferenz von insgesamt ca. 150 m und einer Länge von rund 7 km. Sie sollten gut 3 Std. Zeit für den Rundgang einplanen, denn es gibt viel Interessantes zu entdecken und zu besichtigen. Wundervolle Aussichtspunkte und der Staffelsee laden zum Verweilen ein – Brotzeit nicht vergessen!

EINKEHR/ÜBERNACHTUNG

Restaurant Auszeit im Kultur- und Tagungszentrum (restaurant-auszeit.de), Trattoria Italiana auf der Ludwigshöhe (trattoria-italiana.de), Hotel Post in der Fußgängerzone (hotel-post-murnau.de)

ZUSÄTZLICHE HINWEISE

Das Schlossmuseum zeigt u. a. eine umfangreiche Sammlung von Gemälden und Zeichnungen der Neuen Künstlervereinigung München und des Blauen Reiters. Die Königstour können Sie mit einer Wanderung ins Murnauer Moos kombinieren, dem größten und bedeutendsten Alpenmoor Mitteleuropas. Die Tourist-Info Murnau (s. Website) bietet verschiedene geführte Touren an. Die Naturwege erfordern Trittsicherheit. Besondere Vorsicht ist bei Nässe geboten!

INFORMATION

murnau.de

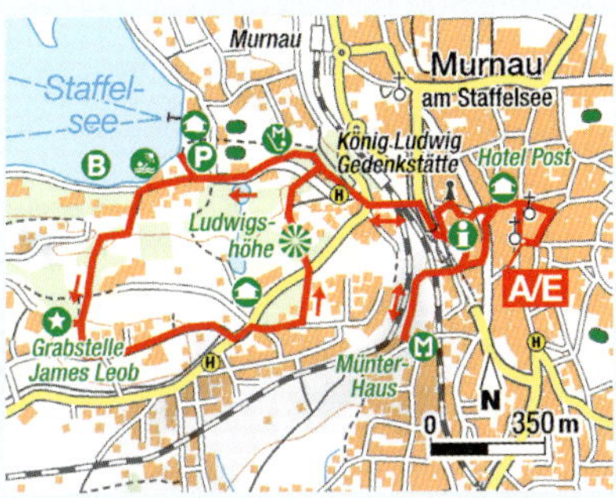

8

Das Königshaus am Schachen

ORIENTALISCH-KÖNIGLICHE GEBURTSTAGSPARTY AUF 1866 METERN HÖHE

Der Märchenkönig liebte die Bergeinsamkeit, und seine Seele fühlte sich hier oben auf den Gipfeln dem Himmel und dem Schöpfer näher. Die Wanderung zum Schachen vor dem Wettersteinmassiv bietet einen einzigartigen Berg- und Kulturgenuss: einen Sultanspalast mit imposantem Ausblick auf die Alpenwelt.

Ludwig II. hatte 19 Jagdhütten von seinem Vater geerbt, doch er verabscheute die Jagd und nutzte nur elf dieser Hütten als Residenzen. Das Königshaus auf dem Schachen in 1866 Metern Höhe ließ er neu errichten – es war sein heimlicher Sehnsuchtsort. Ursprünglich sollte es auf dem gegenüberliegenden Wank (Eckenberg) erbaut werden, doch dies war aufgrund der Schwierigkeiten mit der Wasserversorgung nicht möglich. 1869 wurde mit dem Wegebau begonnen, und in nur einem Jahr war der Königsweg 1870 fertiggestellt. Zunächst führte der Fahrweg von Elmau bis zur Wettersteinalm auf etwa 1464 Metern Höhe und danach als schmaler Reitweg weiter bis zum Schachen.

Der Märchenkönig erreichte sein Königshaus mit einem geländegängigen Einspänner, der von einem Haflinger gezogen wurde und auf Kufen umrüstbar war; sein Lieblingspferd Ralf durfte dabei nebenhertraben. Zog sich der König auf seine Bergresidenzen zurück, waren mindestens 20 starke Männer damit beschäftigt, Nahrungsmittel, Kochutensilien und alles Notwendige für das königliche Wohlbefinden auf den Berg zu bringen. Sogar eine königliche Reise-

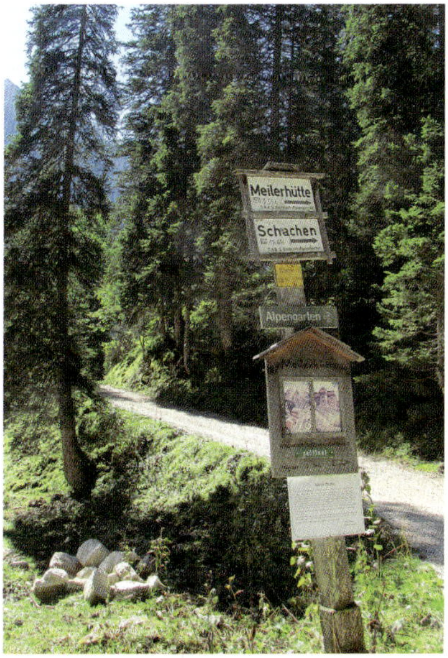

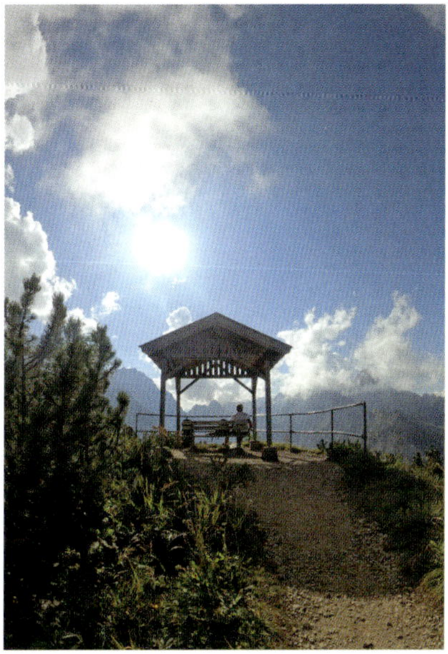

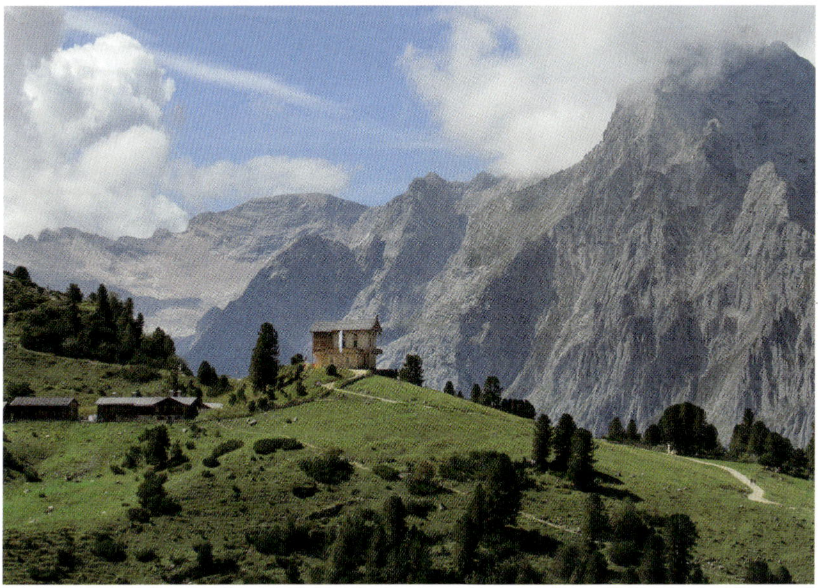

◂ Auf dem Weg zum Schachen, am Abzweig zur Wettersteinalm
▸ Blick ins Reintal vom königlichen Aussichtsplatz Belvedere
▾ Vom Schachentor schaut man hinüber zum Schachenschloss.

toilette, von einem Maultier getragen, war immer mit dabei – im Königshaus am Schachen kann diese Toilette im Erdgeschoss noch heute besichtigt werden. Die Dienerschaft und der Leibkoch reisten bereits zwei Tage vorher an, um alles vorzubereiten. So waren das zehngängige Menü und auch das königliche Bad, das Ludwig immer nach seiner Ankunft genoss, rechtzeitig bereit. Hier oben, fernab der Residenzstadt München und des höfischen Trubels, konnte Ludwig Kraft tanken und entspannen, wie es der Leibkoch Ludwigs, Theodor Hierneis, einst beschrieben haben soll: »Wenn der Mond die fernen Bergspitzen bestrahlt, wenn früh morgens die ersten Sonnenstrahlen die Gipfel ringsum vergolden, wenn die Nebelschwaden gespenstisch über die Riffe ziehen und das schleifende Lied des Auerhahns die herannahende Morgenröte verkündet, das ist es, was den König immer wieder auf seine geliebten Berge zieht und die Umwelt vergessen lässt.«

Das Königshaus wurde in Holzständerbauweise erbaut. Im Erdgeschoss befinden sich noch heute das Wohn- und Esszimmer sowie das königliche Arbeitszimmer – der Herr Kabinettssekretär musste einst eigens aus München

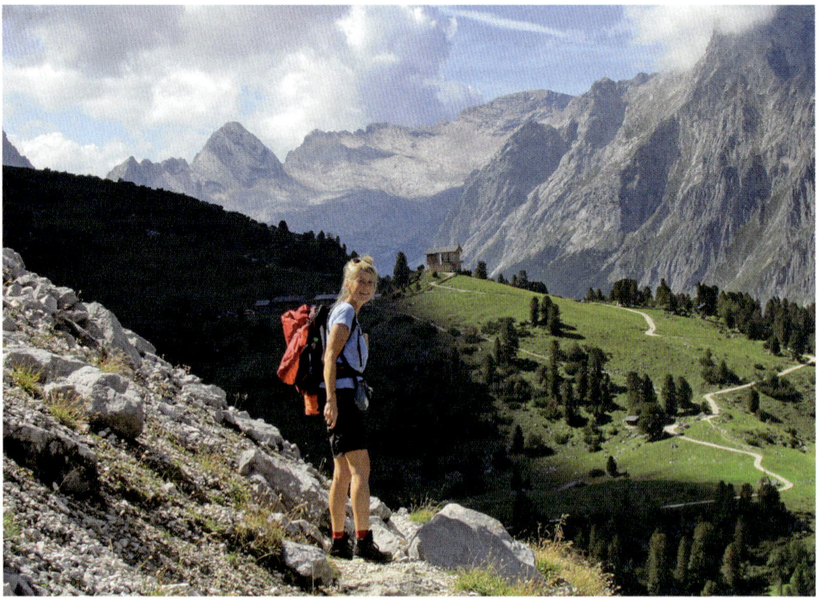

Das Ziel ist nahe: nur noch wenige Hundert Meter zum Königshaus auf dem Schachen.

anreisen, um dem Monarchen die königlichen Verwaltungsunterlagen auf den Schachen zu bringen. Das in Blau gehaltene Schlafzimmer des Königs war mit einem 2,15 Meter langen Bett für den 1,91 Meter großen König ausgestattet. Besonders schön sind auch die in Blau gehaltenen Butzenglasscheiben. Zudem gehörte eine Toilette zur Ausstattung – die grün gepolsterte Toilettenbrille ist heute noch im Original erhalten.

Die herrschaftlichen Räume wurden mit Zirbenholz aus der Gegend kunstvoll vertäfelt, denn der Monarch hatte einen Sinn für das Schöne und liebte Gemütlichkeit. Jedes seiner Zimmer ließ er mit einem kunstvollen Kachelofen ausstatten und die Wände mit Bildern von Szenen aus den Wagner-Opern schmücken. Das einfache Gästezimmer wurde mit Tapeten verkleidet. Es ist überliefert, dass der deutsche Rechtswissenschaftler, Schriftsteller und Historiker Felix Dahn 1873 auf Einladung Ludwigs mit ihm speiste, über Politik diskutierte und im Gästezimmer übernachtete. Wiederholt soll der König auch seinen Freund Richard Wagner auf den Schachen eingeladen haben, doch Wagner mochte das Verweilen auf den Bergresidenzen nicht und sagte ab. Das mag wohl mit seinem Erlebnis auf der Hochkopfhütte (siehe Tour 22) zusammengehangen haben …

Nach der Fertigstellung des Königshauses 1873 begab sich der König regelmäßig in den Sommermonaten auf seine Residenz im Wettersteinmassiv. Auch gab es regelmäßig am 25. August eine königliche Geburtstagsparty; an seinem 40. Geburtstag – seinem letzten – wurde sogar ein Feuerwerk veranstaltet. Die Feiern fanden im Türkischen Saal im ersten Stock statt. Diesen Saal kann man nicht beschreiben, man muss ihn einfach sehen, denn er gleicht einem prunkvollen Sultanspalast mit ganz viel Liebe zum Detail. Zur Geburtstagsfeier waren der König und die Dienerschaft in orientalische Kostüme wie aus »Tausendundeiner Nacht« gekleidet, es wurde Mocca getrunken und Wasserpfeife geraucht – was für eine Party!

Auch wir wollen die Bergeinsamkeit auf dem Schachen genießen – doch von Einsamkeit kann leider keine Rede mehr sein, denn das Schachenschloss ist sehr bekannt, und der kräftezehrende Aufstieg schreckt viele Wanderer nicht ab. Doch Achtung: Die aussichtsreiche Tour ist nur für erfahrene Bergwanderer zu empfehlen. Wir starten am **Wanderparkplatz bei Schloss Elmau** und folgen der Beschilderung Richtung Schachen. Anfangs verläuft der breite Fahrweg gemütlich neben einem kleinen Fluss leicht ansteigend dahin, doch allmählich wird der Wirtschaftsweg steiler, und nach etwa eineinhalb Stunden erreichen wir den Abzweig zur Wettersteinalm, wo man gut einkehren kann.

Hinter der Alm steigen wir einen schmalen steilen Pfad hinauf bis zum **Schachentor**, wo sich der Blick auf die Gipfel des Reintals öffnet und wir in der Ferne das Schachenschloss sehen können. Immer die königliche Residenz im Blick, passieren wir alsdann ein Geröllfeld und erreichen wieder den königlichen Fahrweg. Wir halten uns links und spazieren auf dem Weg zwischen hochgewachsenen Zirbelkiefern bis zum **Königshaus am Schachen**. Ein Abstecher in den **Alpengarten** lohnt sich, und das bewirtschaftete **Schachenhaus**, einst königliche Stallung und Wirtschaftsgebäude, lädt zur Einkehr ein. Hinter dem Königshaus biegt ein schmaler Bergpfad nach rechts und führt in ca. 10 Minuten zur wunderbaren Aussicht **Belvedere** mit Blick auf das alpine Naturschutzgebiet des Reintals. Auch der Märchenkönig liebte diesen Ausblick und verbrachte sicher oft Zeit auf der Bank im Holzpavillon (s. S. 81 r. o.).

Für den Rückweg wandern wir nun auf dem bequemen Fahrweg zurück zum Wanderparkplatz.

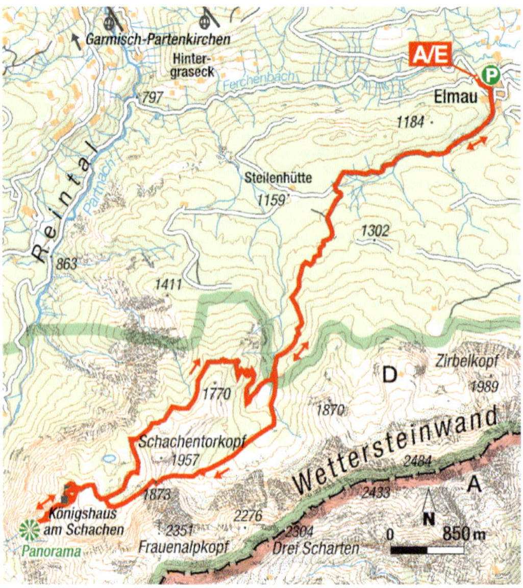

Auf einen Blick

AUSGANGS-/ENDPUNKT

Wanderparkplatz bei Schloss Elmau
GPS: N47° 27.660' E11° 10.540'

ANFAHRT

Bus & Bahn: Von München mit der Bahn nach Garmisch-Partenkirchen, umsteigen in den Bus 9608 oder mit der Bahn nach Mittenwald bis zum Bahnhof Klais und weiter zu Fuß über die Mautstraße ca. 6,5 km bis zum Wanderparkplatz
Auto: A 95 Richtung Garmisch-Partenkirchen bis Autobahnende Eschenlohe, dann über die B 2 bis Klais, am Bahnübergang rechts abbiegen und auf der gebührenpflichtigen Mautstraße bis zum Parkplatz

GEHZEIT UND SCHWIERIGKEIT

Der schweißtreibende Aufstieg über den Königsweg ist insgesamt ca. 20 km lang. Dafür sind je nach Wandertempo 3–4 Std. im Aufstieg und ca. 2.30 Std. im Abstieg zu veranschlagen sowie ca. 1000 Hm zu bewältigen. Der Wirtschaftsweg ist gut beschildert. Achtung: Die Tour über das Schachentor ist nur versierten Wanderern vorbehalten, Trittsicherheit und Schwindelfreiheit vorausgesetzt!

EINKEHR/ÜBERNACHTUNG

Schachenhaus, von Ende Mai bis Anfang Okt. geöffnet (schachenhaus.de)

NOCH WICHTIG

Bergschuhe und ggf. Trekkingstöcke, im Sommer Sonnenschutz und Kopfbedeckung

ZUSÄTZLICHE HINWEISE

Unbedingt zu empfehlen ist eine Führung durch das Königshaus (um 11, 13, 14 und 15 Uhr). Im Alpengarten des Botanischen Gartens München auf dem Schachen können mehr als 1000 verschiedene Pflanzenarten aus unterschiedlichen Gebirgsregionen bewundert werden.

INFORMATION

schloesser.bayern.de/deutsch/schloss/objekte/schachen.htm

Außerdem sehenswert

Haus der Zufriedenheit in Garmisch-Partenkirchen

»Nichts Genaues weiß man nicht, aber …« So könnte man auch diese Geschichte über den Märchenkönig einleiten. Es wird erzählt, dass der Märchenkönig 1879 während eines Aufenthalts im Schachenschloss anlässlich seines Geburtstags einen Nachkommen gezeugt haben soll. Im besagten Zeitraum um den 25. August herum hätte sich eine junge Dienstmagd auf dem Schachenhaus aufgehalten und sei wohl dem König nähergekommen … Aus dem Stelldichein soll ein königlicher Spross hervorgegangen sein: Im Mai 1880, also neun Monate später, hätte besagte Magd einen Sohn zur Welt gebracht. Zeitgenössischen Augenzeugen zufolge wäre der heranwachsende Knabe mit seinen dunklen Locken und der großen, schlanken Gestalt seinem möglichen königlichen Vater wie aus dem Gesicht geschnitten gewesen.

Wie jetzt – Ludwig und die Frauen? Unser Märchenkönig soll einen unehelichen Sohn gehabt haben? Erinnern Sie sich noch daran, was es mit dem sogenannten »Bastardfaden« auf sich hat, der im Wittelsbacher Wappen zu sehen ist (siehe Tour 2)? Als Dank und Fürsorge soll Ludwig II. die Familie der Dienstmagd mit einem Grundstück in Partenkirchen beschenkt haben. Und auf diesem Grundstück soll sein Sohn das Haus der Zufriedenheit erbaut haben.

Der Kirchenhistoriker Dr. Markus Schmitt hat über die Frömmigkeit König Ludwigs II. promoviert und hält es jedoch für ausgeschlossen, dass der König einen (unehelichen) Nachkommen hatte.

Das schmucke Haus Zufriedenheit mit wunderbarem Blick auf Zugspitz- und Wettersteinmassiv beherbergt heute ein Gästehaus.

INFORMATION Gästehaus Zufriedenheit, Prof.-Wackerle-Str. 8, 82467 Garmisch-Partenkirchen, Tel. 08821/24 05, gaestehaus-zufriedenheit.de

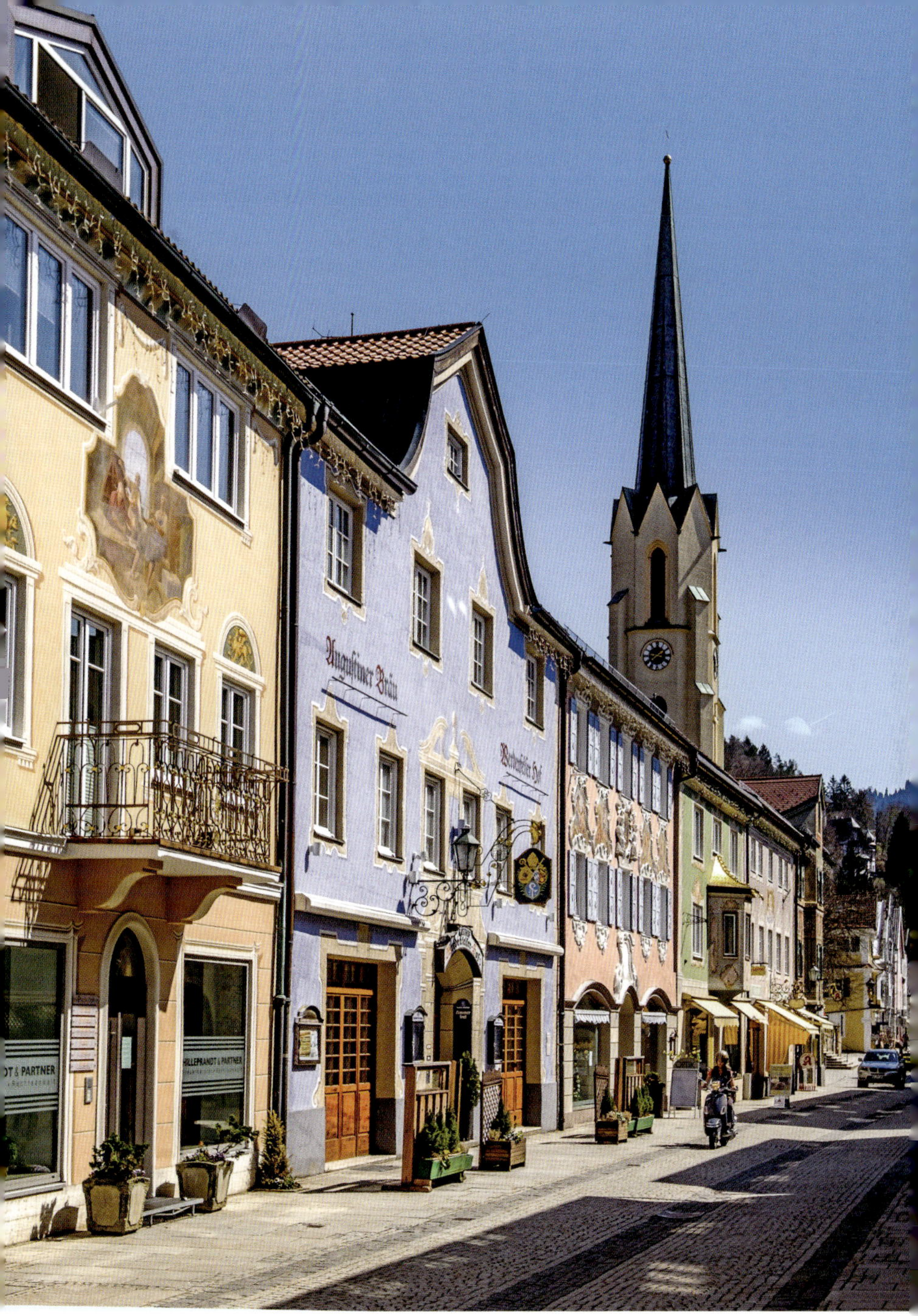

Die historische Ludwigstraße in Partenkirchen mit ihren bunten Fassaden

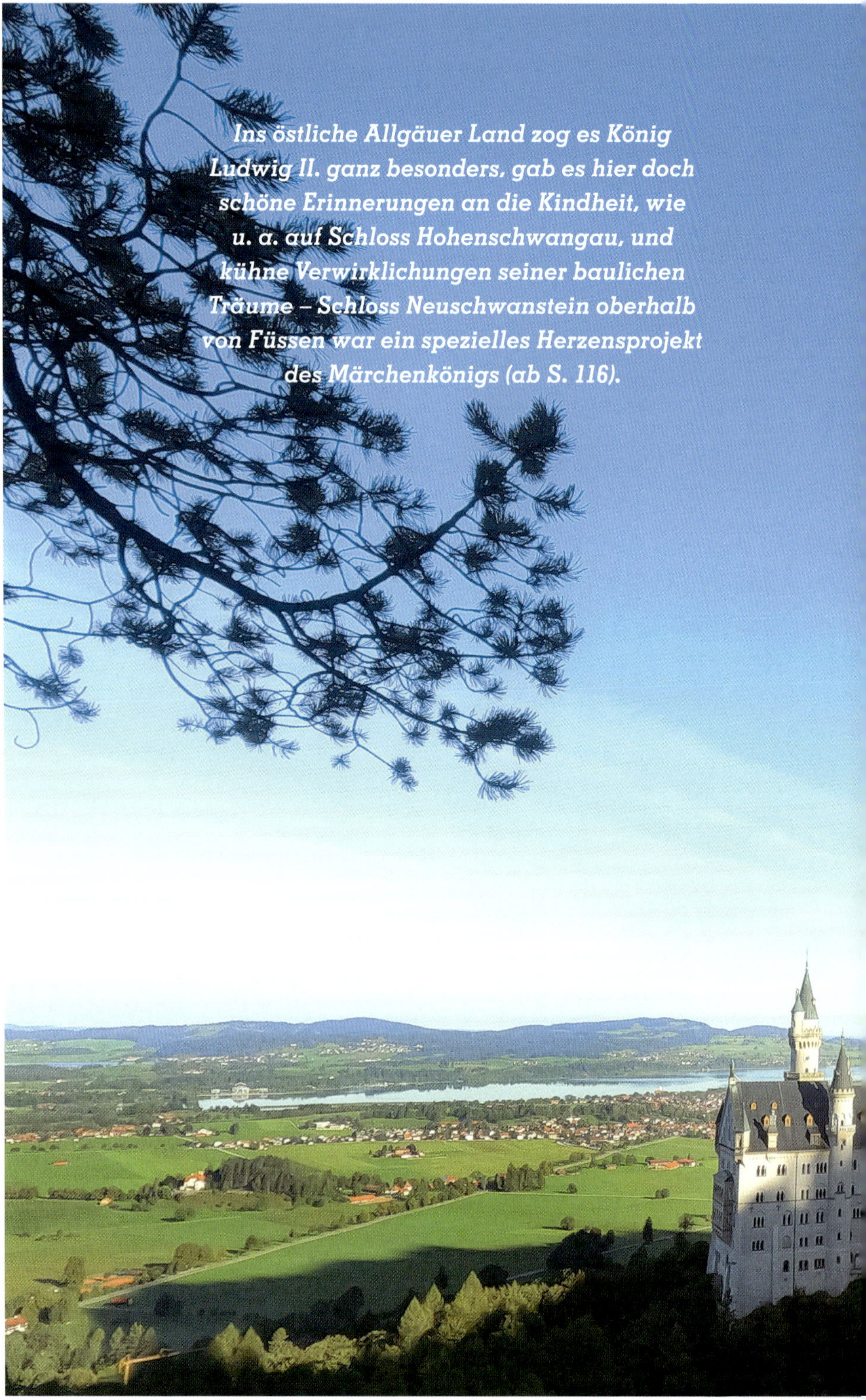

Ins östliche Allgäuer Land zog es König Ludwig II. ganz besonders, gab es hier doch schöne Erinnerungen an die Kindheit, wie u. a. auf Schloss Hohenschwangau, und kühne Verwirklichungen seiner baulichen Träume – Schloss Neuschwanstein oberhalb von Füssen war ein spezielles Herzensprojekt des Märchenkönigs (ab S. 116).

Ostallgäu

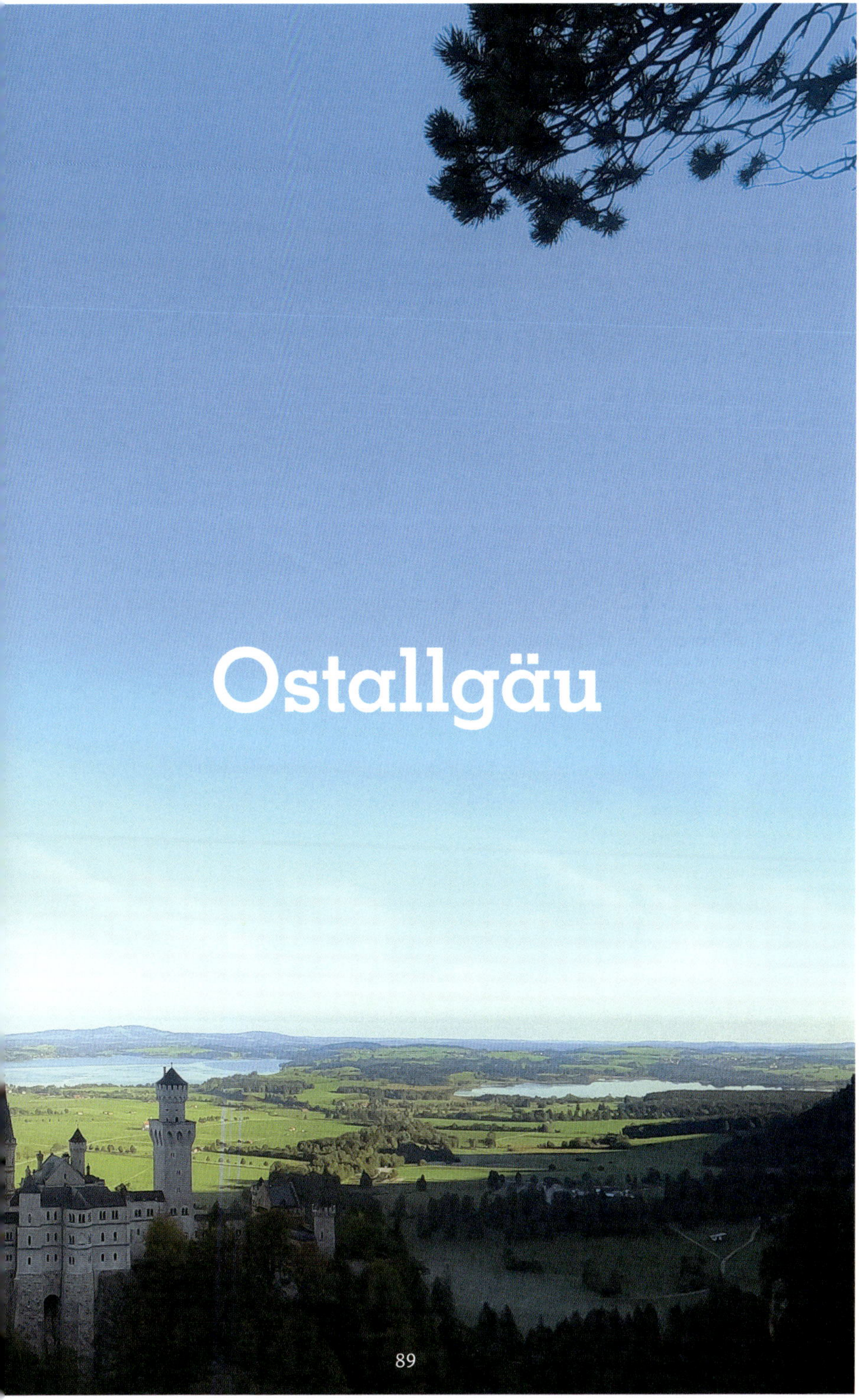

9

Rottenbuch, die Wies und Steingaden

KLOSTERSCHÄTZE AM KÖNIG-LUDWIG-WEG

Durch das südliche Tor des Klosters Rottenbuch führt der königliche Weg, quasi als ein Katzensprung, zum Weltkulturerbe Wieskirche. Über den Brettleweg durchs Wiesfilz erreicht man dann das Welfenkloster von Steingaden und seinen wunderschönen Klostergarten mit Stein-Labyrinth.

Auf seinen Wegen zu den Schlössern Hohenschwangau und Neuschwanstein war dies ein Teilstück, das der König von Schloss Berg aus als Reiter und später in der königlichen Kutsche zurücklegte. Vor allem als junger König unternahm er mehrtägige Ausritte ins Alpenvorland. Eine seiner Relais-Stationen war in Steingaden der Gasthof Zur Post mitten auf dem Marktplatz, wo der König regelmäßig einkehrte und auch ein Zimmer hatte. Dies war eine willkommene Raststation, denn die Kutschfahrt von München zu seinen Schlössern nach Hohenschwangau oder nach Neuschwanstein war eine anstrengende, kräftezehrende Tagesreise.

Die Gründung des **Klosters Rottenbuch** geht auf das Jahr 1073 zurück. Das Kloster war eine Schenkung des Bayernherzogs Welf I. Nach der Besichtigung der Klosteranlage verlassen wir diese und nehmen direkt den Weg auf den ehemaligen Fohlenhof und in Richtung B 23. Wir halten uns rechts und gelangen auf dem beschilderten Weg nach **Kreitfilz**. Von hier geht es Richtung Hauptstraße St 2059, der wir für etwa 800 Meter auf einem kleinen Trampelpfad neben der Straße bis zur Unterführung folgen.

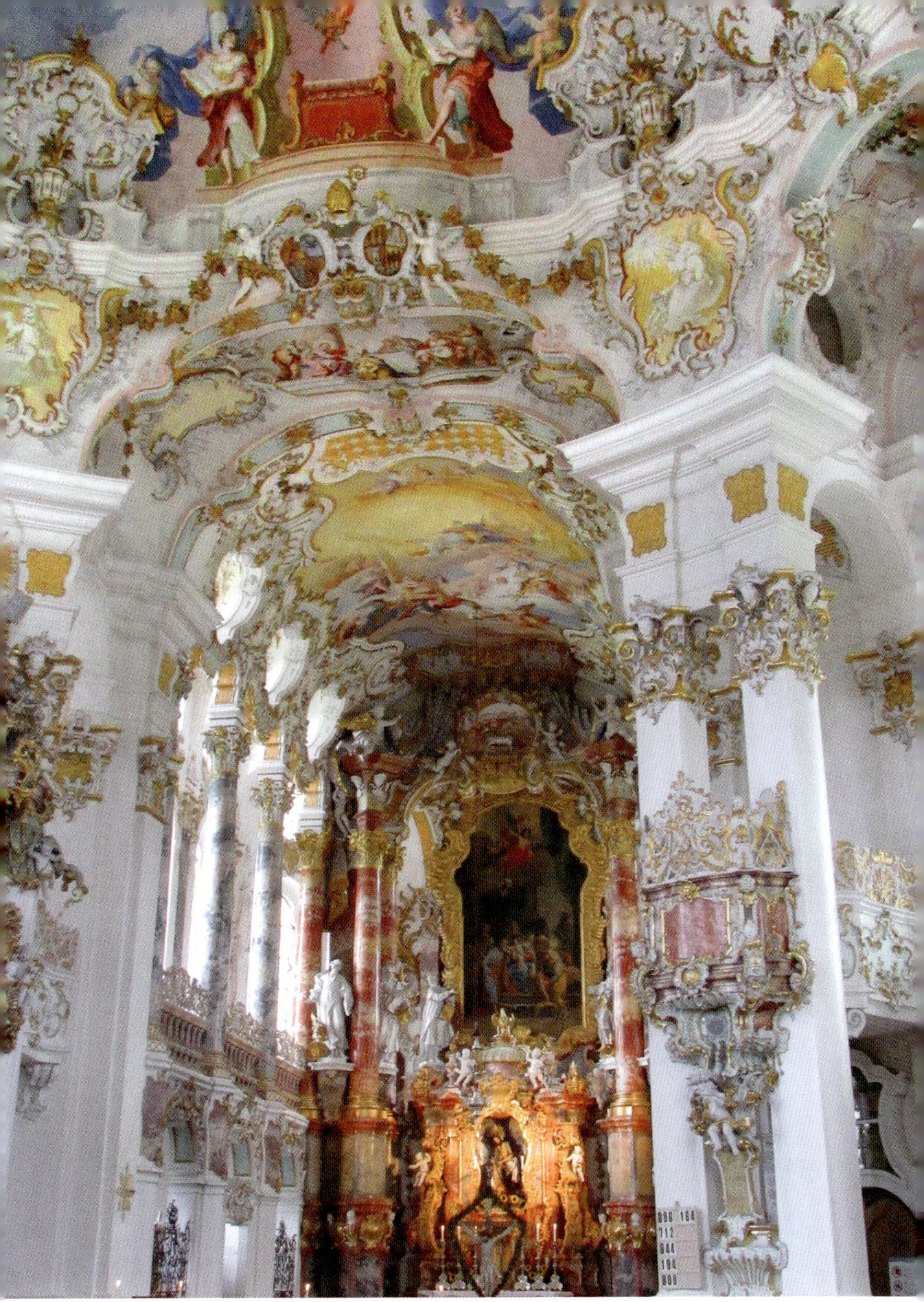

Der lichtdurchflutete Innenraum der Wieskirche mit kostbarer Ausstattung u. a. von Johann Baptist Zimmermann

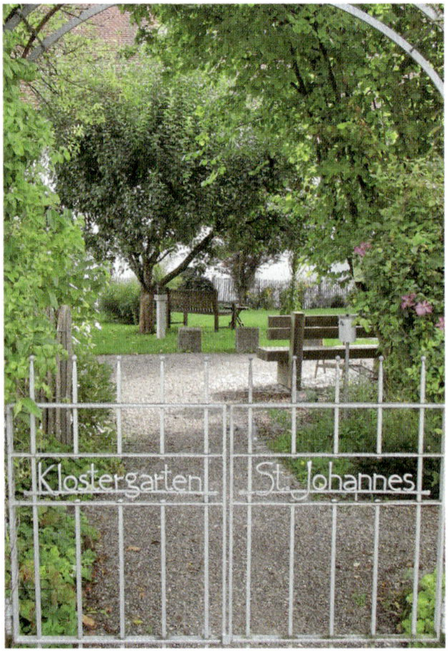

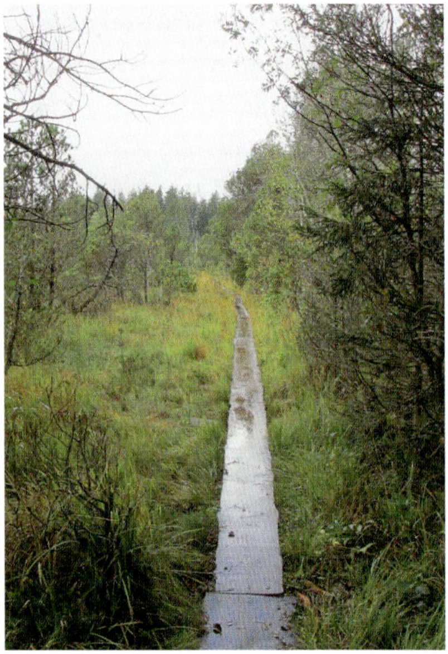

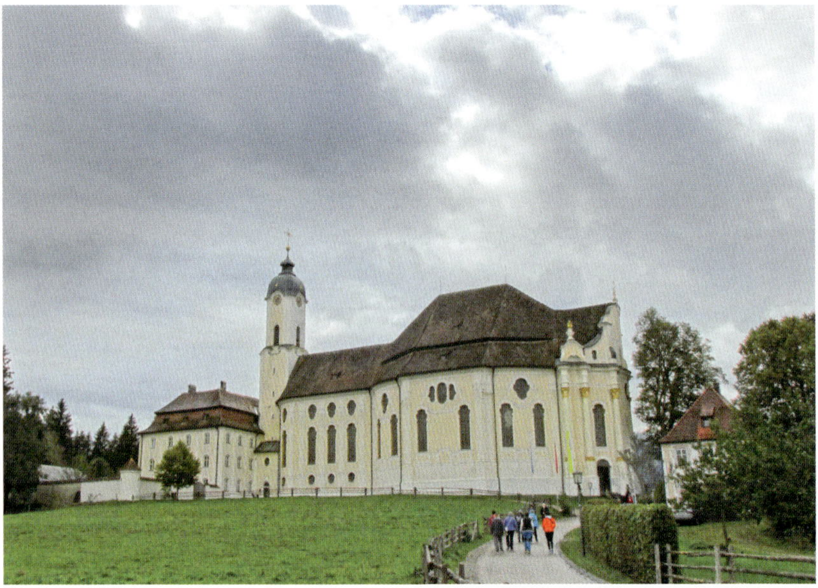

◂ Eingang zum Klostergarten Steingaden
▸ Unterwegs auf dem abwechslungsreichen Brettleweg
▾ UNESCO-Weltkulturerbe: die Wieskirche bei Steingaden

Das nächste Ziel ist **Wildsteig**. Durch den Ort und an der Kirche vorbei nach rechts erreicht man den Wiesweg. Diesen geht es nun immer weiter entlang über die Ortsteile Holz und Unterhäusern. Schon bald bietet sich eine wunderschöne Aussicht auf das Naturschutzgebiet der Moorlandschaft **Illachmoos**. Die Infotafel erläutert die Entstehung sowie Fauna und Flora, und wir wandern geradewegs durch diese Moorlandschaft. Mit etwas Glück können wir heimische Nattern und Blutegel sehen, und auch einige Orchideenarten, wie z. B. das Knabenkraut, sind hier im Frühsommer zu finden.

Wir durchqueren das Naturschutzgebiet und folgen weiter der Beschilderung »Wieskirche«, die nun schon in Sichtweite ist. Die Besichtigung dieses UNESCO-Welterbes ist ein Muss, für das man ausreichend Zeit einplanen sollte. Vielleicht gibt es auch die Möglichkeit, an einer heiligen Messe teilzunehmen? Die **Wieskirche** oder Wallfahrtskirche zum Gegeißelten Heiland auf der Wies verdankt ihre Einzigartigkeit der Harmonie von künstlerischer Gestaltung, einmaliger Lichtführung und Akustik und der theologischen Glaubensaussage. Nicht umsonst wird sie als »Rokokojuwel im Pfaffenwinkel« bezeichnet. Seit 1983 gehört sie als Denkmal zum Weltkulturerbe der UNESCO. Bemerkenswert ist das Fresko in der Hauptkuppel in Form eines großen Tors, das die wichtigste christliche Botschaft versinnbildlicht: »Es ist das Tor zur Ewigkeit«. Das Gnadenbild, eine Prozessionsfigur aus dem Jahr 1730, zieht vor allem Pilger an und ist auf das Tränenwunder zurückzuführen: Maria Lori soll am 14. Juni 1738 beobachtet haben, wie dem Heiland während des Gebets der Bäuerin einige Tränen auf dem Antlitz erschienen sind. Dies war der Beginn der Wallfahrt.

Nach der Besichtigung der Wieskirche geht es direkt in Richtung Gasthof Moser, wo der wildromantische **Brettleweg** beginnt. Dieser liebevoll eingerichtete Weg führt wieder durch eine Moorlandschaft, und damit man keine nassen Füße bekommt, wurde er mit Brettern (Brettle) stabilisiert. Entlang der Feuchtgebiete und Moore wird man immer wieder einen urzeitlich anmutenden kleinen »Baum« erblicken, den Acker-Schachtelhalm. Manchmal bilden sich ganze Meere aus diesen Pflanzen, die es in der Urzeit tatsächlich mal in Groß gab.

Weiter geht es ca. 3,5 Kilometer durch den **Eulenwald** Richtung Steingaden. Die Klostertürme sind schon weithin sichtbar. Das **Welfenmünster Steingaden** wurde 1147 von Welf VI. gestiftet und gilt als kunsthistorischer Sakralbau im

Pfaffenwinkel. Eine wahre Ruhe-Oase ist der zauberhafte **Klostergarten** mit seinem Blickfang, einem Geh-Labyrinth aus Stein. Zudem finden sich hier eine Reihe von kleinen Skulpturen, die »Mönche im Klostergarten«: Diese wurden von der Bildhauerin Marion Werner aus Steingaden geschaffen und zeigen die Ordensbrüder bei ihrer Arbeit im Klostergarten. Der Lehr- und Meditationsgarten erhielt 2008 den Umweltpreis des Landkreises Weilheim-Schongau, und die zahlreichen schattigen Sitzgelegenheiten bieten sich wunderbar für eine mitgebrachte Brotzeit an.

Nachdem wir den Klostergarten verlassen haben, halten wir uns rechts in Richtung Marktplatz und laufen vorbei am Dorfbrunnen und dem Kriegerdenkmal bis zur B 17, die wir überqueren. Über eine kleine Brücke erreichen wir das **Rathaus Steingaden** mit der Tourist-Info, wo unsere Tour endet.

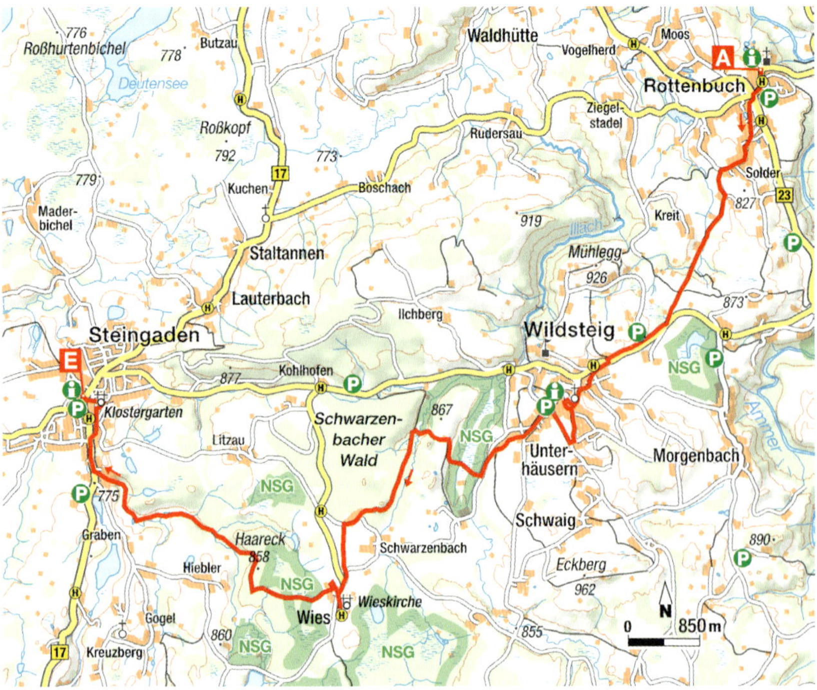

Auf einen Blick

AUSGANGSPUNKT

Kloster Rottenbuch
GPS: N47° 44.106‘ E10° 57.950‘

ENDPUNKT

Rathaus in Steingaden
GPS: N47° 42.130‘ E10° 51.585‘

ANFAHRT

Bus & Bahn: Mit der Bahn nach Weilheim und weiter mit Bus 9651 nach Rottenbuch (Rückfahrt von Steingaden wie Hinfahrt)
Auto: A 96 bis Landsberg am Lech, weiter auf der B 17 bis Schongau und über die B 23 nach Rottenbuch. Von Steingaden zurück nach Rottenbuch mit Bus 9651

GEHZEIT UND SCHWIERIGKEIT

Die Wegstrecke beträgt anspruchsvolle 17 km – je nach Wandertempo und Besichtigungszeiten ist die Wanderung als Tagestour zu planen. Die Wege sind überwiegend breit und gut begehbar, nur der Brettleweg ist ein schmaler Pfad. Bei Nässe ist hier erhöhte Aufmerksamkeit geboten.

EINKEHR/ÜBERNACHTUNG

In Rottenbuch: Kunstcafé am Tor (kunstcafe-rottenbuch.com); in Steingaden: Gasthof zur Post (Tel. 08862/203)

ZUSÄTZLICHE HINWEISE

Heilige Messe in der Wieskirche sonntags 8.30 und 11 Uhr. An den Wochenenden ist mit größeren Besucherströmen zu rechnen. Brotzeit mitnehmen und im zauberhaften Klostergarten in Steingaden genießen!

INFORMATION

rottenbuch.de; steingaden.de/tourismus-kultur

10

Drei-Schlösser-Tour im Ostallgäu

DIE KÖNIGLICH-ROMANTISCHE SEELE BAYERNS

Der König-Ludwig-Weg führt an den berühmten Königsschlössern vorbei, hoch zum Kalvarienberg mit seiner fantastischen Aussicht und durch die Altstadt von Füssen mit dem Hohen Schloss. Die Trilogie Natur, Panoramaaussichten und Kulturgenuss macht diese Wanderung so einzigartig.

Wir starten am Kaiser-Maximilian-Platz in **Füssen**, überqueren die Sebastianstraße, halten uns links bis zur Klosterstraße und verweilen kurz auf dem Alten Friedhof bei der **St.-Sebastian-Kirche**: Unweit des Eingangs liegt rechts das Grab des Schloss-Baumeisters von Hohenschwangau und Zeichenlehrers von König Maximilian II., Domenico Quaglio. Über einen Durchgang in der Friedhofsmauer gelangen wir zum **Klosterfriedhof** der Anlage des Franziskanerklosters. Sehenswert ist hier die alte **Stadtmauer** mit Wehrgang und wuchtigen Wehrtürmen. Im barocken **Klostergarten** herrscht eine angenehme Stille.

Vorbei an der Zweiflügelanlage des Klostergebäudes gelangen wir zum **Quaglio-Blick** mit wunderbarer Aussicht: Das spätgotische Hohe Schloss mit dem Torturm thront über der Stadt, einst Sinnbild der Macht der Fürstenbischöfe und Landesherren des Hochstifts Augsburg, die es als Sommerresidenz nutzten. Darunter erblickt man quasi auf der mittleren Ebene das ehemalige Benediktinerkloster St. Mang mit der Stadtpfarrkirche, das religiöse, kulturelle und wirtschaftliche Zentrum.

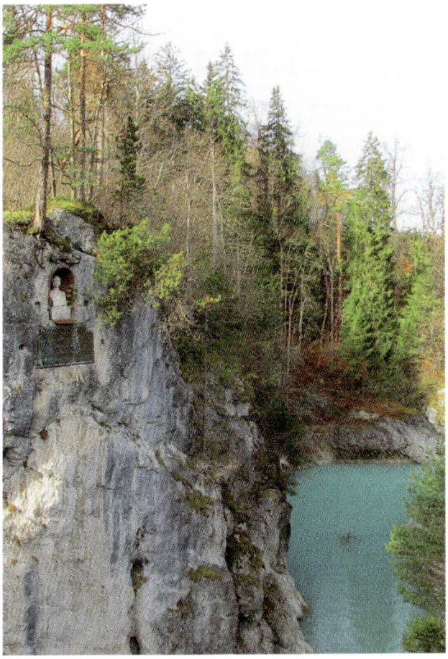

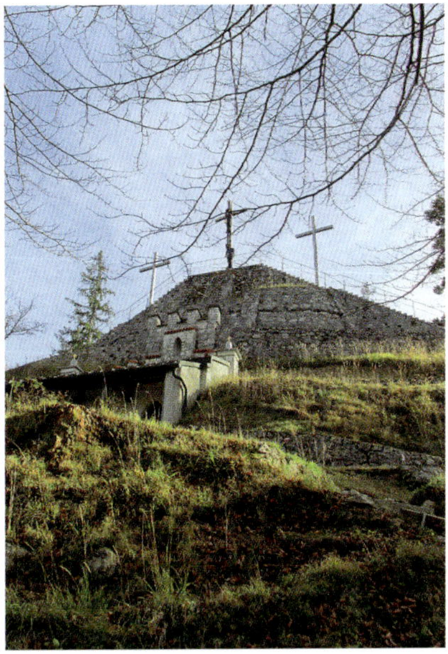

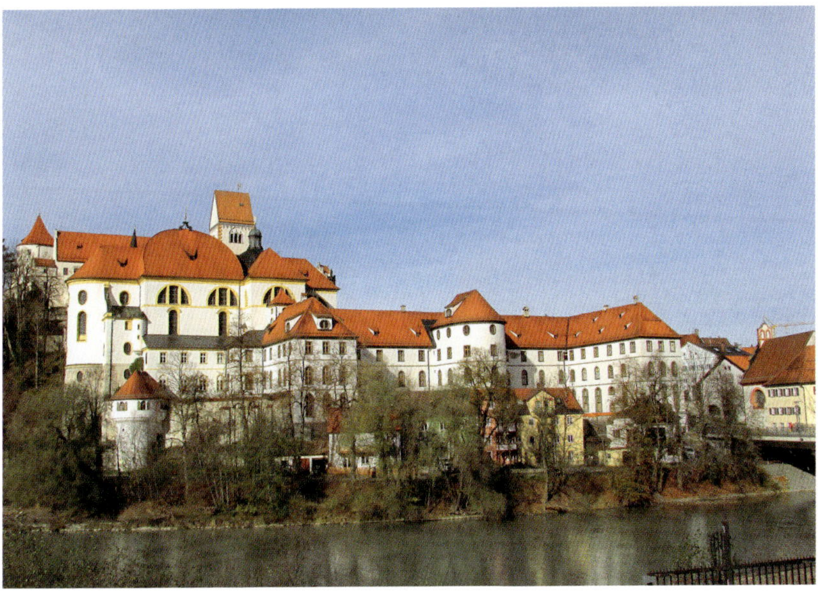

◀ Denkmal zu Ehren König Maximilians II. am Marienfelsen am Lechfall in Füssen
▶ Blick auf den Kalvarienberg in Füssen
▼ Das Kloster St. Mang in Füssen liegt direkt am Lech.

Weiter führt unser Weg durch einen alten, in Gelb gehaltenen Torbogen. Dieses gotische **Bleichertor** führte zur Bleiche am Lech, wo früher die Wäsche von unschönen Verfärbungen befreit wurde. Der Maler Carl Spitzweg besuchte 1837 Füssen und malte dieses Bleichertor als Aquarell. Wir kommen auf den Rad-/Fußweg am rechten Lechufer und folgen diesem geradeaus bis zum **Kloster St. Mang**, dessen Geschichte bis zum Hl. Magnus ins 8. Jahrhundert zurückreicht. Das heutige Anwesen wurde im italienischen Barockstil Anfang des 18. Jahrhunderts errichtet. Der Kaisersaal enthält wundervolle Fresken.

Vom Faulenbachgässchen erreichen wir nach kurzem Aufstieg das **Hohe Schloss**, das man unbedingt besichtigen sollte. Auf dem gut ausgebauten und ausgeschilderten Weg kommen wir dann bald zu einem Torbogen, von dem aus wir einen herrlichen Blick auf das Kloster St. Mang und die Altstadt genießen können. Nach dem zweiten Torbogen betreten wir den malerischen Innenhof mit bedeutenden farbigen Illustrationsmalereien aus der Spätgotik. Heute hat das Finanzamt hier seinen Sitz. Vom Wehrgang und Turm im sechsten Stockwerk bietet sich ein sagenhafter Ausblick auf die Stadt Füssen und das Umland. Besonders sehenswert sind die geschnitzte Kassettendecke des Rittersaals im Nordflügel des Schlosses sowie die Tafelbilder und Skulpturen aus dem 15. und 16. Jahrhundert in den Residenzräumen. Die **Städtische Gemäldegalerie** im Hohen Schloss widmet sich den Bildern des 19. Jahrhunderts: Werke von u. a. Carl Spitzweg, Adolf Lier und Joseph Wenglein sind hier zu finden.

Zurück am Uferweg erreichen wir **Faulenbach** und folgen dem Weg zum König-Max-Steg, der uns zum **Lechfall** bringt (siehe S. 136). Wir überqueren die Hauptstraße und biegen rechts in den ausgeschilderten Alpenrosenweg ein. Dieser bringt uns auf fast 800 Metern Höhe über den Schwarzenberg bis zur Fürstenstraße nahe dem Schloss Hohenschwangau. Nach einem Abstecher zum Pindarplatz am **Alpsee** (siehe Tour 13) gelangen wir nach **Hohenschwangau**, wo wir mit einem Panoramablick auf die Königsschlösser belohnt werden. Wir setzen die Tour in Richtung Schwansee fort und erreichen, der Beschilderung folgend, nach ca. 30 Minuten über einen steilen Bergpfad (rot-weiß-rote Markierung) den **Kalvarienberg**. Der Märchenkönig verweilte oft hier oben, um an den 14 Stationen des Kreuzwegs zu beten – zuletzt am Karfreitag seines Todesjahrs 1886. Der Kreuzweg führt bergab zur Füssener Straße, wo wir auf der Theresienbrücke den Lech überqueren und durch die **Füssener Altstadt** unseren Ausgangspunkt erreichen.

Auf einen Blick

AUSGANGS-/ENDPUNKT

Tourist-Info am Kaiser-Maximilian-Platz in Füssen
GPS: N47° 33.888‘ E10° 41.975‘

ANFAHRT

Bus & Bahn: Mit der Bahn nach Füssen und mit Bus 73 Richtung Steingaden bis Haltstelle Pulverturm
Auto: A 7 bis Ausfahrt Füssen; ausgeschilderte Parkplätze (gebührenpflichtig) im Zentrum

GEHZEIT UND SCHWIERIGKEIT

Die Wegstrecke beträgt ca. 12 km und ist je nach Wandertempo in 3–4 Std. machbar. Auf den überwiegend gut begehbaren Wanderwegen und Pfaden sind rund 500 Hm zu überwinden. Der Aufstieg zum Kalvarienberg ist steil und erfordert Trittsicherheit – Vorsicht bei Nässe! Für die Besichtigung sollte man ausreichend Zeit einplanen; Führungen sind nach Vereinbarung und während der Öffnungszeiten möglich.

EINKEHR/ÜBERNACHTUNG

In Hohenschwangau: Ludwig’s Stüberl (alpenstuben.de); zahlreiche Restaurants und Hotels im Stadtzentrum von Füssen

ZUSÄTZLICHE HINWEISE

Von Hohenschwangau kann man mit den Bussen 73 oder 78 die Tour abkürzen und ins Stadtzentrum von Füssen zurückkehren. Die Tour kann z. B. gut mit den Touren 13, 14 und 16 kombiniert bzw. erweitert werden. Auch ein Besuch des Musicals »Ludwig2« im Festspielhaus Füssen bietet sich an.

INFORMATION

hohesschloss.fuessen.de;
stadt-fuessen.org/museum; fuessen.de

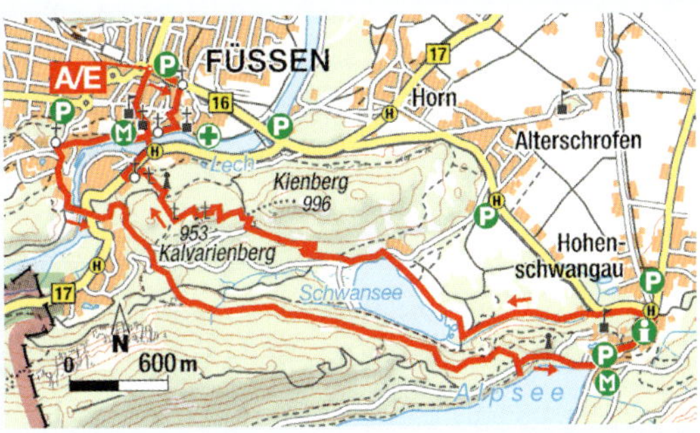

11

Von der Bleckenau zum Tegelberghaus

ROYALER WANDERGENUSS MIT GRANDIOSEM GIPFELBLICK

König Ludwig II. kannte hier jeden Pfad, war er doch als Kind oft mit seiner Mutter in dieser Gegend unterwegs. Später entdeckte er die prachtvolle Bergkulisse als leidenschaftlicher Reiter. Über einen Naturlehrpfad wandern wir bis auf über 1700 Meter Höhe; unterwegs laden Berggasthöfe zum Genuss bayerischer Schmankerl ein.

Wir starten unsere Tour beim Schloss Neuschwanstein (vielleicht nach einer Besichtigungstour desselben, siehe Tour 14) und folgen an der Haltestelle des Pendelbusses links der Beschilderung »Bleckenau«. Nun geht es etwa eineinhalb Stunden auf einer schmalen, gut ausgebauten Forststraße (Bleckenaustraße) durch den Mischwald. Der Weg steigt stetig sanft an. Unser erstes Zwischenziel ist der Berggasthof Bleckenau; dieser Teil der Wegstrecke ist auch gut mit Kinderwagen oder Fahrrad zu bewältigen. Parallel zu unserem Weg fließt die Pöllat, die sich nahe der Marienbrücke in die gewaltige Schlucht ergießt. Nach etwa drei Kilometern ist links der Reitweg zum Tegelberghaus ausgeschildet, wohin unser Weg nach der Einkehr führen wird – wer nicht zur Bleckenau gehen mag, kann aber auch bereits hier abbiegen.

Zum **Berggasthof Bleckenau** geht man noch etwa einen Kilometer weiter geradeaus (und kann von dort dann zwischen Mai und Oktober mit einem Busshuttle über Neuschwanstein wieder zurück nach Hohenschwangau fahren, sollten die Füße müde sein). Das Schweizer Haus in der Blöckenau (heute Bleckenau) ist ein ehemaliges königliches Forsthaus, das Ludwigs Vater

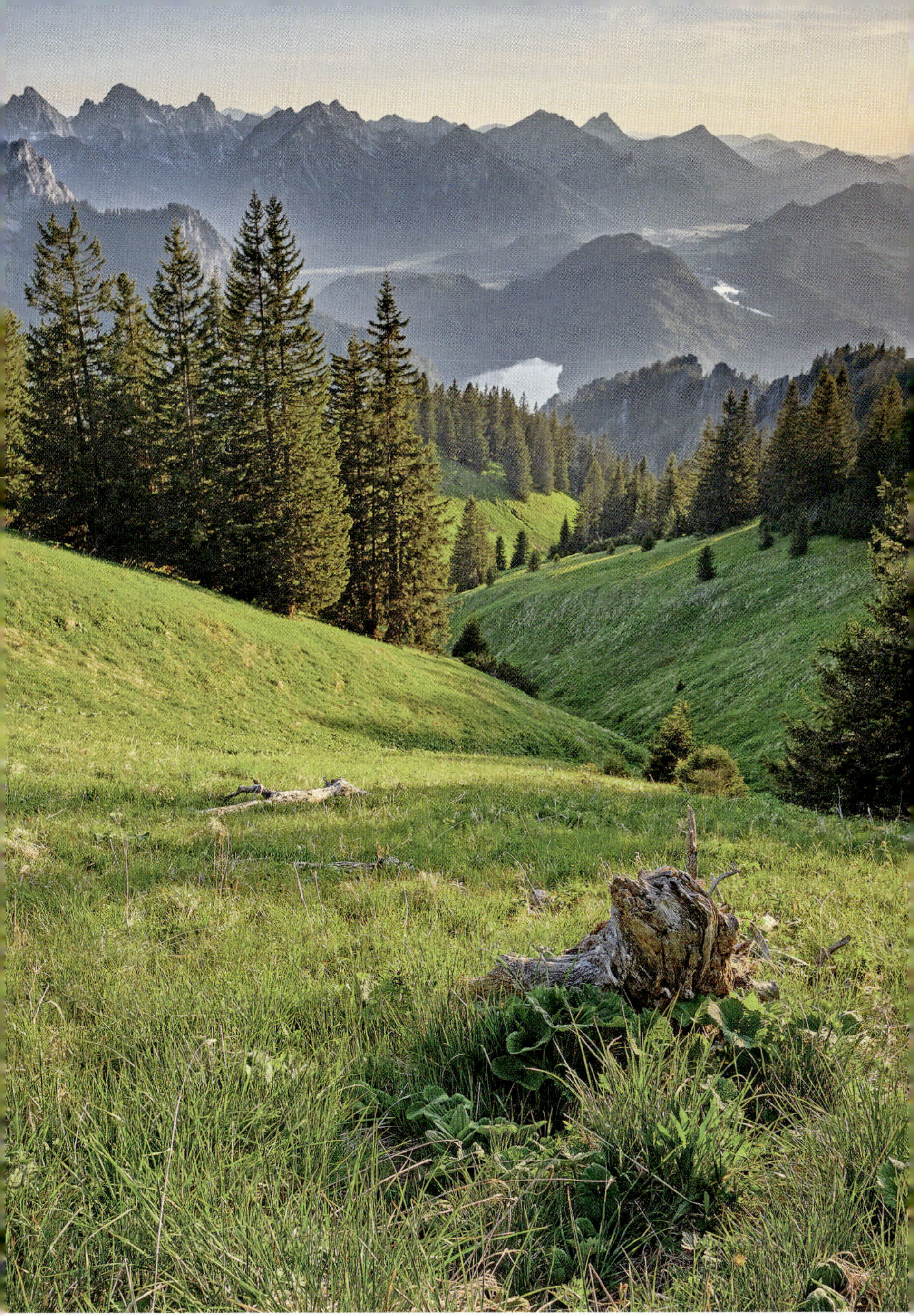

Wunderbare Aussicht vom Tegelberghaus

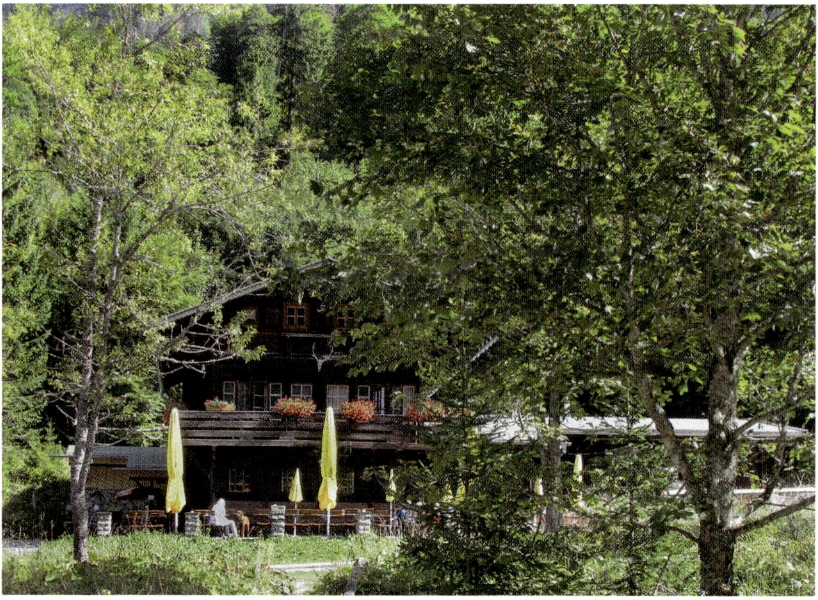

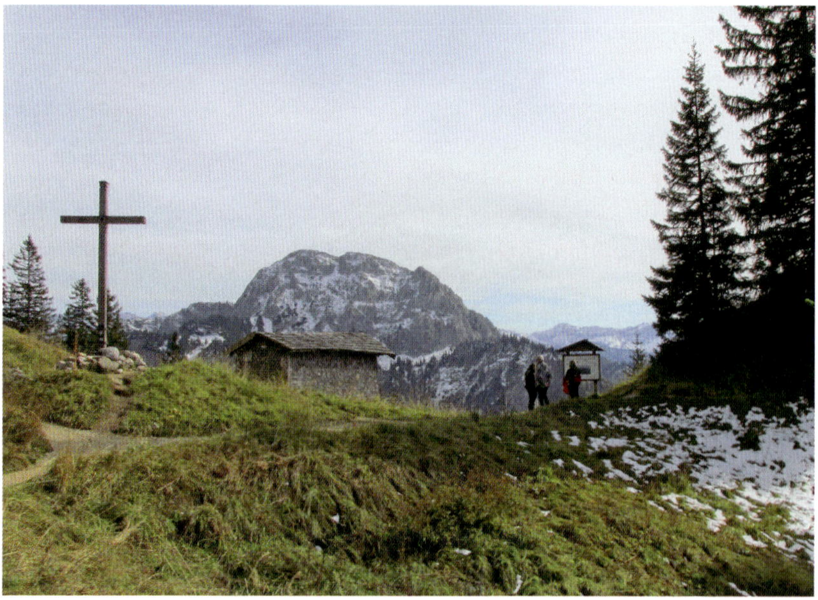

▲ Das Schweizer Haus in der Bleckenau
▼ Gipfelfoto am »Ort der Besinnung«

Maximilian II. für seine bergbegeisterte Gattin Marie bauen ließ, und zwar im Architekturstil der Häuser, wie man sie in den Schweizer Bergen vorfindet, daher der Name. König Maximilian II. verbrachte seine Zeit gern beim Jagen, er besaß ja 19 Berghütten. Bei ausgedehnten Spaziergängen oder Ausritten wurde er aber auch oft von seiner Frau und seinem Sohn Ludwig begleitet, der eine ausgeprägte Leidenschaft für die »Bergeshöhe« hatte, weil dort »die Seele dem Schöpfer näher war«.

Das Jagen mochte Ludwig II. nicht, und mit Eintritt seiner Volljährigkeit weigerte er sich, den Vater auf den Jagdausflügen zu begleiten. Heute ist das ehemalige Forsthaus, dessen zweites Stockwerk erst später aufgestockt wurde, ein Berggasthaus – die Speisekarte ist immer noch Ludwig II. gewidmet, der sich hier so gern aufhielt.

Das letzte Treffen mit der Königinmutter fand am 14. Oktober 1885 statt. Sie feierte am 15. Oktober ihren 60. Geburtstag. Ludwig überraschte seine Mutter mit der Besichtigung seines fast fertiggestellten Schlosses Neuschwanstein. Im Anschluss begaben sich die Herrschaften zur Bleckenau, wo gegen 16 Uhr das Dinner serviert wurde. Gegen 21 Uhr kehrten sie zum Schloss Neuschwanstein zurück.

Nahe der Bleckenau befindet sich die gemütliche **Holzerhütte** (für Selbstversorger) mit sonnigem Brotzeitplatz und schöner Aussicht auf die Bleckenau.

Unser Weg führt nun zunächst auf dem Hinweg abwärts bis zum Abzweig des Reitwegs nach rechts. Eine Hinweistafel informiert über den Weg, über Fauna und Flora. Der anfangs breite und gut ausgebaute Weg führt steil aufwärts zu einem weiteren königlichen Jagdhaus, dem Tegelberghaus – drei Stunden Aufstieg bis dorthin stehen noch an. Bis zum sogenannten Branderfleck verläuft der Naturlehrpfad in sanften Kurven und stetig ansteigend als Forststraße, mit wunderbaren Ausblicken ins Tal und auf Ammergauer und Allgäuer Alpen.

Vom **Branderfleck** genießt man dann noch eine besonders schöne Aussicht nach allen Seiten auf die Bergwelt, ehe es auf einem alpinen Steig weiter in Richtung Tegelberghaus geht. Eine Passage ist dabei seilversichert. Der »Ort der Besinnung«, von wo aus man einen ebenfalls sehr schönen Blick auf den Alpenkamm hat, lohnt sich für ein Foto mit Gipfelkreuz. Und schon bald ist dann das **Tegelberghaus** (1707 m) erreicht, wo man es sich auf der Sonnenterrasse gutgehen lassen kann. Auch dieses Haus war ursprünglich ein königliches Jagdhaus, wo der Märchenkönig regelmäßig einkehrte. 1857 soll er als Kind das erste Mal hier oben gewesen sein.

In unmittelbarer Nähe fährt eine Kabinenbahn hinunter zur Talstation in **Schwangau**. Wer zu Fuß absteigen möchte, erreicht über den Kulturpfad Schutzengelweg und über die Rohrkopfhütte in etwa zwei Stunden die Talstation.

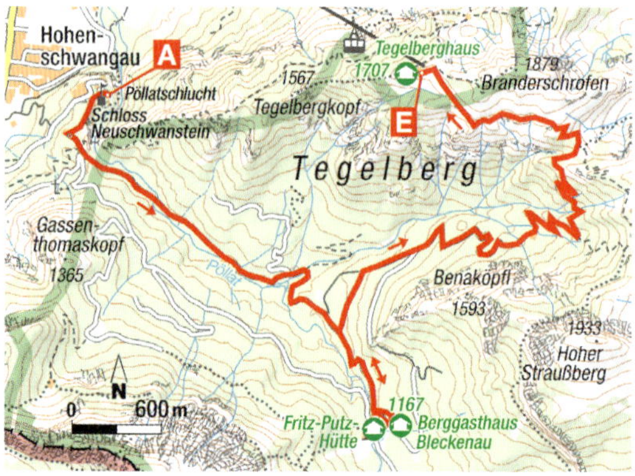

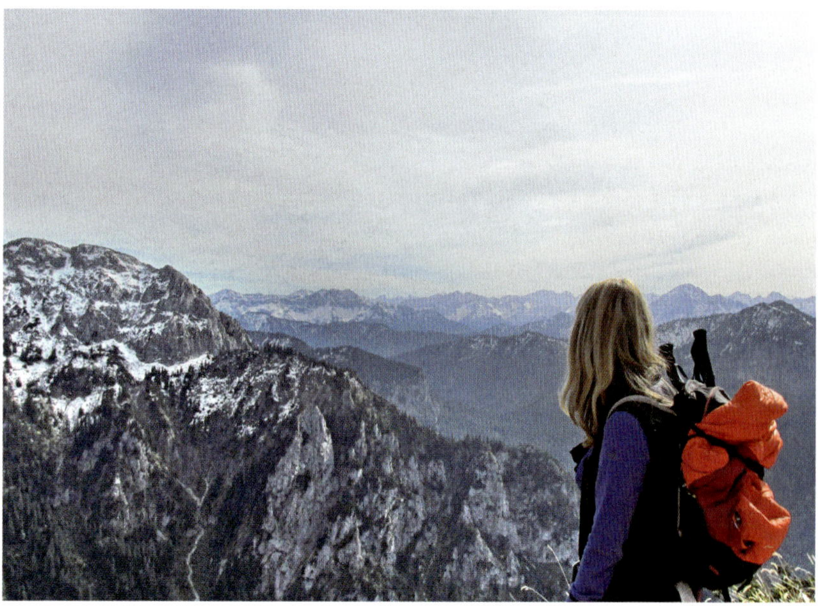

Ausblick vom Tegelberg aufs Wettersteingebirge und die Allgäuer Alpen

Auf einen Blick

AUSGANGSPUNKT

Schloss Neuschwanstein, Hohenschwangau
GPS: N47° 33.507' E10° 45.049'

ENDPUNKT

Tegelberghaus
GPS: N47° 33.569' E10° 46.773'

ANFAHRT

Bus & Bahn: Vom Bahnhof Füssen mit Bus 73 oder 78 bis Haltestelle Hohenschwangau/Königsschlösser (beim großen Parkplatz in Hohenschwangau). Shuttlebus oder Kutsche ab Parkplatz Nr. 4 bis zur Haltestelle Jugend nahe der Marienbrücke
Auto: A 7 bis Ausfahrt Füssen; die Parkplätze (gebührenpflichtig) in Hohenschwangau bei den Königsschlössern sind ausgeschildert.

GEHZEIT UND SCHWIERIGKEIT

Bis zur Bleckenau ca. 1.30 Std., dann noch 3 Std. Aufstieg bis zum Tegelberghaus. Der schweißtreibende Aufstieg über den Reitweg erfordert Kondition, Trittsicherheit und Schwindelfreiheit; es sind ca. 1000 Hm zu bewältigen. Abstieg mit der Kabinenbahn oder 2 Std. zu Fuß bis nach Schwangau. Die beschriebene Tour kann auch umgekehrt begangen werden.

EINKEHR/ÜBERNACHTUNG

Tegelberghaus (tegelberghaus.de); Bleckenau (berggasthaus-bleckenau.de)

NOCH WICHTIG

Die letzte Bergbahn ab dem Tegelberghaus fährt um 17 Uhr. Für die Wanderung sind Bergschuhe unbedingt notwendig und Trekkingstöcke empfehlenswert.

ZUSÄTZLICHE HINWEISE

Die Wanderung kann gut mit den Touren 12 und 14 kombiniert werden.

INFORMATION

tegelbergbahn.de; hohenschwangau.de

12

Königsrunde am Branderschrofen

PANORAMAWEG
MIT KLETTERPARTIE

Ein Schauspiel der Natur, faszinierende Ausblicke in die Bergwelt und ein Hauch von Mystik: All dies faszinierte schon Ludwig II. bei seinen Besuchen auf dem Tegelberg. Für mutige und geübte Bergwanderer bietet der Branderschrofen ein Klettererlebnis der besonderen Art.

In den Sommermonaten residierte der Märchenkönig regelmäßig im Jagdhaus am Tegelberg. 1868 schrieb er an seine Erzieherin Sybille Meilhaus:

»Nichts ist stärker für Geist und Körper, als viel in Gottes freier Natur sich zu bewegen, dort oben auf freier Bergeshöhe ist die Seele dem Schöpfer näher, schöner und erhabener als im Qualm der Städte, wo die Freuden ihren Sitz wahrlich nicht haben.«

Die **Bergstation der Tegelbergbahn** ist ein beliebter Startpunkt der vielen Drachen- und Gleitschirmflieger, und es macht Freude, ihnen zuzusehen. Für die Panoramarunde, die auch die Königsfamilie oft gegangen ist, folgt man links der Beschilderung »Königsrunde«. Es geht ca. 500 Meter straff bergauf, bis man zur **Branderschrofenschulter** gelangt. Bei gutem Wetter bietet sich von hier ein überwältigender Ausblick auf das Wettersteingebirge mit der Zugspitze und auf die Allgäuer Alpen. Links vom Plateau führt der Rundweg zurück zum Tegelberghaus.

Geübte Bergwanderer können jetzt noch den **Branderschrofen** (1881 m) erklimmen: Ein schmaler, ausgeschilderter Bergpfad führt in luftiger Höhe steil aufwärts – an mehreren Seilen versichert, erfordert der Pfad Trittsicher-

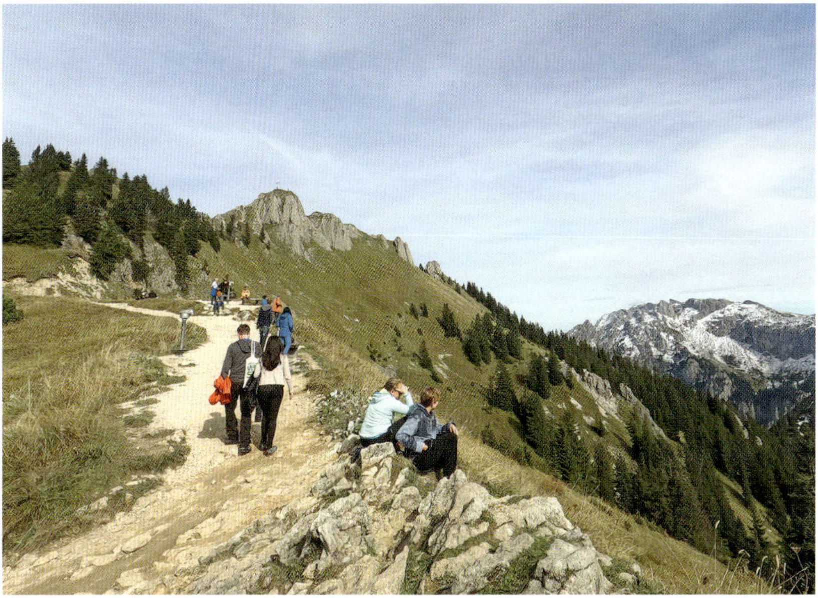

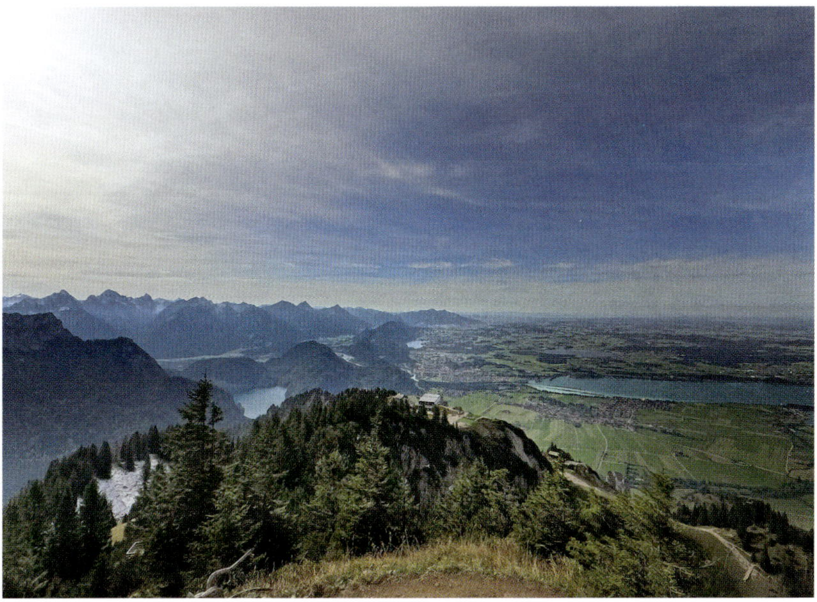

▲ An der Branderschrofenschulter: herrlicher Ausblick auf Alpsee und Säuling
▼ Vom Branderschrofen genießt man ein 360°-Berg-und-See-Panorama.

heit und Schwindelfreiheit und ist nur bei schönem Wetter empfehlenswert! Auf dem Gipfel mit Kreuz wird man mit einem 360°-Bergpanorama belohnt.

Zurück geht es links zur **Branderschrofenschulter** und auf dem ausgeschilderten Weg zurück zum **Tegelberghaus**. Von dort kann man in ein paar Minuten zum **»Ort der Besinnung«** mit Gipfelkreuz wandern: Dafür folgt man dem markierten Weg in Richtung Bleckenau.

Für den Weg ins Tal kann man wahlweise die Kabinenbahn nutzen oder über den Schutzengelweg absteigen.

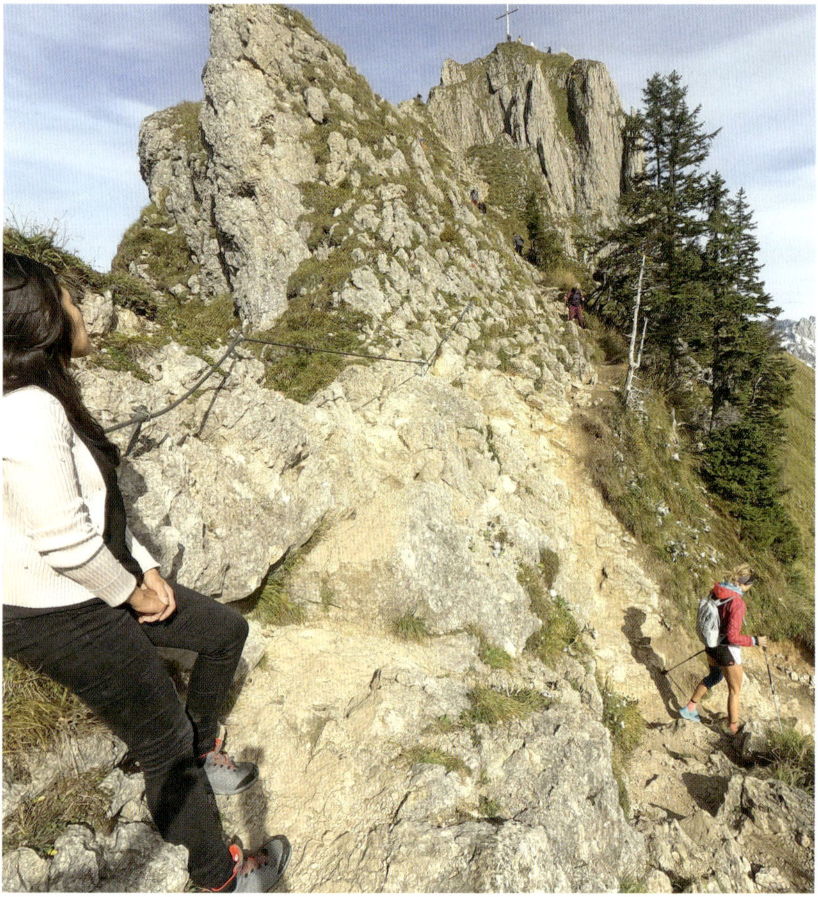

Der Gipfel des Branderschrofens ist geübten Bergwandernden vorbehalten.

Auf einen Blick

AUSGANGS-/ENDPUNKT

Bergstation der Tegelbergbahn
GPS: N47° 33.569‘ E10° 46.773‘

ANFAHRT

Bus & Bahn: Vom Bahnhof Füssen mit Bus 73 oder 78 zur Talstation der Tegelbergbahn
Auto: A 7 bis Ausfahrt Füssen; die Parkplätze (gebührenpflichtig) in Hohenschwangau bei den Königsschlössern/Talstation sind ausgeschildert.

GEHZEIT UND SCHWIERIGKEIT

Bergpfad ohne größere Schwierigkeiten vom Tegelberghaus zur Branderschrofenschulter (1 Std., ca. 100 Hm). Der teilweise versicherte Weiterweg zum Branderschrofen ist nur für erfahrene Bergwanderer geeignet, er erfordert Trittsicherheit und Schwindelfreiheit und ist nur bei schönem Wetter empfehlenswert (ca. 30 Min., 200 Hm).

EINKEHR/ÜBERNACHTUNG

Tegelberghaus (tegelberghaus.de)

NOCH WICHTIG

Die letzte Bergbahn ab dem Tegelberghaus fährt um 17 Uhr. Für die Wanderung sind Bergschuhe unbedingt notwendig und Trekkingstöcke empfehlenswert. Alternativ zur Kabinenbahn kann man auch über den Schutzengelweg in 2 Std. zur Talstation absteigen.

ZUSÄTZLICHE HINWEISE

Die Wanderung lässt sich gut mit Tour 11 kombinieren.

INFORMATION

tegelbergbahn.de; hohenschwangau.de

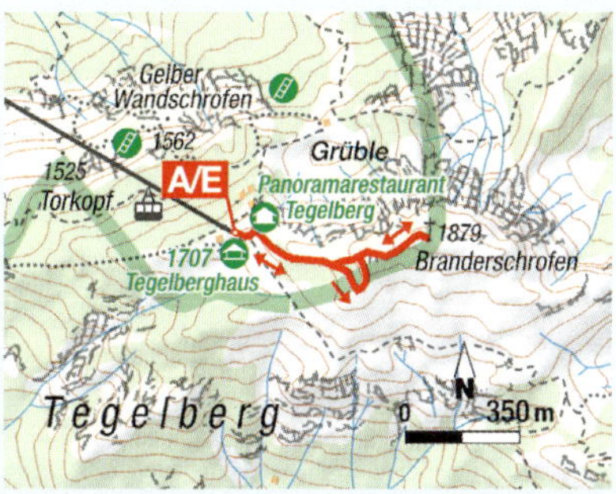

13

Promenieren auf der Alpseerunde

KÖNIGLICHES ANGEL- UND BADEPARADIES

Sanft ist er in die Allgäuer Bergwelt eingebettet, und die Gipfel rundum spiegeln sich in seinem türkisfarbenen Wasser. Wildromantisch führt der Weg über Stege um den Alpsee und vorbei am Marienmonument. Der Pindarplatz mit seiner legendären Aussicht gehörte zu den Lieblingsorten des Märchenkönigs.

Vom Parkplatz in **Hohenschwangau** startet die ca. 5,5 Kilometer lange Wanderung rund um den Alpsee. Das **Museum der bayerischen Könige**, direkt am **Alpsee**, ist das erste Highlight der Tour: Es gibt Einblicke in die Geschichte der Wittelsbacher, eines der ältesten deutschen Hochadelsgeschlechter, aus dem über Jahrhunderte hinweg Herzöge, Kurfürsten und Könige von Bayern hervorgingen. Der Schwerpunkt der Ausstellung ist König Maximilian II. und seinem Sohn Ludwig II. gewidmet. Durch moderne Multimediatechnik werden auch einige der technischen Ideen von Ludwig II. inszeniert.

Der Wanderpfad um den See ist schmal, verläuft über Steine und Wurzeln, geht teilweise steil bergauf und bergab mit Tiefblicken auf den See. Auf der Seeoberfläche spiegeln sich die umliegenden Berggipfel, und ein leichter Nebelschleier kriecht am Ufer entlang. Langsam wird es Herbst, und da es vor allem am steilen Westufer ein paar luftige Wegpassagen gibt, ist hier besonders zu dieser Jahreszeit Vorsicht bei Nässe geboten! Der schmale Wanderpfad führt anfangs direkt am See entlang, kleine Picknickplätze mit Bänken und herrlichen Blicken auf den See laden immer wieder zum Rasten ein.

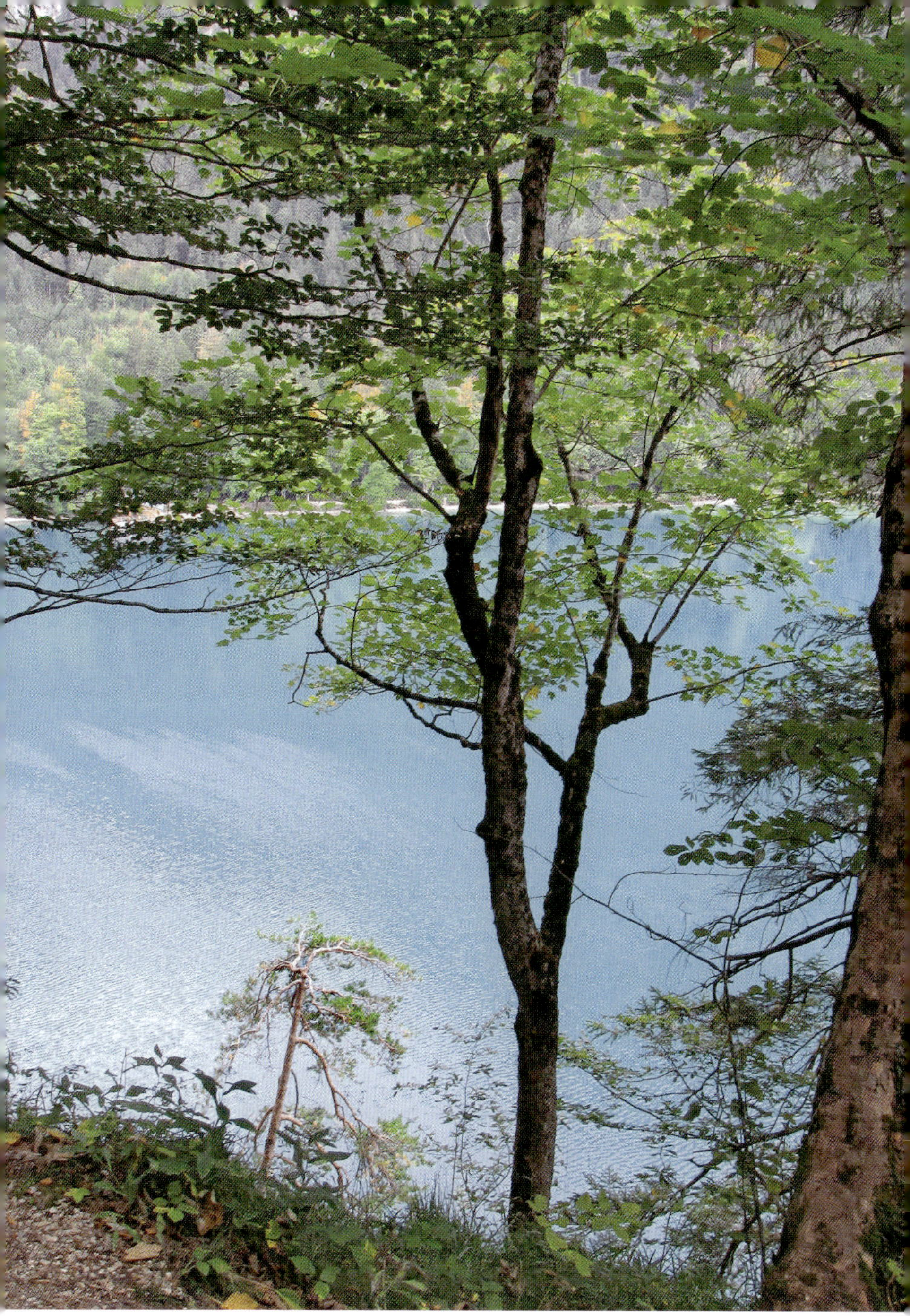

Blick in die Tiefe auf das türkisblaue, klare Wasser des Alpsees

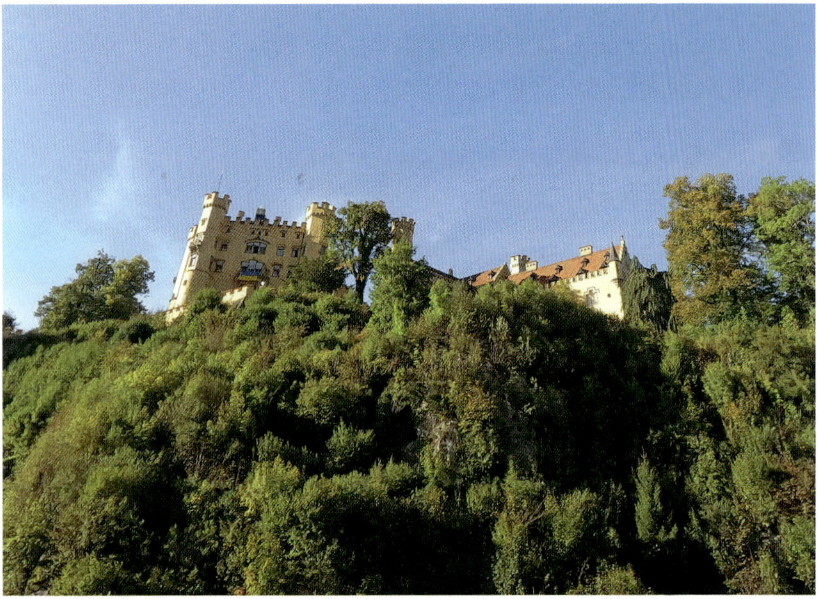

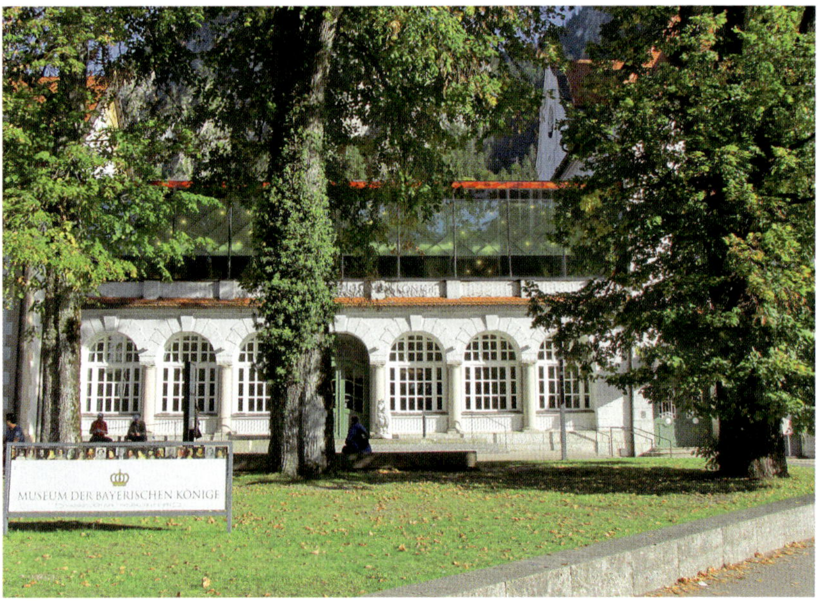

▲ Von der Alpseestraße schaut man hinauf zum Schloss Hohenschwangau.
▼ Das Museum der bayerischen Könige, mit den Schwerpunkten Ludwig II. und Maximilian II.

Nach etwa zwei Kilometern erreichen wir das Freibad **Alpseebad** – hier badete auch schon die königliche Familie während ihrer Sommerfrische auf Hohenschwangau, und die beiden Prinzen genossen vor allem auch das Angeln. Der klare Alpsee hat eine Wassergüte der Extraklasse, und seine Färbung erinnert an die karibische See. Er ist ca. 60 Meter tief und auch im Sommer nicht über 22 °C warm. Dies hielt den Märchenkönig einst jedoch nicht davon ab, den See zu durchschwimmen – bereits als 15-Jähriger soll er in rekordverdächtigen 22 Minuten den Alpsee der Länge nach durchschwommen haben!
»Die kalten Fluten des Alpsees ziehen mich an«, soll er bei einem der Sommeraufenthalte in Hohenschwangau in sein Tagebuch geschrieben haben.

Der Weg wird nun etwas abenteuerlicher und führt über Stege und kleinere Metallbrücken über das Wasser. Nach etwa drei Kilometern erreicht man eine kleine Halbinsel mit dem **Marienmonument**: ein wunderschöner Aussichtsplatz mit Bänken direkt am klaren See. Ein Gedenkstein wurde 1894 hier zu Ehren der Königsmutter Marie (1825–1889) errichtet, denn dies war ihr Lieblingsbadeplatz. Reste der Steinstufen, die in den See führen, sind noch erkennbar. Besonders, wenn man früh morgens unterwegs ist, genießt man an diesem eindrucksvollen Ort eine wunderbar meditative Ruhe.

Von hier kann man nun entweder steil über einen Pfad aufsteigen und auf der Fürstenstraße den Weg fortsetzen: Dazu oben auf der Straße rechts in Richtung Schloss Hohenschwangau weiterwandern. Alternativ führt der Weg am See entlang weiter und wird steiler und schmaler. Kräftige Wurzeln und eine Aussicht von oben auf den See lassen die Wanderung noch wildromantischer werden. Trittsicherheit und auch etwas Schwindelfreiheit sollte man allerdings für diesen Wegabschnitt schon mitbringen. Immer wieder wird man dafür mit wundervollen Blicken über den türkisblauen See und auf die Berge der Säulinggruppe belohnt. Das schweißtreibende Wandern wird da fast zur Nebensache.

Nach insgesamt etwa fünf Kilometern folgen wir dem Schild zum **Pindarplatz**. Der schmale Pfad führt über Holztreppen steil abwärts in Richtung See, und wir erreichen den kleinen, ca. 15 Meter hohen Felsvorsprung, auf dem sich heute eine Holzplattform befindet. Dieser Aussichtsplatz wurde nach dem altgriechischen Lyriker Pindaros benannt. Hier war ein weiterer von Ludwigs Lieblingsplätzen, wenn er die Sommer als Kind und junger Kronprinz in Hohenschwangau verbrachte – stundenlang soll er sich hierher zurückgezogen haben, um die klassischen Werke von Lessing und Goethe und manchmal auch Karl May zu lesen. Er liebte Schillers literarischen Idealismus und kannte weite Teile seiner Werke auswendig.

Ein letztes Mal geht es steil bergauf bis zur Fürstenstraße, die für motorisierte Fahrzeuge aller Art gesperrt ist. Ganz entspannt wandern wir nun abwärts in Richtung Museum und Parkplatz in **Hohenschwangau** und genießen noch einen letzten Blick auf die Königsschlösser – vielleicht begleitet uns dabei auch eine der Pferdekutschen, die die Touristen zum Schloss Neuschwanstein bringen wird.

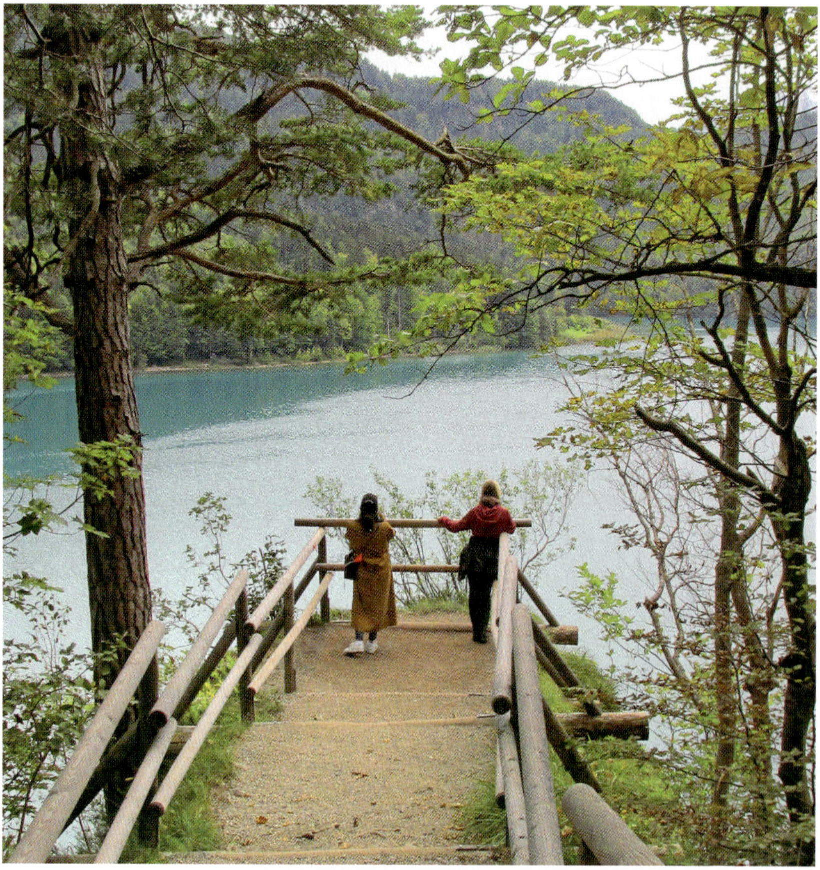

Ausblick vom Pindarplatz auf den Alpsee

Auf einen Blick

AUSGANGS-/ENDPUNKT

Hohenschwangau/Königsschlösser bzw. Museum der bayerischen Könige
GPS: N47° 33.307‘ E10° 44.357‘

ANFAHRT

Bus & Bahn: Vom Bahnhof Füssen mit Bus 73 oder 78 bis Haltestelle Hohenschwangau/Königsschlösser
Auto: Von Füssen über die B 17 Richtung Schwangau und nach der Lechbrücke bzw. in Schwangau rechter Hand den Wegweisern »Hohenschwangau/Königsschlösser« folgen

GEHZEIT UND SCHWIERIGKEIT

Überwiegend gut begehbare Wanderwege in einer Höhe von ca. 800 m; die Tour am Westufer, parallel zur Fürstenstraße, ist etwas anspruchsvoller. Vorsicht bei Nässe! Alternativ bequemer Weg über die Fürstenstraße. Für die 5,5 km lange Alpseerunde sollte man ca. 2 Std. einplanen. Eine Besichtigung des Museums oder der Königsschlösser ist gut mit der Wanderung kombinierbar.

EINKEHR

Schloss-Bräustüberl (schloss-braeustueberl-neuschwanstein.de)

NOCH WICHTIG

Tickets rechtzeitig buchen (Ticket-Center Hohenschwangau, shop.ticket-center-hohenschwangau.de). Im Sommer Badesachen nicht vergessen

ZUSÄTZLICHE HINWEISE

Diese Wanderung kann u. a. gut mit den Touren 11, 14, 15 und 16 kombiniert bzw. ergänzt werden.

INFORMATION

hohenschwangau.de/museum-der-bayerischen-koenige; hohenschwangau.de

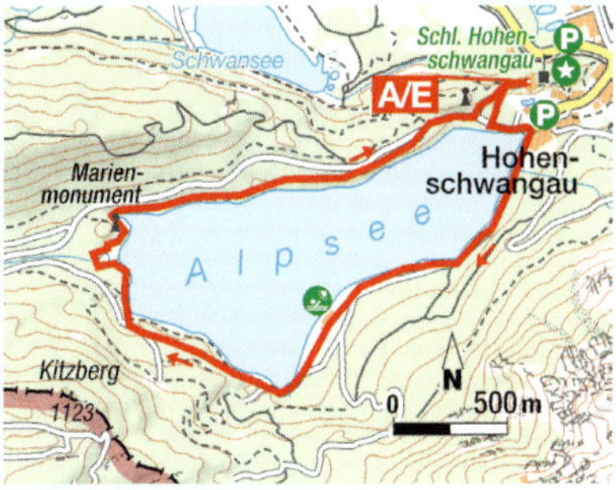

14

Marienbrücke und Schloss Neuschwanstein

ZU BESUCH IN DER RITTERBURG DES MÄRCHENKÖNIGS

Von der freitragenden Marienbrücke aus ist der Blick auf das ritterliche Schloss am eindrucksvollsten, dessen Besuch einfach ein Muss ist. Schon Walt Disney wurde davon inspiriert und nutzte Neuschwanstein als Vorlage für Cinderellas Märchenschloss.

Ein Herbsttag Ende September: Es ist früh am Morgen, und der Tau hält sich noch in den Grashalmen fest – das ist der beste Augenblick für den Weg zur Marienbrücke und zu Ludwigs Märchenschloss. Vom Ticket-Center **Hohenschwangau** geht es rechts wenige Meter die Alpseestraße aufwärts. Der Beschilderung folgend, biegt man kurz vor dem historischen Jägerhaus links in die kleine Neuschwansteinstraße ein, wo auch die Kutschen parken, die die Besucher traditionell zum Schloss bringen. Nach ca. 400 Metern gelangt man an einen Aussichtspunkt, und kurz danach, gegenüber von einem kleinen, überdachten Kontrollpunkt, zweigt der Wanderweg rechts in den Wald ab. Man steigt ihn stets bergauf, bis man nach etwa einem Kilometer wieder auf die Fahrstraße trifft. Zur Marienbrücke folgt man nun der Beschilderung. Hat man Glück, ist das Eisentor der Brücke schon früh geöffnet, und es sind nur wenige Besucher unterwegs.

Die **Marienbrücke** überspannt in ca. 90 Metern Höhe die **Pöllatschlucht** und bietet einen imposanten freien Blick nach unten in die Schlucht und auf

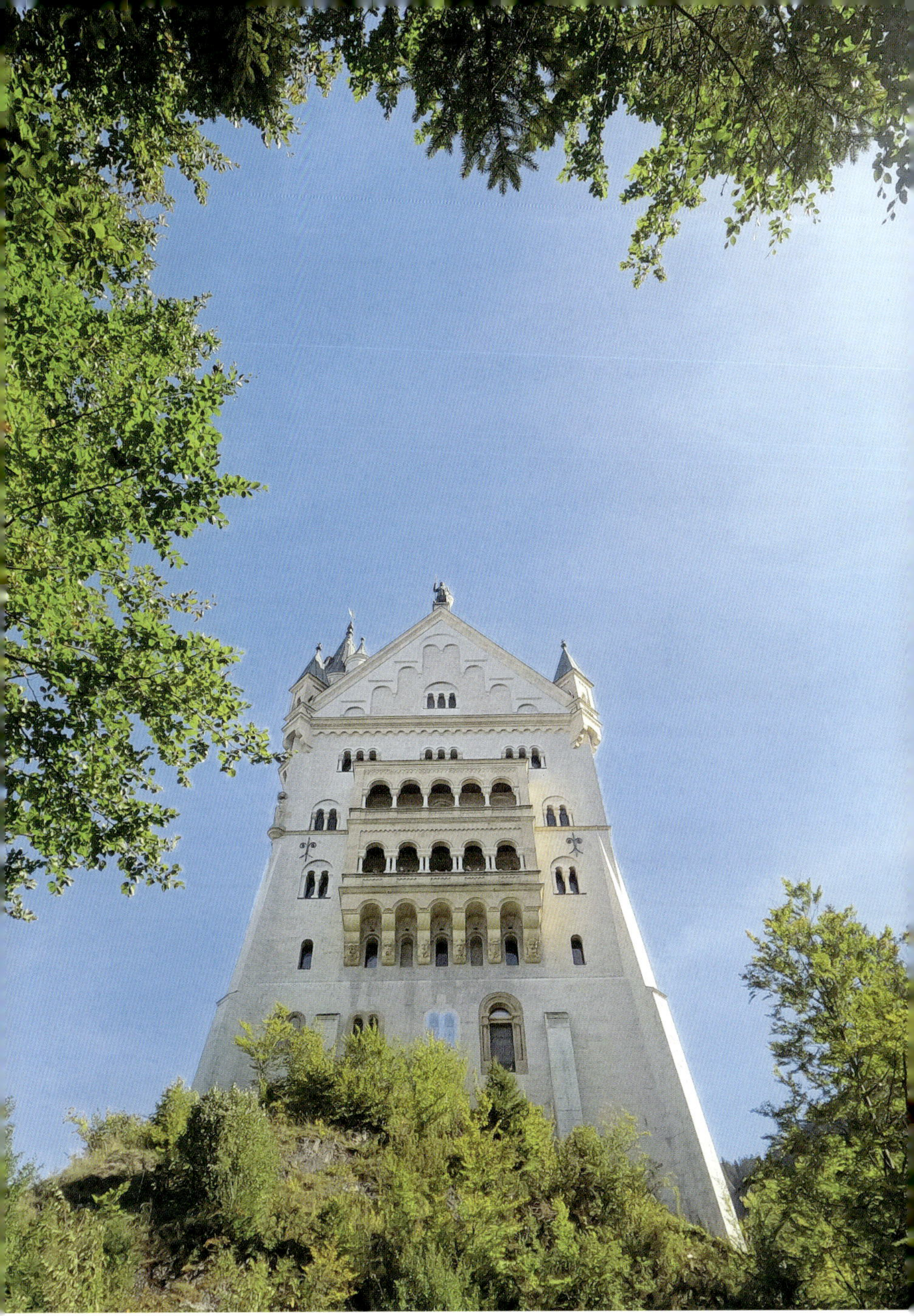

Schloss Neuschwanstein – die Gralsburg des Märchenkönigs

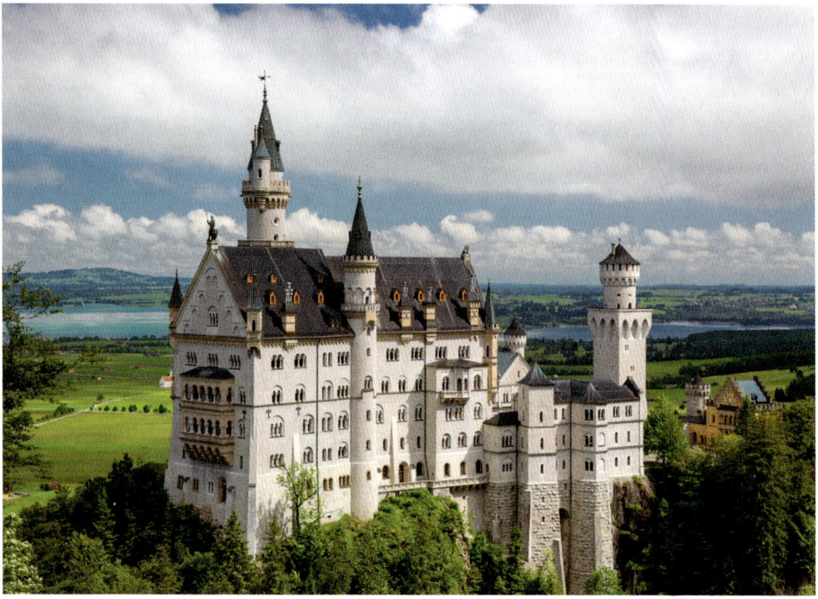

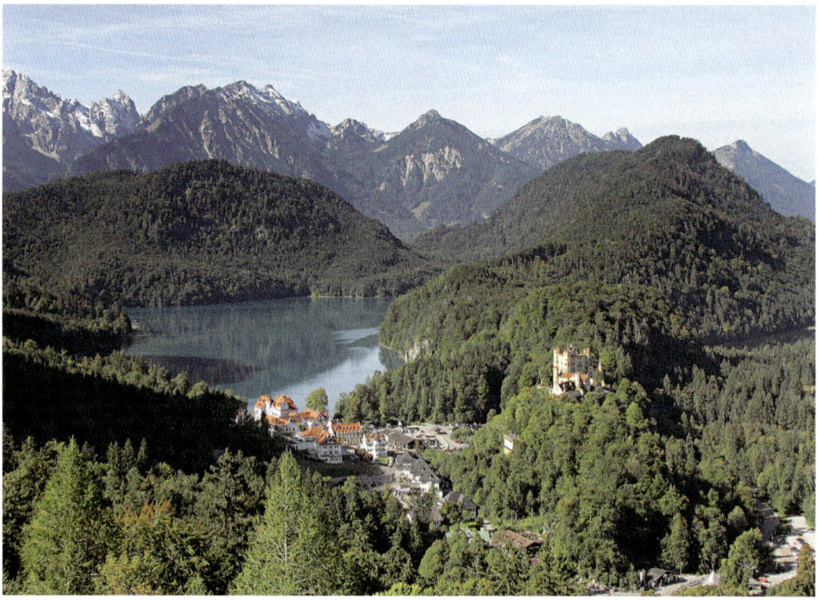

▲ Wie aus einem Märchen: Schloss Neuschwanstein
▼ Der Weg vom Haltepunkt Jugend zum Schloss bietet schöne Blicke auf Hohenschwangau.

den Wasserfall. Die ursprünglich in Holzbauweise errichtete Brücke wurde 1842 von Ludwigs Vater Maximilian II. eingeweiht. Zu Ehren von Ludwigs Mutter, Marie von Preußen, erhielt sie den Namen Marienbrücke. Ludwig II. ersetzte 1866 den Holzsteg durch eine filigrane Eisenkonstruktion – vom Balkon des Schlosses Neuschwanstein sieht man das gigantische Meisterwerk übrigens am besten. Die Marienbrücke wurde aufwendig saniert und steht für die Besucher seit Juli 2022 wieder in neuem Glanz offen.

Der Märchenkönig liebte es, sich nachts auf die Marienbrücke zu begeben. Im Sängersaal der Gralsburg wurden dann alle Kerzenleuchter angezündet, und er genoss diesen zauberhaften Anblick seines Märchenschlosses.

Wir überqueren die Brücke und steigen ein Stück weiter den schmalen Bergpfad die Serpentinen hinauf – Vorsicht bei Nässe! Nach ca. 400 Metern kommen wir zu einem **Aussichtspunkt** auf einem kleinen Bergvorsprung mit grandiosem Schlossblick. Hier sollte man unbedingt ein paar Augenblicke verweilen und diese meditative Perspektive auf das Märchenschloss vor der Alpenkulisse genießen! Bei gutem Wetter kann man nun weiter aufwärts dem Gratweg folgen und nach etwa drei Stunden zum früheren königlichen Jagdhaus, dem Tegelberghaus, gelangen. Diese Wanderung ist allerdings anspruchsvoll, nur erfahrenen Bergwanderern vorbehalten und ausschließlich im Sommer begehbar!

Wir kehren für heute zurück zur **Marienbrücke** und folgen der Beschilderung Richtung Schloss Neuschwanstein. Am **Aussichtspunkt Jugend** genießen wir den Panoramablick ins Tal und hinüber zum Schloss Hohenschwangau, auf die Seen und die Alpengipfel ringsum, die heute bereits herbstlich weiß überzuckert sind.

Der König soll vor dem zwangsweisen Verlassen des Schlosses seiner Dienerschaft gesagt haben: »Bewahren Sie mir diese Räume wie ein Heiligtum. Lassen Sie sie nicht profanieren von den Neugierigen« … Wie würde es dem König mit dem heutigen Besucherandrang von täglich bis zu 10 000 und jährlich über einer Million Touristen wohl gehen?

Schloss Neuschwanstein ist nur über eine Führung zu besuchen. Am besten bucht man die Tickets rechtzeitig online – bitte beachten Sie das gebuchte Zeitfenster, denn dies ist unbedingt einzuhalten, da anderenfalls kein Einlass erfolgt! Unsere Wanderrucksäcke können wir unterhalb des Schlosses in den Schließfächern kostenlos verstauen. Hat man das große Schlosstor passiert, wird man im Schlosshof sicher auf viele Besucher treffen, die alle gespannt auf die elektronische Anzeigetafel blicken – alle fünf Minuten ändert sich die Nummernanzeige und eine neue Führung wird durch den Glockenklang angekündigt. Dann sammelt sich die nächste Besichtigungsgruppe und wird durch die elektronische Schranke eingelassen. Damit die Führung gut hörbar ist, erhält jeder Besucher kostenlos einen Audioguide (in verschiedenen Sprachen verfügbar).

> *»Ich habe die Absicht, die alte Burgruine Hohenschwangau bei der Pöllatschlucht neu aufbauen zu lassen im echten Stil der alten deutschen Ritterburgen, und ich muss gestehen, dass ich mich sehr darauf freue, dort einst zu hausen ...«,*

schrieb Ludwig II. seinerzeit an seinen Komponistenfreund Richard Wagner. Mit Schloss Neuschwanstein setzte Ludwig II. seiner Freundschaft zu Wagner (der allerdings nie hier gewesen ist) ein einzigartiges Denkmal. Er begann den Bau 1869 mit der Grundsteinlegung seiner spätromanischen Burg hoch über dem Schloss seiner Kindheit, Hohenschwangau. Von 1869 bis 1873 wurde der Torbau fertiggestellt, dann folgten die königlichen Räume im ersten und zweiten Stock. Im Frühjahr 1884 war die Königswohnung im dritten Obergeschoss beziehbar. Die riesigen Mengen an Baumaterialien wurden mittels eines Dampfmaschinenkrans hochgezogen, und mit einem Schienentransportwagen und Flaschenzügen erfolgte der Weitertransport. Die königliche Baustelle verschlang gewaltige 6,2 Millionen Mark, hatte aber andererseits große Bedeutung für Handwerker, Kaufleute und die ganze Region, die vom Schlossbau partizipierten. Der König bestimmte alles Architektonische und Gestalterische entscheidend mit: Räume, Wandbilder und Gänge erinnern an die Opern des großen Meisters Richard Wagner, denn in jedem Raum werden die Wagnerschen Bühnenbilder von »Tannhäuser«, »Lohengrin«, »Siegfried« und »Parsifal« wieder lebendig.

Der **Thronsaal** ist dem Stil einer byzantinischen Kirche und der Hagia Sophia in Istanbul nachempfunden und enthält Gemälde der zwölf Apostel und der sechs heiliggesprochenen Könige. Der Kampf des Heiligen Georg mit dem Drachen zeigt den Schutzpatron der Wittelsbacher. Eine Treppe aus Carrara-Marmor führt zum Thron aus Gold und Elfenbein, und der wunderschöne Mosaikfußboden des 20 Meter langen Saals besteht aus über 1,5 Millionen kleinen Steinchen. Das **Speisezimmer** steht ganz im Zeichen des sagenhaften Sängerkriegs auf der Wartburg, der von Wagner in seiner Oper »Tannhäuser«

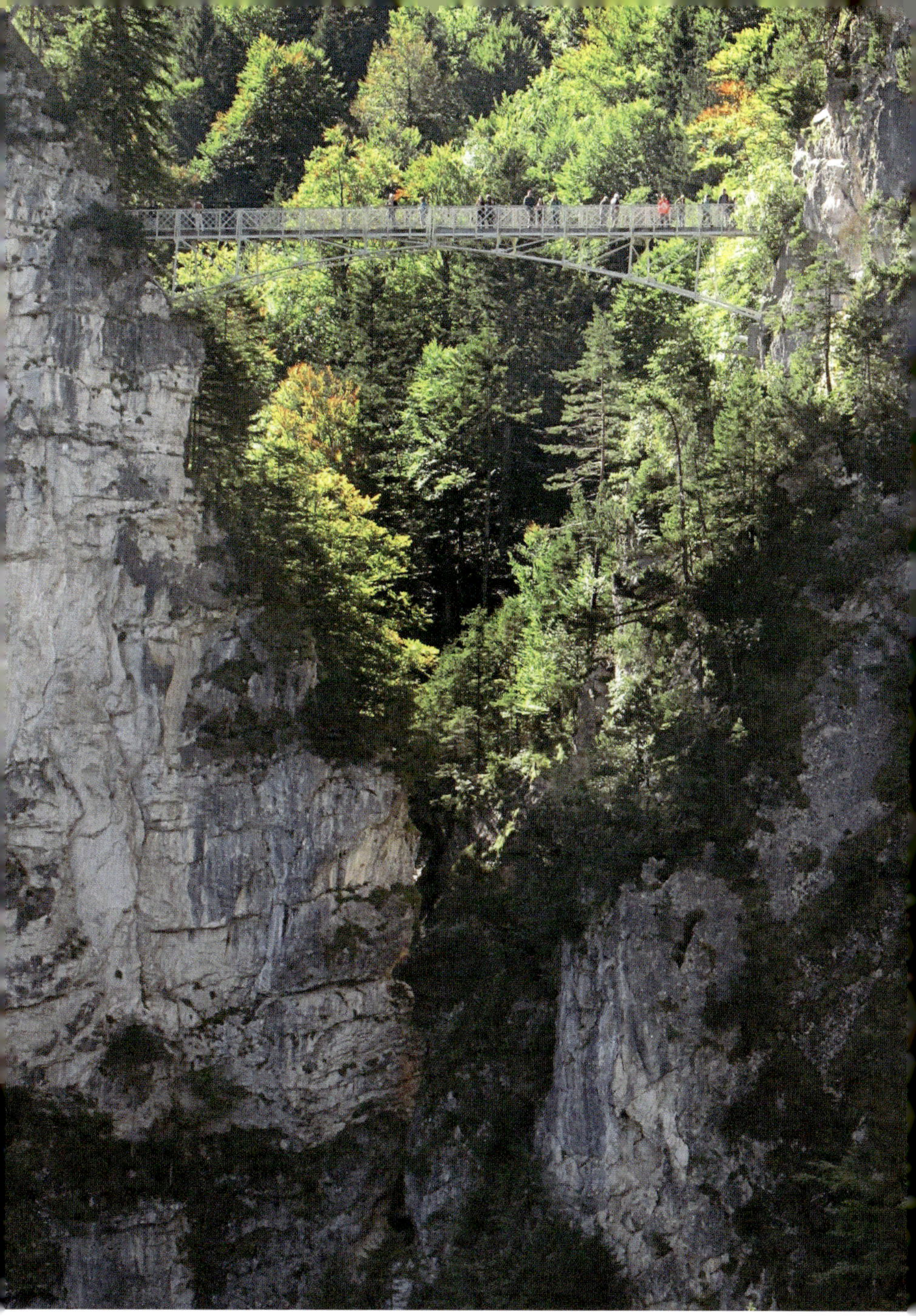

Die freitragende Marienbrücke überspannt in 90 Metern Höhe die Pöllatschlucht.

vertont wurde. Da die Küche drei Stockwerke tiefer lag, wurden die Speisen mit einem Aufzug hochgeholt. Ludwig liebte Süßspeisen, und im Einbauschrank der **Schlossküche** können die vielfältigen Back- und Puddingformen sowie Formen für Schokolade, Gebäck und Speiseeis bewundert werden. Da der König sein Leben vorwiegend nachts gestaltete, hatten Köche und Küchenpersonal immer Nachtdienst. Das königliche **Schlafzimmer** ist »Tristan und Isolde« gewidmet, und die Vorhänge in der Lieblingsfarbe des Königs, Blau, wurden mit dem Wittelsbacher Wappentier, dem Löwen, und Ludwigs Lieblingstier, dem Schwan, bestickt. Vom Fenster bietet sich ein herrlicher Blick auf den Hausberg, den Säuling (2045 m), und auf die Pöllatschlucht. Über eine künstlich angelegte **Tropfsteinhöhle** und am **Wintergarten** vorbei gelangt man ins **Wohnzimmer**: Hier dominieren Szenen aus dem »Lohengrin«, der ersten Wagner-Oper, die Ludwig als junger Kronprinz 1861 erlebte.

Bei einem Besuch auf der Wartburg hatte sich der Märchenkönig Anregungen für sein Neuschwanstein geholt, und zwei historische Säle der Wartburg ließ er hier in seinem Schloss zu einem prächtigen **Sängersaal** gestalten. Die ausschmückenden Gemälde sind der Parsifal-Sage nachempfunden, und über den Türen neben der Bühne befindet sich das Wittelsbacher Wappen mit der Inschrift »Ludwig II., König von Bayern, Pfalzgraf«, ein Hinweis auf den Bauherrn von Schloss Neuschwanstein. Der Saal bildet durch seine mächtige Fichtenholzdecke einen grandiosen Resonanzkörper, wurde jedoch erst 1933 zum 50. Todestag Wagners erstmals für Konzerte genutzt. Vom Balkon hinter der Cafeteria hat man einen sehr schönen Ausblick auf die Tannheimer Berge und auf die von Wäldern umgebenen Seen Alp- und Schwansee. Zwischen den beiden Seen sieht man Schloss Hohenschwangau, wo Ludwig fast 17 Jahre seiner Kinder- und Jugendzeit verbrachte.

Das im mittelalterlichen Stil einer Gralsburg errichtete Neuschwanstein war mit für die damalige Zeit modernster Technik ausgestattet: u. a. einer Fernsprechanlage, einem Telefon, einer Warmluftheizung, einer Warmwasseraufbereitungsanlage und mit Toiletten, die eine Wasserspülung besaßen. Nur etwa 170 Tage verweilte der König auf Neuschwanstein – am Abend des 13. Juni 1886 wurde der Märchenkönig von hier zwangsweise nach Schloss Berg gebracht. Seine Ritterburg konnte er Zeit seines Lebens nicht mehr vollenden, nur 21 Zimmer von den über 200 geplanten wurden fertiggestellt. Am 1. August 1886 öffnete Schloss Neuschwanstein seine Tore für Besucher.

Auf einen Blick

AUSGANGS-/ENDPUNKT

Hohenschwangau/Königsschlösser bzw. Ticketcenter
GPS: N47° 33.307‘ E10° 44.357‘

ANFAHRT

Bus & Bahn: Vom Bahnhof Füssen mit Bus 73 oder 78 bis Haltestelle Hohenschwangau/Königsschlösser. Mit dem Shuttlebus kann man bis zum Schloss fahren (Ausstieg »Jugend«).
Auto: Von Füssen über die B 17 Richtung Schwangau und nach der Lechbrücke bzw. in Schwangau rechter Hand den Wegweisern folgen

GEHZEIT UND SCHWIERIGKEIT

Auf den gut begehbaren Wanderwegen sind ca. 400 Hm zu überwinden (ca. 45 Min.). Die Tour zum Schloss kann auch mit Kinderwagen zurückgelegt werden. Die Schlossbesichtigung dauert ca. 35 Min. – planen Sie für Wanderung und Besichtigung etwa einen halben Tag ein. Die beste Zeit dafür ist früh am Morgen und außerhalb der Wochenenden und Feiertage.

EINKEHR

Ludwig’s Stüberl (alpenstuben.de/de/ludwigs-stuberl.html)

NOCH WICHTIG

Tickets rechtzeitig buchen (Ticket-Center Hohenschwangau, shop.ticket-center-hohenschwangau.de) und Öffnungszeiten beachten!

ZUSÄTZLICHE HINWEISE

Diese Wanderung kann gut mit der Tour 10 zur Bleckenau und über den Reitweg zum Tegelberghaus kombiniert werden. Die Pöllatschlucht ist bis auf Weiteres wegen Steinschlag gesperrt (Stand 2023, s. Website).

INFORMATION

neuschwanstein.de; hohenschwangau.de

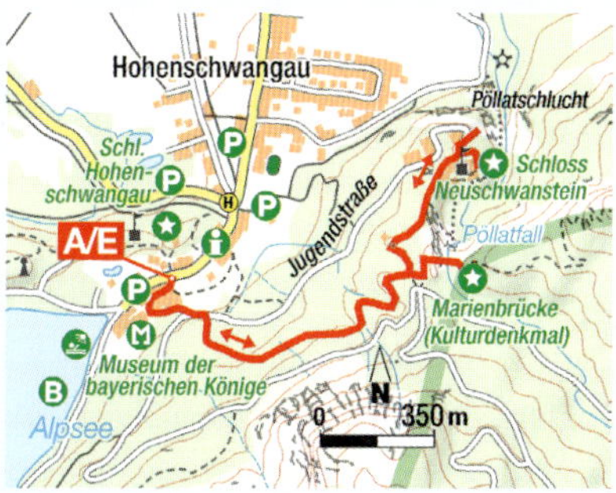

15

Schluxen – Schloss Hohenschwangau

FÜRSTLICHE KUTSCHFAHRTEN UND DER SCHWANENRITTER LOHENGRIN

Direkt am Gutshof zum Schluxen beginnt die Fürstenstraße, die der Märchenkönig für seine geliebten Kutschfahrten nutzte. Auf Schloss Hohenschwangau verbrachte der »Kini« schöne Kinder- und Jugendjahre, und hier ließ er sich von der Geschichte des Schwanenritters Lohengrin inspirieren.

Der frühere Gasthof Schluxenwirt (heute Gutshof zum Schluxen) war für Königin Marie und ihre beiden Söhne Ausgangspunkt vieler schöner Ausflüge in die traumhafte Natur- und Bergwelt. Für die Königsfamilie war hier immer ein Zimmer reserviert, und Ludwig II. war auch später noch öfter hier. Als Zeichen seiner Wertschätzung schenkte er den damaligen Wirtsleuten einen wertvollen Ofen, der noch heute in der Fürstenstube des Gutshofs zu besichtigen ist. Er ließ auch eines seiner Lieblingspferde, Luitprand, vor dem Schluxen malen – das Original des Bilds befindet sich im Marstallmuseum in Schloss Nymphenburg in München (siehe Tour 1).

Die Fürstenstraße, die bereits von Ludwigs Vater Maximilian II. als königliche Privatstraße in Auftrag gegeben wurde, beginnt direkt am **Gutshof zum Schluxen**. Die teilweise asphaltierte Straße führt über den Rücken des Schwarzenbergs und verbindet noch heute Schloss Hohenschwangau mit Tirols Ausserfern – einige Postmeilensteine findet man am Wegesrand, eingelassen in die niedrige Mauer. Am Schwangauer Gitter ist ein Stein mit der Jahres-

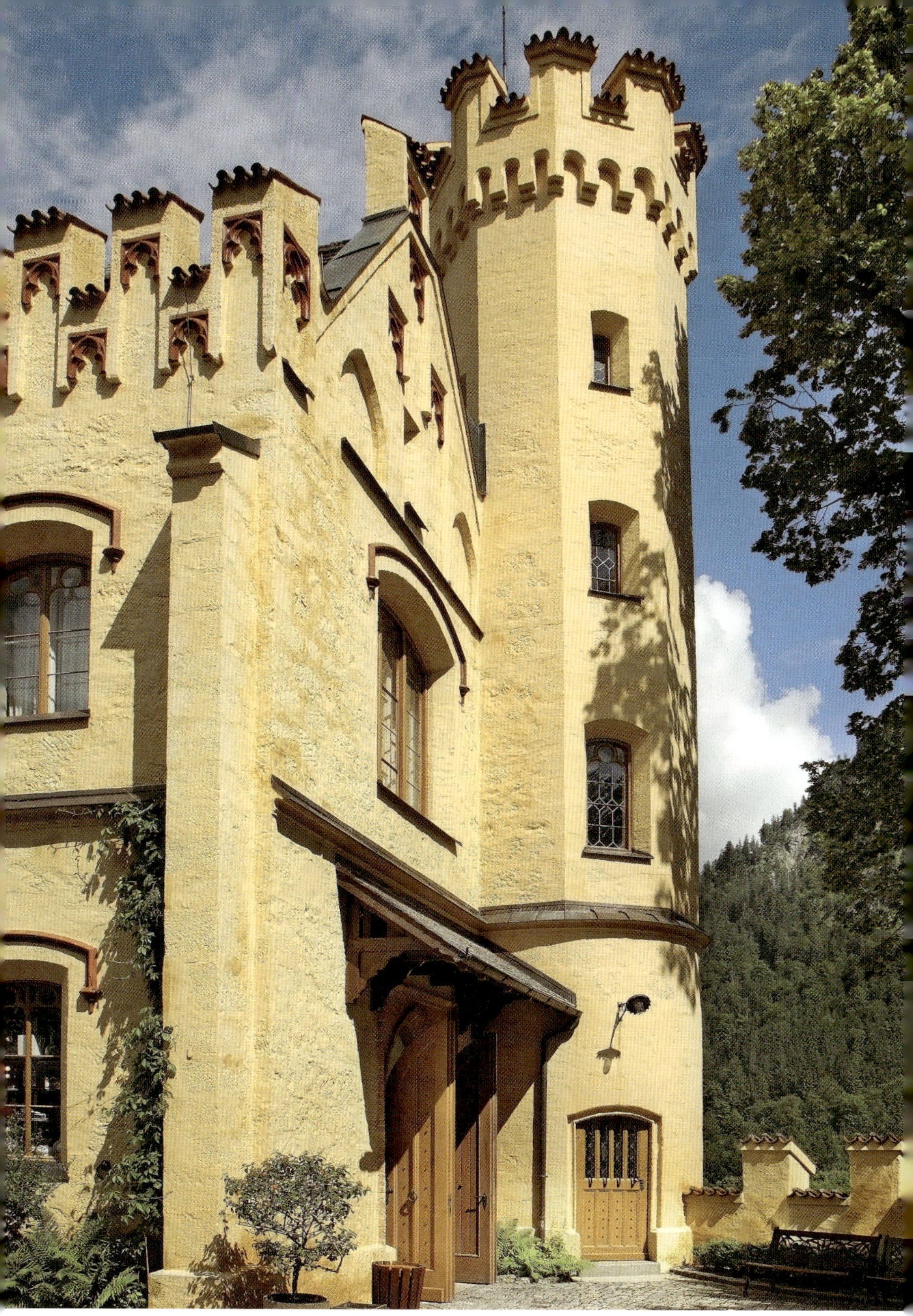

Das neugotische Schloss Hohenschwangau steht in der Nähe von Füssen.

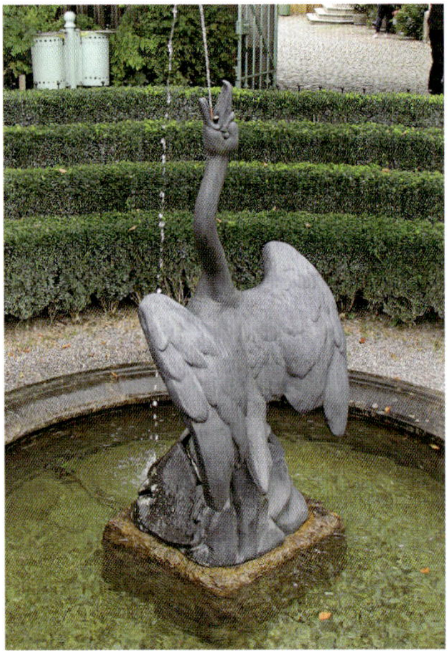

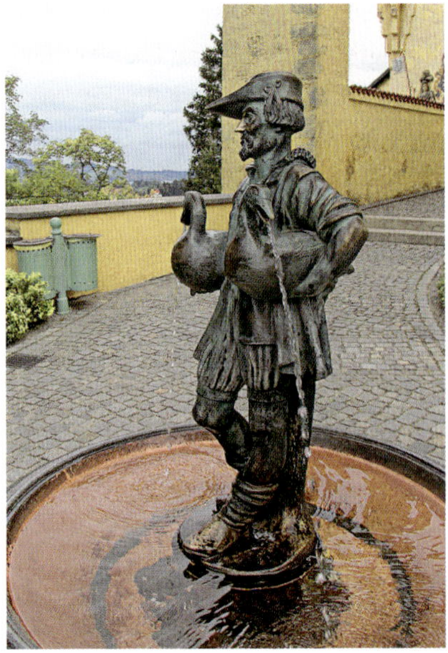

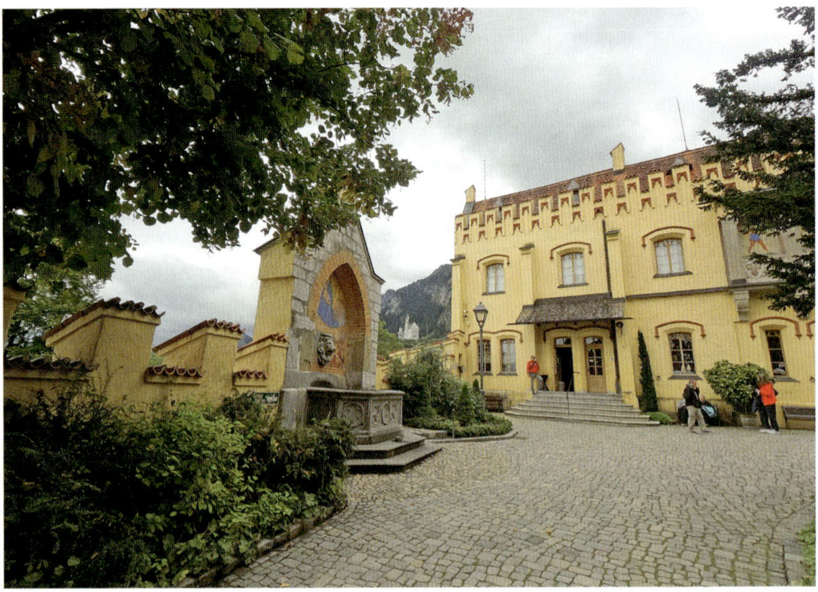

◀ Wasserspiele: der Schwanenbrunnen ...
▶ ... und der Hans-im-Glück-Brunnen im Schlosspark Hohenschwangau
▼ Im Schlosshof von Hohenschwangau mit dem Marienbrunnen

zahl 1869, die Straße wurde jedoch schon früher gebaut, denn Ludwigs Vater gelangte über sie schnell von Hohenschwangau in seine Jagdgebiete in Tirol.

Nach etwa drei Kilometern zweigt ein Trampelpfad rechts abwärts Richtung **Alpsee** ab und führt direkt zum **Marienmonument**, das einen Abstecher lohnt. Wieder zurück auf der Fürstenstraße verläuft diese nun oberhalb des Alpsees direkt bis zum Abzweig nach **Schloss Hohenschwangau**. Wir biegen nach links ein und erreichen bald den imposanten Torbogen, der uns nach ein paar Metern zum Schlosseingang bringt. Vom kleinen Platz mit dem Marienbrunnen genießen wir einen freien Blick auf das Märchenschloss Neuschwanstein. Von hier ist auch der Zugang zum südlich und westlich gelegenen reizvollen Schlossgarten möglich (ohne Eintrittsgebühr).

Gerhard Luxenhofer ist der ehemalige Kastellan von Hohenschwangau. Er war quasi der Schlossherr, der sich darum kümmerte, dass alles hier im Schloss organisiert wurde und reibungslos lief. Auch das Schreiben der Schlosschronik gehörte dazu. Gerhard Luxenhofer war 20 Jahre lang beruflich hier zu Hause, und von ihm kann man eine Menge Details über den Märchenkönig und seine Sommeraufenthalte im Schloss erfahren. Die Burg Schwanstein wurde 1397 erstmals urkundlich erwähnt. Hier waren die Schwangauer Ritter, die Lehensleute der Welfen und später der Staufer, häufig zu Gast. Sie starben im 16. Jahrhundert aus, und die Burg verfiel langsam. Ludwigs Vater erwarb sie bereits als Kronprinz 1832 und ließ sie bis 1837 unter Leitung von Domenico Quaglio im neugotischen Stil und im Einklang mit den historischen Reminiszenzen an die früheren Burgherren und die hiesige Sagenwelt aufwendig nach alten Plänen wiederaufbauen. Mehr als 90 Wandgemälde mit Themen aus der Geschichte des Schlosses sowie aus den mittelalterlichen Heldensagen, wie z. B. der Sage vom Schwanenritter Lohengrin, ließ er ausführen. Die Tafel über der **Toreinfahrt** erinnert an den alten Namen: Die Bezeichnung »Hohenschwangau zum Schwanstein« vereint Altes mit Neuem. Ludwig II. verbrachte seine ersten 28 Jahre und vor allem den Großteil seiner Kindheit und Jugendzeit auf dem alten Schloss.

> *»Nun sind wir endlich in Hohenschwangau! Du kannst Dir denken wie glücklich wir hier sind. (…) Das Wetter ist herrlich, angenehm zu Partien, zum Reiten, Fischen und Baden«,*

berichtete der bereits erwachsene Ludwig seinem früheren Kindermädchen Sybille Meilhaus. Inspiriert durch die Wandmalereien aus der Geschichte des

Schwanenritters Lohengrin tauchte der Märchenkönig bereits als Kind in die mittelalterliche Sagen- und Ritterwelt ein. Diese sollte ihn Zeit seines Lebens inspirieren und Anregungen für seine späteren Bauwerke liefern. Auch der Schwan wurde neben dem Pfau zu seinem Lieblingstier.

Im 1853 fertiggestellten **Fürstenbau** waren auch die Wohnräume der jungen Prinzen Ludwig und Otto untergebracht, und später beobachtete der Märchenkönig vom Balkon des Schlafzimmers (Tasso-Zimmer) aus den Baufortschritt seiner Gralsburg. 1870 befand sich der König hier, von Fieber und Zahnschmerzen geplagt, als ihm der berühmte Kaiserbrief überreicht wurde. Erst nach stundenlangen Verhandlungen unterschrieb der gepeinigte König und bereitete damit der Wahl Wilhelms I. zum deutschen Kaiser den Weg. Richard Wagner besuchte den König hier auf Hohenschwangau und spielte im **Hohenstaufenzimmer** seine Werke auf dem Klavier vor, das als Original in hellem Holz noch erhalten ist. Im **Heldensaal** ist eine Nachbildung der Büste von Ludwig II. von 1869 ausgestellt, die Elisabet Ney für ihn fertigte. Für diese stand er selbst Modell, und es rankten sich Gerüchte über das Verhältnis der Bildhauerin mit ihrer männlichen Ausstrahlung zum König.

14 der Wohnräume lassen sich im Rahmen einer ca. 45-minütigen Schlossführung besichtigen. Vom Schloss und dem romantischen **Schlossgarten** aus blickt man direkt auf den herrlichen Alpsee (siehe Tour 13). Auch den Schlossgarten hatte der Theaterarchitekt Domenico Quaglio geplant; die spätere bauliche Erweiterung wurde u. a. von Peter Joseph Lenné ausgeführt. Seit 1923 ist das Schloss im Besitz des Wittelsbacher Ausgleichsfonds.

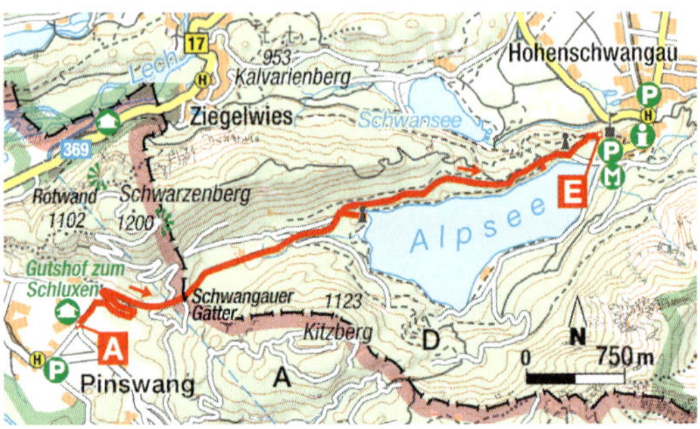

Auf einen Blick

AUSGANGSPUNKT

Gutshof zum Schluxen in Unterpinswang
GPS: N47° 32.627‘ E10° 41.007‘

ENDPUNKT

Schloss Hohenschwangau
GPS: N47° 33.342‘ E10° 44.137‘

ANFAHRT

Bus & Bahn: Mit der Bahn nach Füssen, vom Bahnhof mit Bus 100 nach Unterpinswang
Auto: Von Füssen über die A 7 nach Unterpinswang (Ausfahrt Pinswang)

GEHZEIT UND SCHWIERIGKEIT

Die rund 6 km lange Wanderung bis zum Schloss Hohenschwangau ist in ca. 2 Std. zu schaffen. Es handelt sich um eine gut ausgebaute Straße ohne nennenswerte Höhenunterschiede. Die 45-minütige Schlossbesichtigung mit Führung ist sehr empfehlenswert – planen Sie für Wanderung und Schlossbesichtigung am besten einen halben Tag ein.

EINKEHR

Gasthof Alpenblick in Pflach (alpenblickgasthof.at)

ÜBERNACHTUNG

Gutshof zum Schluxen (Unterpinswang 24, A-6600 Pinswang, schluxen.at)

NOCH WICHTIG

Tickets rechtzeitig buchen (shop.ticket-center-hohenschwangau.de) und Öffnungszeiten beachten!

ZUSÄTZLICHE HINWEISE

Die Tour endet am Schloss Hohenschwangau – auf demselben Weg zurück erreicht man dann wieder den Gutshof zum Schluxen (oder man wandert mit Tour 16 zurück zum Ausgangspunkt). Diese Tour ist zudem gut mit Tour 13 (Alpsee) kombinierbar.

INFORMATION

hohenschwangau.de

16

Schwanseepark – Gutshof zum Schluxen

LUSTWANDELN IM SCHLOSSPARK UND ZU LUDWIGS LIEBLINGSKIRCHE

Das Landschaftsschutzgebiet des königlichen Schwanseeparks ließen Ludwigs Eltern im Stil eines englischen Parks anlegen und gestalten. Der flache Moorsee erwärmt sich rasch und bietet im Sommer ausreichend Badeplätze. Im Winter friert er schnell zu und lässt das Herz der Eisstockschützen höherschlagen.

Wir starten an der Zufahrtsstraße zum **Schloss Hohenschwangau** und gehen von dort ein kurzes Stück auf der Fürstenstraße bergauf bis zu einem Schilderbaum. Dort wählen wir zunächst den Alpenrosenweg und gelangen kurz darauf zum Fischersteig. Dieser bringt uns in direktem Abstieg über Serpentinen steil nach unten auf das Königssträßchen und an den **Schwansee**. Wir wählen den ausgeschilderten Weg rechts um den Schwansee herum und spazieren gemütlich durch den **königlichen Park**. Er wurde auf einer Moor- und Sumpflandschaft errichtet, die heute noch das Landschaftsbild prägt. Das dunkle Moorwasser bietet beste Wasserqualität und ist im Sommer ein Vergnügen für Badewillige. Auf der Seeoberfläche spiegeln sich die Königsschlösser, und auch auf den Spazierwegen rundum bieten sich immer wieder reizvolle Ausblicke und Fotomotive von den Königsschlössern und der umliegenden Bergwelt.

Wir bleiben geradeaus auf dem gut ausgebauten Wanderweg, vorbei am Abzweig zum Kalvarienberg (siehe Tour 10) und verlassen den See dann leicht nach rechts

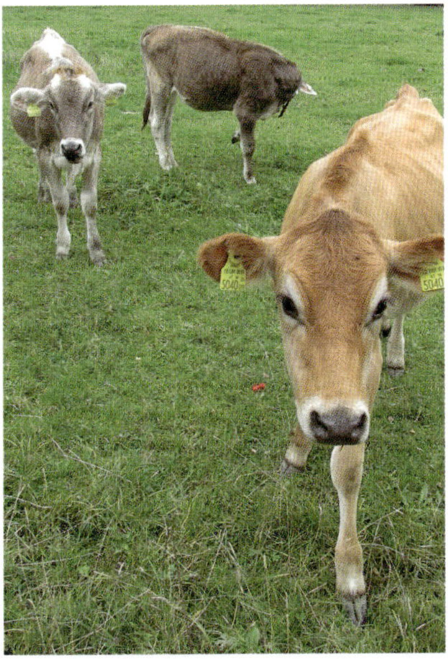

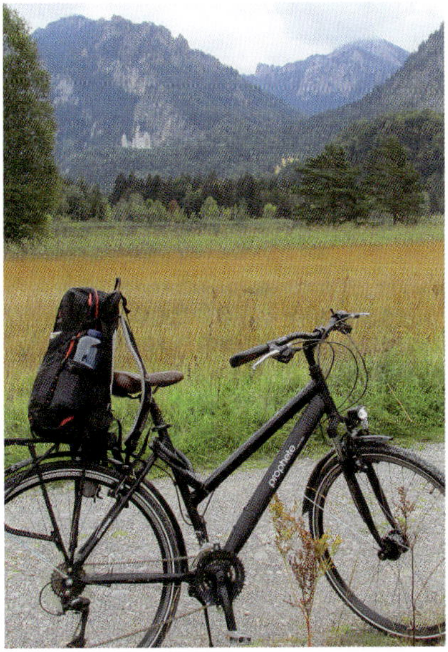

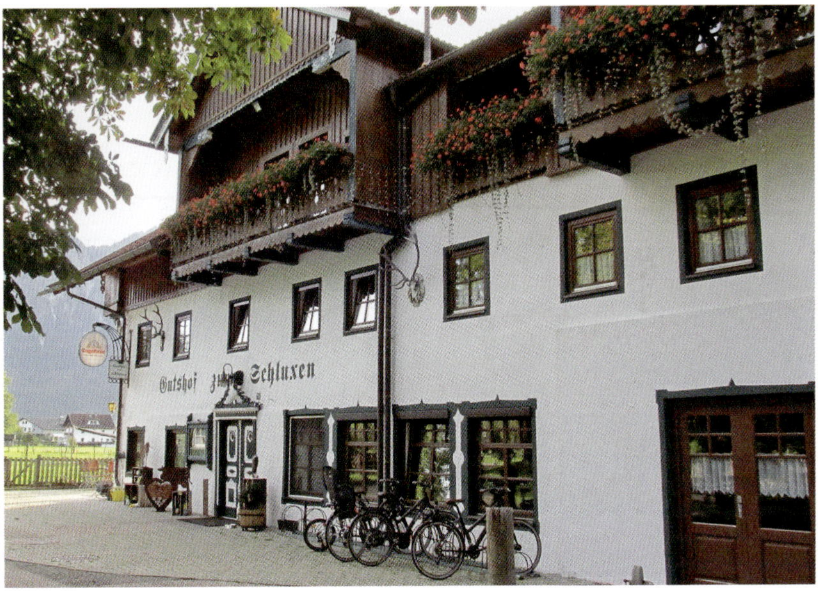

◀ Begegnung mit glücklichen Almkälbern
▶ Den Schwanseepark kann man auch mit dem Rad durchqueren.
▼ Der Gutshof zum Schluxen in Unterpinswang (Tirol)

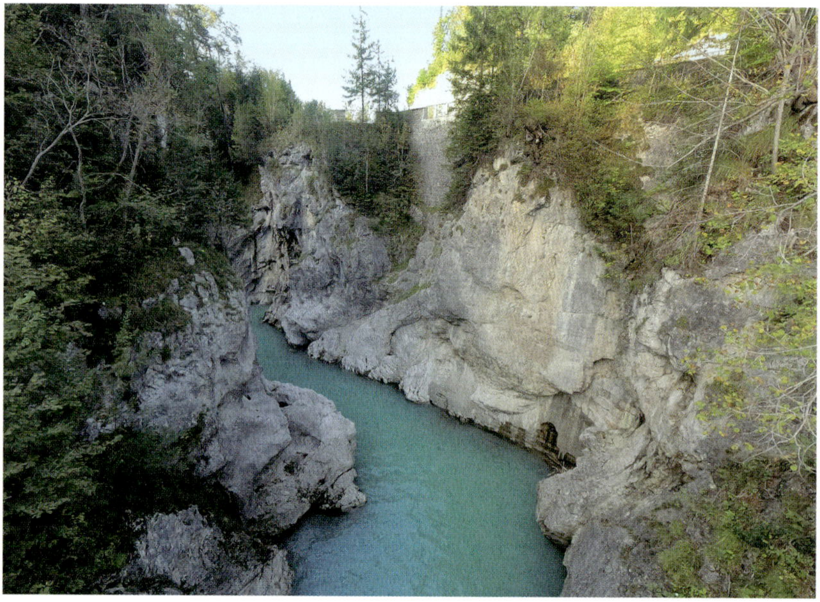

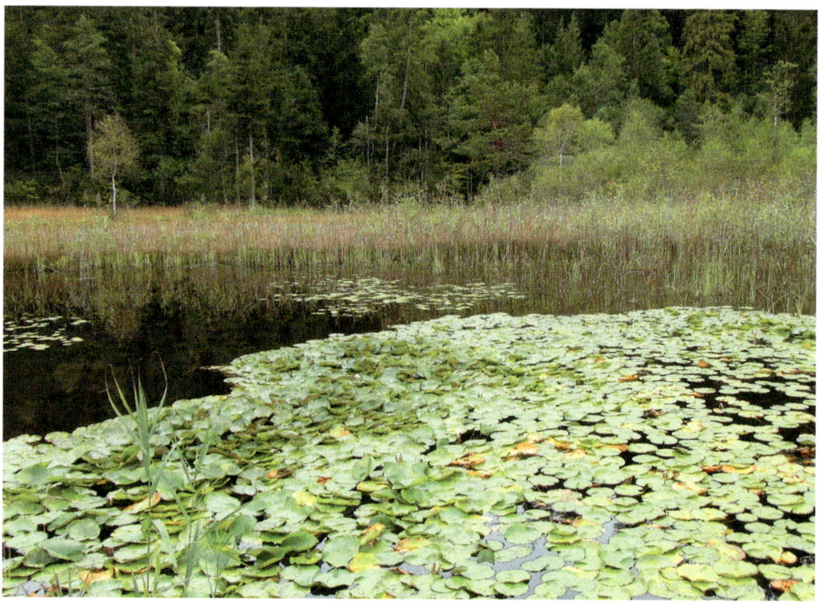

▲ Von der Brücke des König-Max-Stegs kann man in die Lechschlucht blicken.
▼ Stille Natur am Schwansee

und bergwärts über einen breiten Schotterweg in Richtung Ziegelwies. Der gut ausgeschilderte und ausgebaute Wanderweg »Bergwald- und Auenwald-Pfad« führt zum **Walderlebniszentrum Ziegelwies** an der deutsch-österreichischen Grenze. Das Gemeinschaftsprojekt bietet vor allem für die kleinen Besucher allerlei zum Sehen und Erleben – so soll spielerisch das Verständnis für den Wald und die Natur sowie für deren Schutz und Erhalt vermittelt werden.

Wir folgen dem Waldweg weiter Richtung Weißhaus, dem alten Grenzübergang, und erreichen am **Kraftwerk Weißhaus** die Tiroler Straße. Wer den spektakulären **Lechfall** (siehe S. 136) besichtigen möchte, biegt nun rechts ab und folgt dem Fußweg etwa einen Kilometer direkt an der Hauptstraße entlang. In **Weißhaus** selbst geht es auf dem ausgebauten Fußweg ein Stück an der Hauptstraße entlang, vorbei an glücklich weidenden Almkühen und am Kieswerk und über eine große Lechbrücke. Am Einkaufszentrum folgen wir dem Weg weiter und halten uns links Richtung Pinswang. Wir befinden uns nun im früheren Dreiländereck, und zwar zwischen Tirol, dem Hochstift Augsburg mit Füssen und dem Kurfürstentum Bayern.

Nach kurzem Weg auf der Hauptstraße erreichen wir die 1913 erbaute **Ulrichsbrücke** über den Lech und kurz darauf das schmucke Dörfchen **Pinswang**. Gleich am Ortseingang halten wir uns links und gehen direkt auf die Kirche **St. Ulrich** zu. Besonders sehenswert ist hier das Deckenfresko mit der dargestellten Schlacht am Lechfeld. Die Ulrichs-Kirche besuchte auch Ludwig II. oft; das letzte Mal nahm er hier vor seinem Tod am Karsamstag 1886 am Gottesdienst teil. Auch weilte die Königsmutter mit ihren Söhnen oft von Hohenschwangau aus in Breitenwang bei Reutte, ganz in der Nähe von Pinswang. Als Gast im dortigen Pfarrhof bei Pfarrer Dekan Josef Schneller erlebten sie beim Kaffeekränzchen viele schöne Stunden. Ein weiterer Lieblingsort der Königsfamilie unweit von Pinswang war auch St. Anna bei Vils, wo sich die bayerische Königsfamilie samt Gefolge oft aufhielt.

Von der Kirche St. Ulrich folgen wir dem ausgeschilderten Weg weiter bis zum **Gutshof zum Schluxen**.

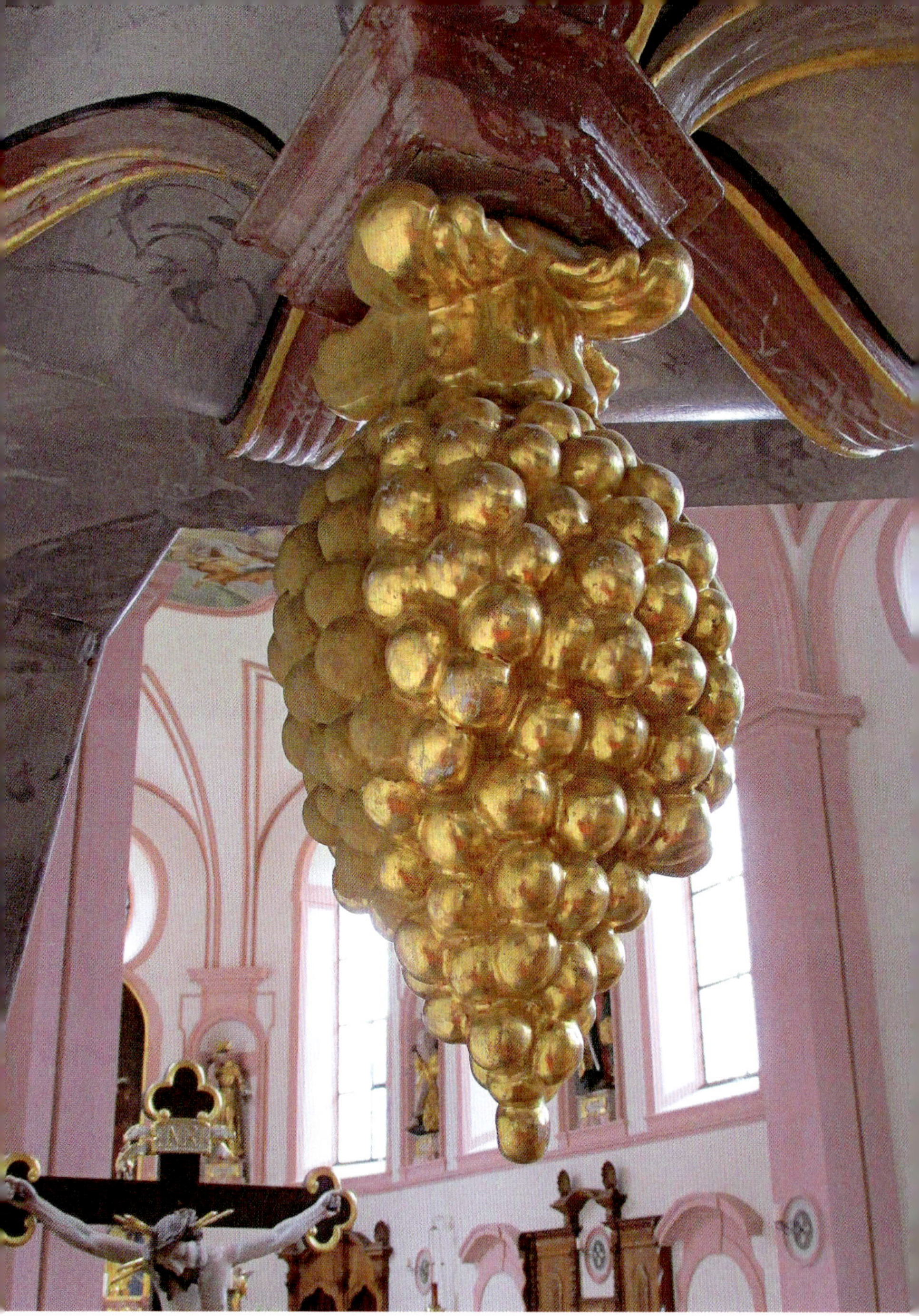

Reiche Innenausstattung: die Kirche St. Ulrich in Unterpinswang

Auf einen Blick

AUSGANGSPUNKT

Schloss Hohenschwangau
GPS: N47° 33.342' E10° 44.137'

ENDPUNKT

Gutshof zum Schluxen in Unterpinswang
GPS: N47° 32.627' E10° 41.007'

ANREISE

Bus & Bahn: Vom Bahnhof Füssen mit Bus 73 oder 78 bis zum großen Parkplatz Hohenschwangau (Haltestelle Hohenschwangau/Königsschlösser)
Auto: Über die A 7, Ausfahrt Füssen, nach Hohenschwangau und dort der Beschilderung zu den Königsschlössern folgen (gebührenpflichtiger Parkplatz)

GEHZEIT UND SCHWIERIGKEIT

Die rund 10 km lange Wanderung führt auf gut ausgebauten Wegen. Je nach Wandertempo benötigt man ca. 3 Std., dabei sind ca. 300 Hm zu überwinden.

EINKEHR

Nahe dem Lechfall das Steakhaus Füssen (steakhaus-fuessen.de) sowie diverse Lokalitäten in Hohenschwangau

NOCH WICHTIG

Im Sommer Sonnenschutz, Kopfbedeckung und Badesachen nicht vergessen!

ZUSÄTZLICHE HINWEISE

Die Tour kann als Fortsetzung von Tour 15 erwandert werden, so gelangt man auch zum Ausgangspunkt beim Gutshof zum Schluxen zurück. Die Wanderung ist auch gut mit Tour 13 (Alpsee) kombinierbar.

INFORMATION

hohenschwangau.de

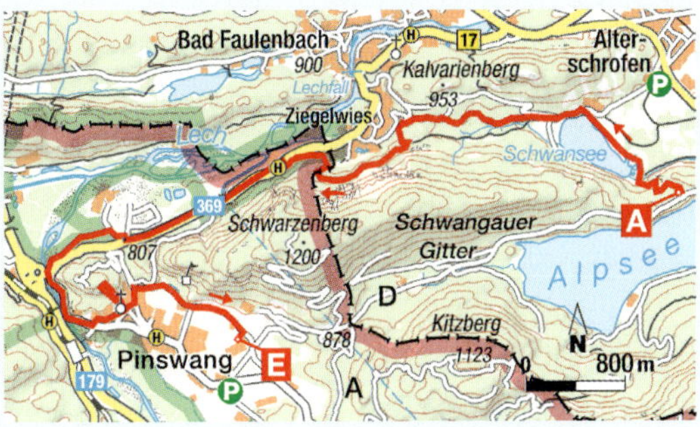

Auch sehenswert

Naturschauspiel Lechfall

Eindrucksvoll stürzt das Gletscherwasser des Lechs über sieben Meter und fünf Stufen in die Tiefe, bevor der Flusslauf schmaler wird und in die Lechschlucht führt. Diese grub der Fluss im Lauf der Jahrtausende in den Felsen. Ein Spaziergang über den Lechuferweg führt von der Altstadt Füssen am Lechufer entlang und vom Füssener Ortsteil Bad Faulnbach direkt zum Lechfall (vgl. Tour 10). Dazu folgt man der Beschilderung »Lechfall«.

Der Lechfall und die Klamm stellen im Alpenraum ein einzigartiges Naturdenkmal dar. Das Wasser des Lechs stürzt über Stufen in die Tiefe und fließt dann durch die zwölf Meter tiefe Felsenschlucht, die sich der Fluss im Lauf von Jahrtausenden durch den Felsen gebahnt hat. Direkt über dem Lechfall führt der König-Max-Steg ans andere Ufer – von dieser Brücke aus hat man die beste Aussicht auf den Lechfall und die eindrucksvolle Schlucht, deren Entstehung auf das Ende der letzten Würm-Eiszeit zurückgeht: Nach dem Abschmelzen der Eismassen bildete sich im Vils- und Lechtal ein großer See, der sich wie eine Badewanne füllte. An der tiefsten Stelle des Beckenrands befand sich der Überlauf – die Stelle des heutigen Lechfalls. In den Jahren 1784 bis 1787 wurde das Stauwehr zusammen mit einem Ableitungsstollen zur Nutzung der Wasserkraft errichtet. In einer Felsnische über der Klamm befindet sich eine Büste König Maximilians II. Im bayerischen Alpenraum ist die Lechschlucht die einzige, durch die der Alpenfluss noch ungehindert fließen kann.

Einer Legende zufolge soll der Hl. Magnus auf der Flucht vor wilden Tieren über die Lechschlucht gesprungen sein und dabei seinen Fußabdruck, den »Magnustritt«, hinterlassen haben. Wer sich mit dem dort angesammelten Regenwasser die Augen benetzt, soll von Augenleiden geheilt werden.

Die Tour zum Lechfall ist auch gut mit Tour 16 kombinierbar.

INFORMATION lfu.bayern.de/geologie; lechweg.com/de

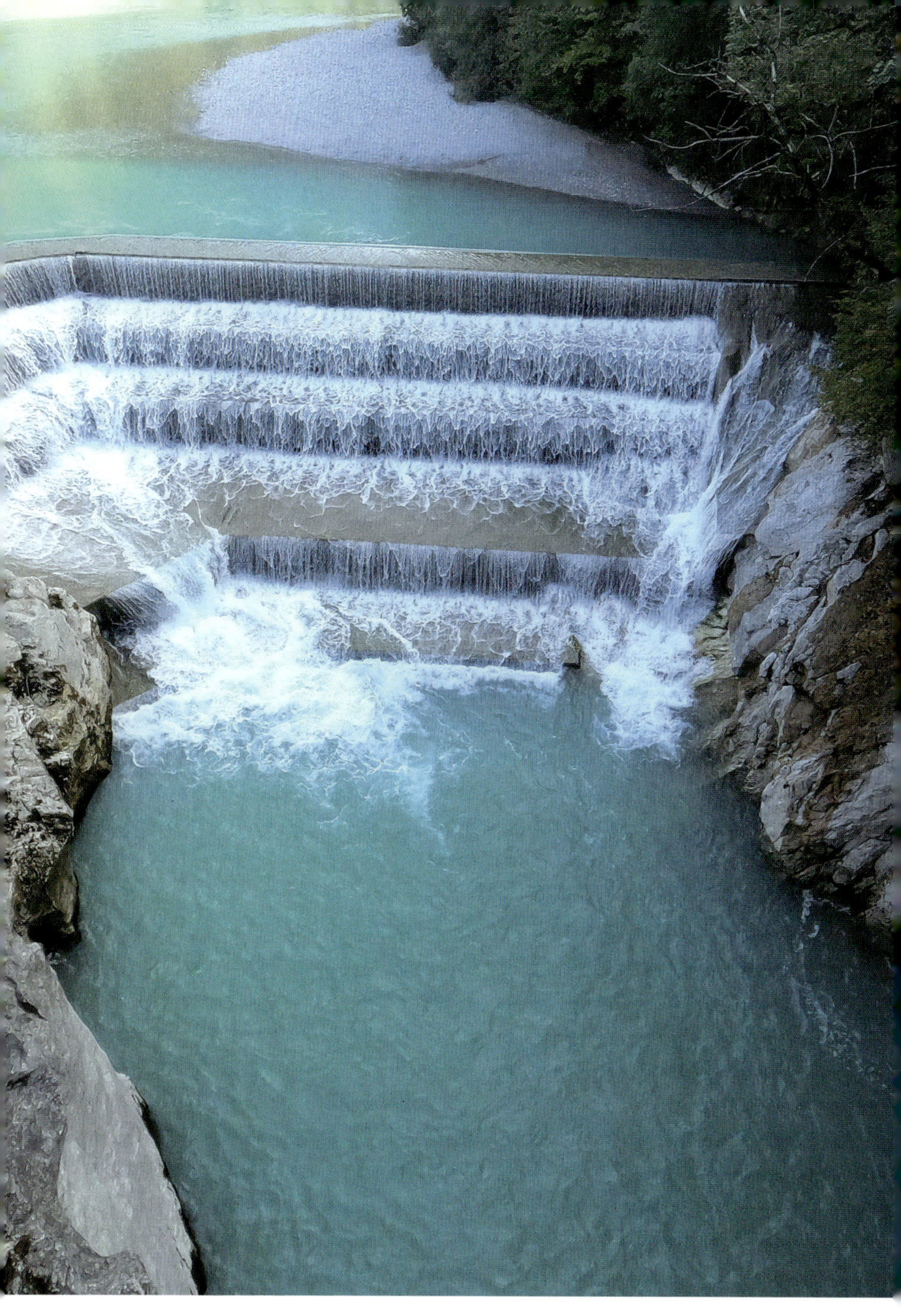

Imposantes Naturschauspiel: Der Lechfall ergießt sich in die 12 Meter tiefe Lechschlucht.

17

Burgruine Falkenstein

KRAFTPLATZ IN 1277 METERN HÖHE

In der Burgruine befindet sich ein natürlicher Wasserspeicher, der diesen Ort so besonders und zu einem wahren Kraftplatz macht. Das wusste auch schon Ludwig II. und schmiedete wohl deshalb Pläne für ein viertes Schloss hier auf Falkenstein.

Auf den Bildern über die Georg-Sage, dort, wo der Heilige Georg mit dem Drachen kämpft, sieht man oben auf dem Felsen eine Burg – es könnte das vierte geplante Schloss, die Burg Falkenstein, sein. Auf dem Felsvorsprung, der weithin sichtbar über Pfronten an der Grenze zu Tirol herausragt, steht Deutschlands höchstgelegene Burgruine. Um 1270 erbaut, erlangte die Burg wohl aufgrund ihrer exponierten Lage und der damit einhergehenden Schwierigkeiten bei der Versorgung sowie der beschwerlichen Anbindung an das Tal keine große Bedeutung. Während des Dreißigjährigen Kriegs wurde sie niedergebrannt.

Oft war der junge Kronprinz in seinen Kindertagen mit der Königsmutter Marie bei den Burgruinen von Eisenberg und Hohenfreyberg nordöstlich von Pfronten – von hier ist Falkenstein per Luftlinie nur einen Katzensprung entfernt. Der königliche Lieblingsplatz befindet sich im Süden, hinter der Ruine, mit Blick auf Säuling, Zugspitze, Tegelberg und das Vilstal. Seine Majestät erwarb diesen Platz 1884, und sogleich wurde ein neuer Burgweg erschlossen. 1885 folgte der Bau einer Wasserleitung. Ludwig II. hatte auch bei diesem Vorhaben konkrete Vorstellungen von einem majestätischen Schloss, das auf dem exponierten Felsen entstehen sollte – so gab es mehrere Entwürfe, die aber weder der Beschaffenheit des Bauplatzes noch der angeschlagenen Privatkasse

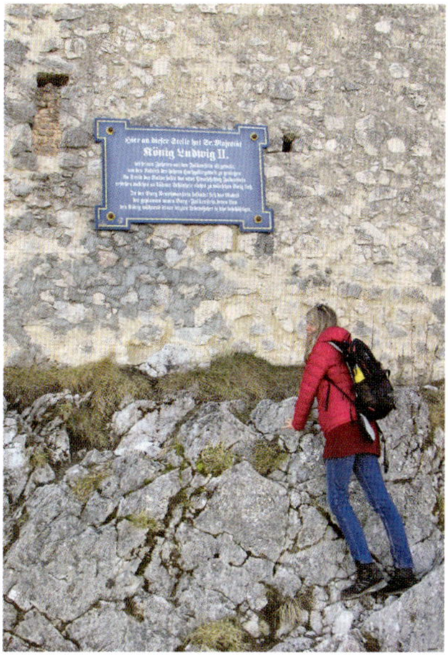

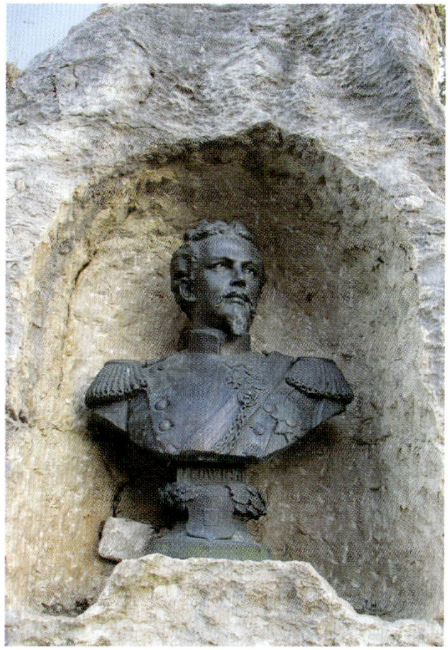

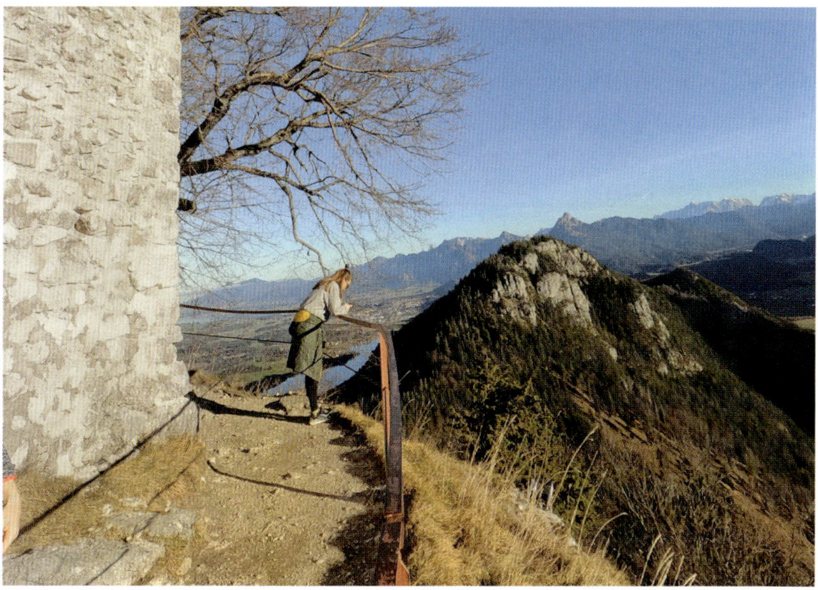

◂ Gedenktafel für König Ludwig II. auf dem Falkenstein
▸ Büste Ludwigs II. am Burghotel Falkenstein
▾ Am Lieblingsaussichtsplatz des Märchenkönigs auf dem Falkenstein

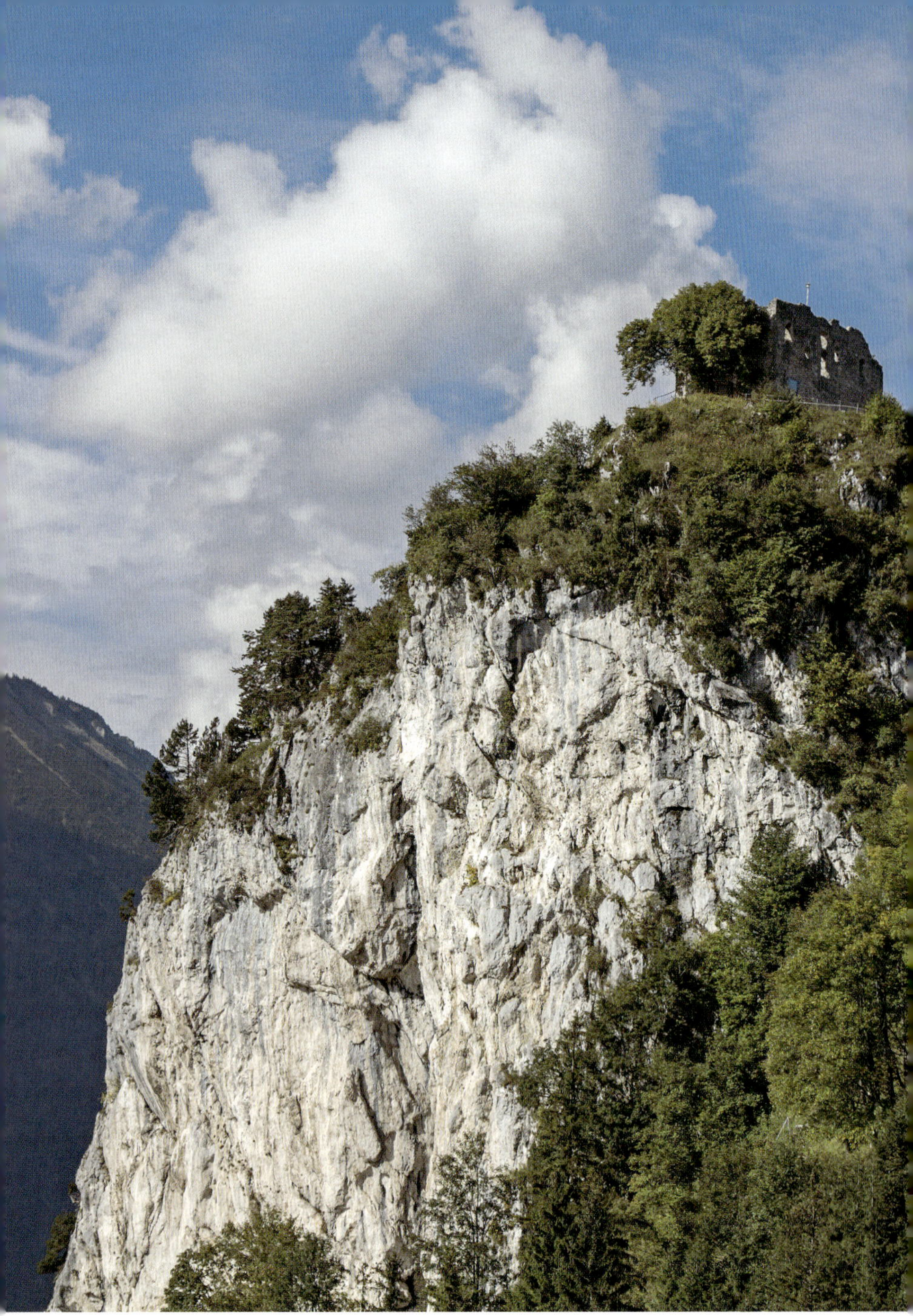

Falkenstein ist die höchstgelegene Burgruine Deutschlands.

des Königs gerecht wurden. Andere Entwürfe hingegen lehnte der König ab, weil sie ihm zu schlicht waren. Inspiriert von der Albrechtsburg in Meißen (Sachsen) mit dem berühmten Netzgewölbe wollte er ebenfalls einen derartig prunkvollen Festsaal erschaffen, wie es für einen König von Gottes Gnaden angemessen gewesen wäre. Die Burg sollte zudem noch gigantischer werden als Schloss Neuschwanstein. Das 1885 nach Entwürfen von Max Schulze erstellte Modell der Burg Falkenstein fand Ludwigs Zustimmung und ist im Original im Museum Ludwigs II. auf Herrenchiemsee zu bewundern. Das kleine Museum auf dem Falkenstein unterhalb des Burghotels zeigt eine Nachbildung. Es wird vermutet, dass der Märchenkönig die Prachtburg Falkenstein als seine letzte Ruhestätte erbauen lassen wollte. Durch seinen frühen Tod konnte dieses Bauvorhaben aber nicht mehr realisiert werden.

Wir starten unsere Wanderung in **Pfronten-Meilingen** am Parkplatz am König-Ludwig-Weg, wo direkt gegenüber der Wanderweg beginnt. Gleich nach dem Einstieg bietet sich ein schöner Ausblick auf Pfronten und die Tannheimer Berge. Der Weg ist ausgeschildert, und laut Angabe soll man in einer Stunde zur Burgruine gelangen – wie sich herausstellt, ist das doch eine etwas ehrgeizige Zeitangabe. Nach wenigen Hundert Metern biegen wir links in den Wald; nun geht es steil und auf schmalen Wegen mit vielen großen Wurzeln und Steinen bergan.

Nach dem schweißtreibenden Anstieg werden wir bald mit einem ersten Blick auf unser Tagesziel belohnt. Dann führt der kleine Pfad bergab, und wir kommen rechter Hand an einer Yogaplattform vorbei, ein Kraftplatz auf einem kleinen Felsen mit wunderschönem Ausblick auf das Vilstal. Unten in der kleinen Talsenke gelangt man links zur Hotelanlage **Schlossanger Alp**. Im dortigen Holzkreuz, das mittig mit rotem Glas hinterlegt ist, fängt sich die Sonne, sodass es in Rot und Gelb funkelt. Gleich daneben lädt ein wundervoll gestalteter Rastplatz mit Aussicht auf Breitenstein und Aggenstein zur Brotzeit ein.

Neben dem Kreuz und mit Blick auf die Schlossangeralm biegt der Wanderweg nach rechts ab und wird bald wieder zum steil in Serpentinen ansteigenden Pfad. Bei Nässe macht der Weg keine Freude, und man kann verstehen, dass Ludwig II. seinen Ludwig-Weg (heutige Mautstraße) erbauen ließ, um mit der Pferdekutsche bequem zur Burg zu gelangen. Schon bald sehen wir die Mauern des Burghotels, und die Ruine ist schon zum Greifen nah. Das letzte Wegstück führt steil über Treppen zur **Burgruine Falkenstein** hinauf, wo man mit einem Mini-Rundweg um die Burg herumgehen kann. Es lohnt sich, an dem oben beschriebenen Lieblingsplatz des Königs hinter der Burgruine zu verweilen – dort kann man nachvollziehen und nachfühlen, warum er so gern hier oben war: Es ist ein Kraftplatz mit herrlicher Rundumsicht auf die Bergwelt. Im Inneren der Ruine führt eine Holztreppe hinauf zu einer Plattform – von oben ist der 360°-Ausblick wirklich unbeschreiblich schön!

Nach dem Abstieg ist die Einkehr ins **Burghotel** eine schöne Belohnung, und auf der überdachten und geschützten Aussichtsterrasse schmeckt der Kaiserschmarrn doppelt so gut. Neben dem Hotel führt ein sehr steiler, geländergesicherter Pfad ca. 150 Meter abwärts bis zur **Mariengrotte** mitten in einer großen Felsspalte. Vielleicht haben wir ein paar Kerzen dabei zum Anzünden und kurzen Innehalten – in so einem Moment mag man sich dem Märchenkönig durchaus verbunden fühlen.

Nun gehen wir wenige Meter zurück und gelangen auf den Weg Richtung Zirmgrat bzw. Saloberalpe. An der Fahrstraße zum Hotel halten wir uns rechts und stoßen auf die **Gedenkstätte der 97. Jägerdivision** und die Alex-Eiterer-Gedenkstätte. Dieser Platz bietet noch mal einen schönen Blick auf die Burgruine Falkenstein. Schräg gegenüber an der Straße ist dem **Falkensteinsepp** (1842–1913), der für das leibliche Wohlergehen bei Ludwigs Straßenbau gesorgt hat, ein Denkmal gesetzt. Der anschließende Abstieg zurück ins Tal erfolgt in Serpentinen über die Fahrstraße (Mautstraße) – die Auf- und Abfahrt ist zeitlich streng geregelt und die Straße daher wenig befahren. Der Rückweg bietet noch einmal einen schönen Ausblick auf die Burgruinen Hohenfreyberg und Ehrenberg. An der Mautstation zweigt der Weg links Richtung Schlossanger Alp ab, doch wir gehen weiter geradeaus bis zurück zu unserem Ausgangspunkt in **Pfronten-Meilingen**.

Auf einen Blick

AUSGANGS-/ENDPUNKT

Parkplatz Pfronten-Meilingen am König-Ludwig-Weg
GPS: N47° 34.795‘ E10° 34.525‘

ANFAHRT

Bus & Bahn: Vom Bahnhof Füssen mit Bus 71 oder 56 nach Pfronten-Meilingen (König-Ludwig-Weg)
Auto: A 7 bis Ausfahrt Füssen, weiter Richtung Weißensee und Pfronten und kurz vor der Ortseinfahrt Pfronten links zur Burg

GEHZEIT UND SCHWIERIGKEIT

Die Strecke der Tour beträgt ca. 8 km (bei rund 500 Hm) und ist je nach Wandertempo in 2–3 Std. zu bewältigen – für Besichtigungen und Einkehr bitte zusätzlich Zeit einplanen. Teils anspruchsvolle Wanderpfade beim Aufstieg, der steil ist und eine gute Trittsicherheit erfordert. Bei Nässe ist diese Wanderung nicht zu empfehlen!

EINKEHR/ÜBERNACHTUNG

Wellness- und Berghotel Schlossanger Alp (schlossanger.de), Burghotel Falkenstein (burghotel-falkenstein.de)

NOCH WICHTIG

Im Burg-Museum informieren Infotafeln, Schaukästen und Modelle über die Entstehung der Burg.

ZUSÄTZLICHE HINWEISE

Diese Wanderung kann mit den Touren 10 bis 16 kombiniert werden. Von der Burgruine kann man den Rückweg auch über Zirmgrat und Saloberalpe bis Weißensee wählen (Trittsicherheit und Schwindelfreiheit erforderlich!); von Weißensee gelangt man mit Bus 71 zurück zum Ausgangspunkt.

INFORMATION

fuessen.de

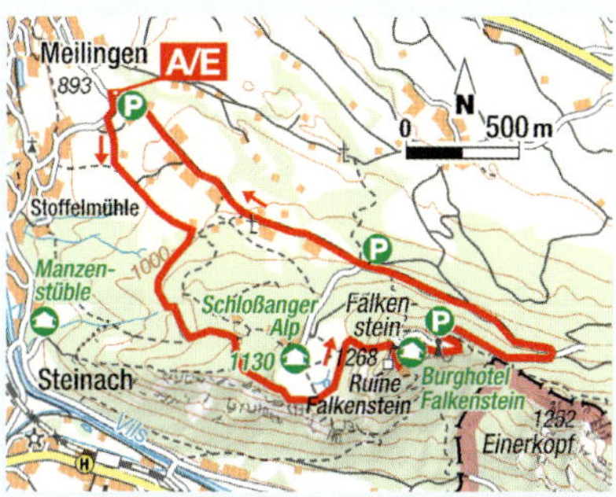

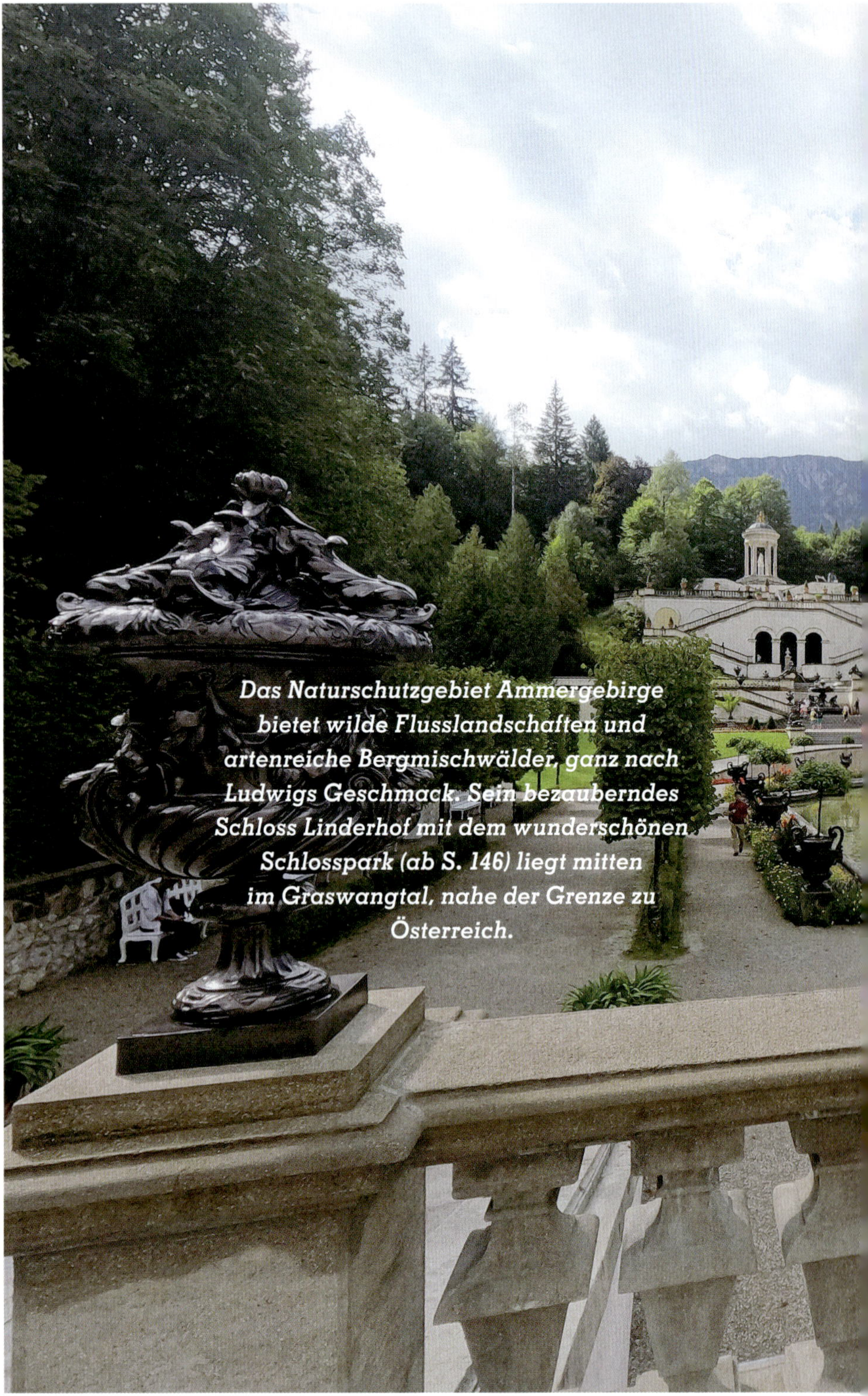

Das Naturschutzgebiet Ammergebirge bietet wilde Flusslandschaften und artenreiche Bergmischwälder, ganz nach Ludwigs Geschmack. Sein bezauberndes Schloss Linderhof mit dem wunderschönen Schlosspark (ab S. 146) liegt mitten im Graswangtal, nahe der Grenze zu Österreich.

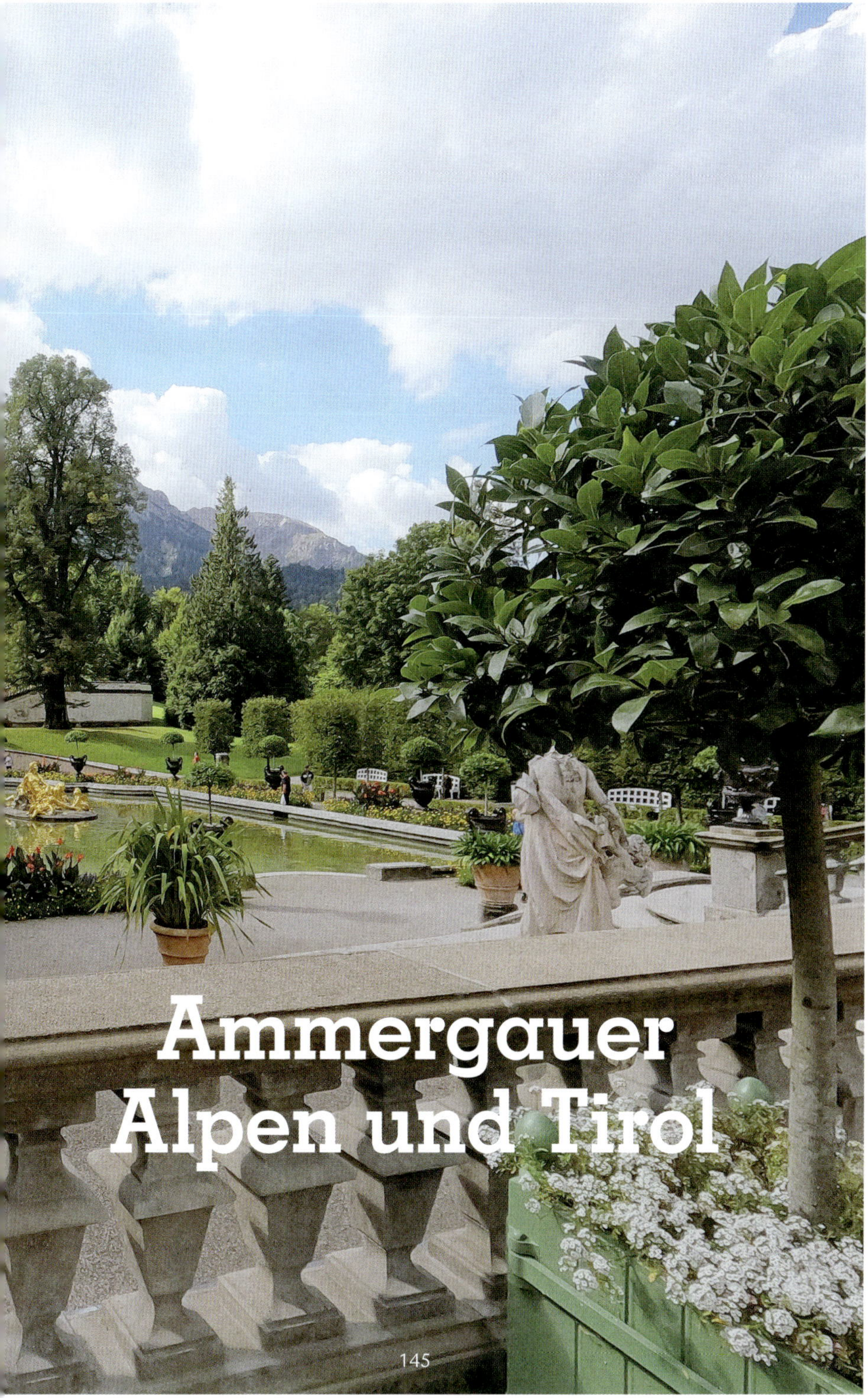

Ammergauer Alpen und Tirol

18

Schloss Linderhof

EIN HAUCH VON ORIENT MITTEN IN DEN BAYERISCHEN ALPEN

Während eines Besuchs der Oberammergauer Passionsfestspiele besuchte Ludwig II. 1860 den Linderhof mit seinem Vater. 1869 erwarb der Märchenkönig dann das Anwesen – er wollte hier sein eigenes »neues Versailles« errichten lassen. Dieser Traum wurde jedoch erst auf Herrenchiemsee verwirklicht.

Anfangs bewohnte der Monarch das Königshäuschen, das er 1874 aufgrund des Schlossbaus versetzen ließ. Es ist öffentlich zugänglich und zeigt eine lohnenswerte Ausstellung zur Entwicklung des Linderhof-Anwesens, dessen Bauzeit insgesamt neun Jahre dauerte. 1878 wurde Linderhof fertiggestellt – es blieb das einzige vollendete Schloss des Märchenkönigs.

Schloss Linderhof wurde im Stil einer königlichen Villa erbaut. Hinter der barocken Fassade entfalten sich Räume von großer Fülle und Kostbarkeit nach den Motiven eines Lustschlosses wie zu Zeiten des französischen Hofstaats. Ein Besuch des Schlosses ist nur im Rahmen einer Führung möglich, die aber überwältigende und informative Einblicke in das königliche Leben in den Räumlichkeiten des Schlosses bietet.

Der königliche Bau wurde über die Jahre hinweg immer wieder erweitert und umgestaltet. So wurde 1884 das in königlichem Blau gehaltene **Schlafzimmer** ergänzt: Im Zentrum das riesigen Saals steht das Bett des Monarchen mit den königlichen Maßen 2,40 x 2,60 Meter.

Auch das **Arbeits- und Audienzzimmer** ist prunkvoll ausgestaltet – das bayerische Staatswappen in Nadelmalerei auf der Rückwand des Baldachins nahm mehr als zwei Jahre Fertigungszeit in Anspruch. Wirkliche Audienzen

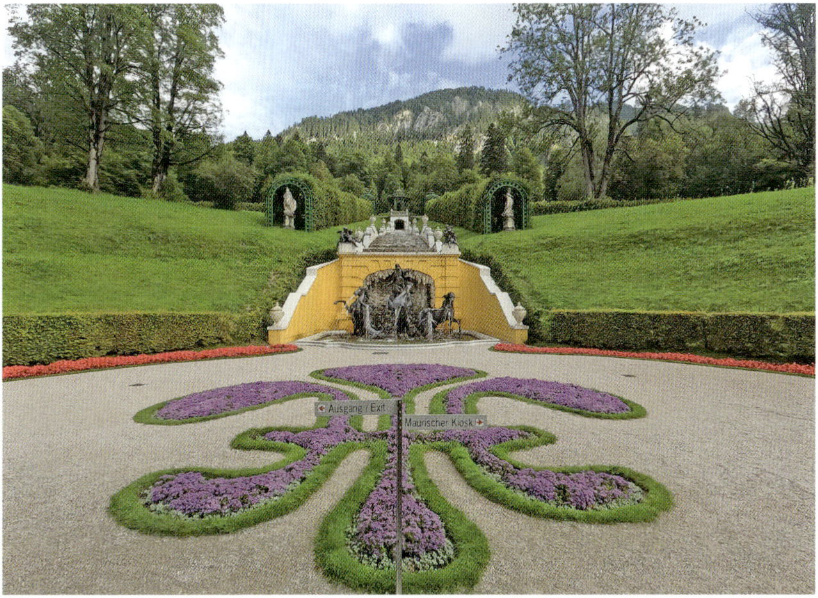

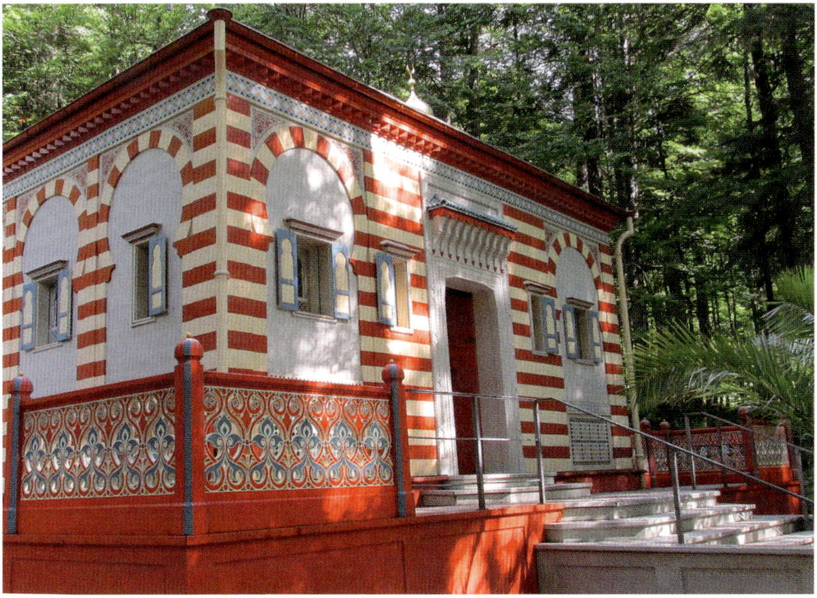

▲ Prachtvoll: der Neptunbrunnen ...
▼ ... und das Marokkanische Haus im Schlosspark von Linderhof

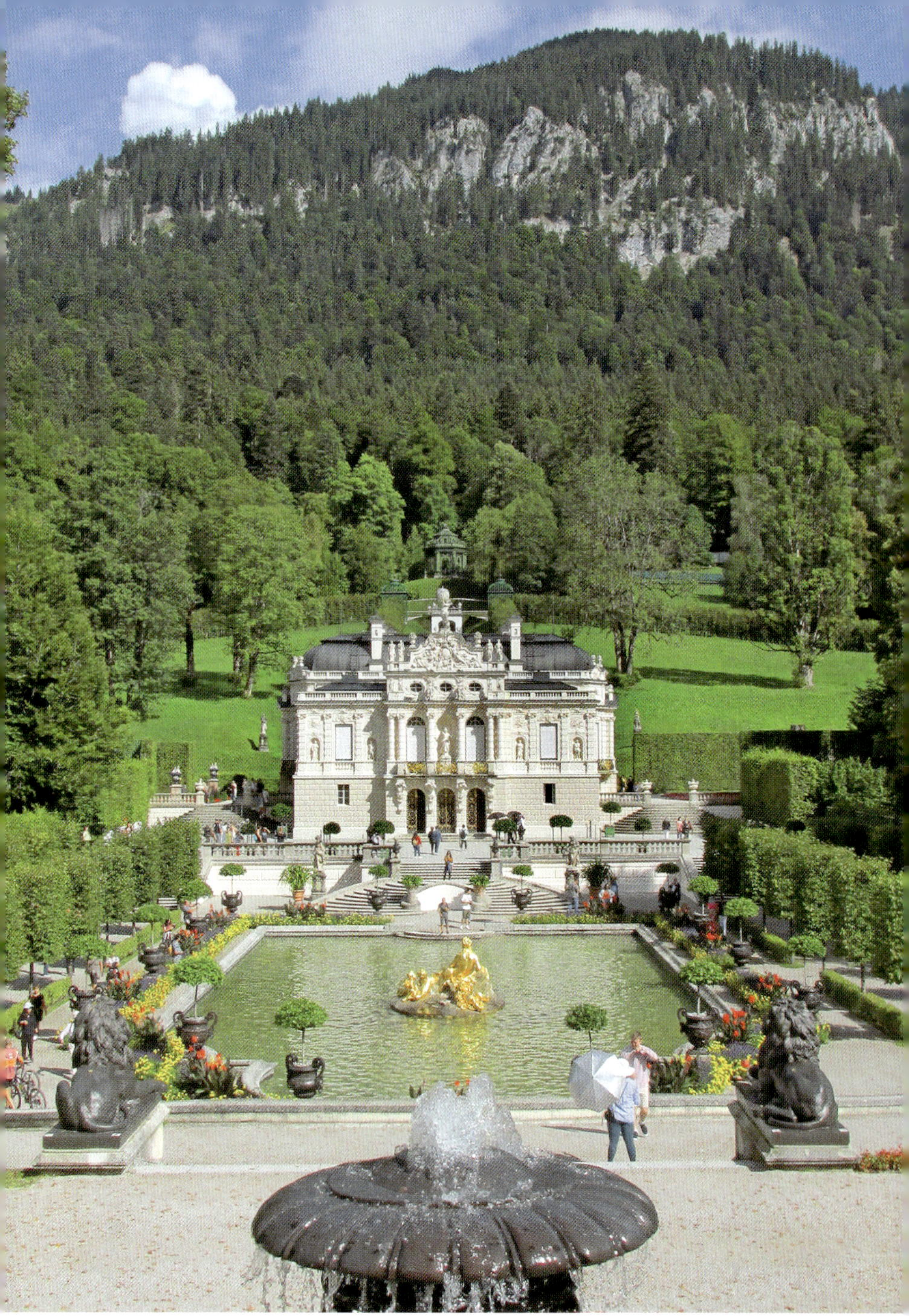

Schloss Linderhof: das erste und einzig vollendete Schloss des Märchenkönigs

fanden hier allerdings nie statt, doch alle königlichen Arbeiten, die ihm vom Kabinettssekretär aus München gebracht wurden, erledigte der König hier an seinem kostbaren Schreibtisch.

Im **Speisezimmer** befindet sich ein Tischlein-deck-dich, ein ins Erdgeschoss versenkbarer Tisch, den man dort eindeckte. So wurden dem König die Speisen seviert, ohne dass er gestört wurde, und er konnte in Ruhe seine imaginären Galadinner mit Madame de Pompadour und Ludwig XIV. genießen.

Wenn Ludwig II. auf Schloss Linderhof weilte, wurden die beiden Pfauen aus kostbarem französischem Porzellan vor dem Eingang platziert (sie sind heute noch im Schloss zu besichtigen) – das war das Zeichen an die Dienerschaft, dass sich seine Majestät im Anwesen aufhielt und möglichst viel Ruhe und Einsamkeit genießen wollte. Der König machte auch oft die Nacht zum Tag: Gegen 17 Uhr stand er auf und nahm sein Frühstück ein. Anschließend spazierte er durch den Schlosspark und verweilte gern bei der Büste von Königin Marie-Antoinette an der südlichen Terrassenanlage: Vom Rundtempel mit Venusfigur hatte er einen zauberhaften Blick auf sein Schloss. Gegen 20 Uhr war es dann dem Kabinettssekretär erlaubt, den König über die Staatsbelange zu informieren, ehe am Tischlein-deck-dich das zehngängige Dinner serviert wurde. Manchmal unternahm er dann noch einen nächtlichen Ausflug mit dem Galawagen. Erst gegen 3 Uhr nachts zog sich der Märchenkönig zur Nachtruhe in sein königliches Schlafzimmer zurück.

Der weitläufige **Schlosspark Linderhof** lädt zu einem Spaziergang entlang der gut beschilderten Wege ein. Zu den bedeutendsten Parkanlagen des 19. Jahrhunderts gehörend, wurde er vom Hofgartendirektor Carl von Effner, einem Schüler des bedeutenden Gartenarchitekten Peter Joseph Lenné, geplant und 1880 fertiggestellt. Für seine Verdienste erhielt Effner von Ludwig II. den Adelstitel. Vom Spiegelsaal im Süden des Schlosses kann man auf das große Wasserbecken mit einer ca. 25 Meter hohen Fontäne blicken. Auch der Neptunbrunnen verzaubert mit seinen Wasserspielen. Mehrere Terrassengärten und ein Rundtempel gehören ebenfalls zur Gartenanlage. Die etwa 300 Jahre alte Königslinde blieb durch den Märchenkönig vor der Fällung verschont. Da er die damals sehr populäre Orientmode liebte, ließ er Parkbauten wie das **Marokkanische Haus** und den **Maurischen Kiosk** erbauen (das Marokkanische Haus, das Ludwig 1878 auf der Pariser Weltausstellung bewunderte, erwarb er wenig später und versah es mit neuem Anstrich in den Farben Rot,

Blau und Gold). Der Hofkoch Theodor Hierneis soll berichtet haben, dass im Marokkanischen Haus für den König Pyramidenbowle und Veilchenbowle mit Datteltörtchen serviert wurden.

Auf dem Parkgelände ließ der Märchenkönig auch drei Bühnenbilder von Wagner-Opern errichten: die Hundinghütte, die Gurnemaz-Einsiedelei und die Venusgrotte. Die **Venusgrotte**, eine Nachbildung der Blauen Grotte von Capri, ist eine künstliche in den Berg eingebaute Tropfsteinhöhle – »Tannhäuser« fand hiermit sein Bühnenbild. Für das perfekte Blau schickte der König seinen Privatsekretär sogar zweimal nach Capri. Eine hochmoderne Beleuchtung in mehreren Farben durch auswechselbare farbige Glasplatten sorgte für die Ausleuchtung der Grotte – dafür wurde eigens das erste Elektrizitätswerk der Welt geschaffen. Auch hier wird wieder einmal deutlich, wie der König als technischer Visionär seiner Zeit weit voraus war (siehe Einleitung).

In den letzten acht Lebensjahren verweilte der Monarch jeweils zwei Wochen im Monat auf Schloss Linderhof. Der Märchenkönig wollte seine Schlösser ganz für sich, keine neugierigen Besucher sollten diese Anwesen betreten dürfen. Jedoch bereits zwei Wochen nach seinem Tod gab es Pläne, Linderhof zu verkaufen bzw. für die Öffentlichkeit zugänglich zu machen. Im Auftrag von König Otto erfolgte am 1. August 1886 die Bekanntmachung, dass ab sofort die Schlösser Linderhof, Neuschwanstein und Herrenchiemsee gegen eine Eintrittsgebühr für den allgemeinen Besuch geöffnet werden sollten. Postwagenverbindungen nach Linderhof wurden eingerichtet, und so konnten 1886 bereits 12 000 Besucher das Schloss besichtigen – die Eintrittsgelder von nur zwei Monaten brachten 114 000 Mark ein (das entspricht heute ca. 1,1 Mio. Euro).

Auf einen Blick

AUSGANGS-/ENDPUNKT

Wanderparkplatz beim Schloss Linderhof
GPS: N47° 34.256‘ E10° 57.221‘

ANFAHRT

Bus & Bahn: Von München mit Regionalzug über Murnau nach Oberammergau, von dort mit Bus 9622 weiter bis zum Schloss
Auto: A 95 Richtung Garmisch-Partenkirchen bis Oberau und weiter auf der B 23 Richtung Oberammergau/Ettal, in Ettal links abbiegen Richtung Reutte/Tirol und Linderhof. Der Parkplatz ist gebührenpflichtig.

GEHZEIT UND SCHWIERIGKEIT

Einfacher Spaziergang durch den Schlossgarten; die Parkwege ohne größere Höhendifferenzen sind gut ausgebaut. Die Schlossbesichtigung ist sehr empfehlenswert und dauert ca. 25 Min. Auch Führungen durch die Venusgrotte werden angeboten, diese befindet sich jedoch aktuell in einer Rekonstruktionsphase und ist nicht öffentlich zugänglich (Stand 2023). Eine Ausstellung informiert über die revolutionären technischen Aufbauten und aufwendigen Bauarbeiten.

EINKEHR

LUDWIG’S BISTRO UND GESCHENKE
(ludwigs-linderhof.de)

ÖFFNUNGSZEITEN

1.4.–15.10. täglich 9–18 Uhr sowie 16.10.–31.3. täglich 10–16 Uhr (die Parkbauten sind in dieser Zeit geschlossen)

ZUSÄTZLICHE HINWEISE

Dieser Spaziergang kann gut mit der Tour 19 zu den Brunnenkopfhäusern kombiniert werden.

INFORMATION

linderhof.de

19

Brunnenkopfhäuser und Brunnenkopf

MAJESTÄTISCHER BERGBLICK AUF SCHLOSS LINDERHOF

König Ludwig II. wusste die Vorzüge der Bergwelt im Graswangtal zu schätzen – ein Grund für den Bau von Schloss Linderhof in dieser Gegend. Auf den ehemaligen Jagdhütten seines Vaters weilend, genoss er die Einsamkeit und den weiten Ausblick auf Berge und Schloss: »denn auf den Bergen wohnt die Freiheit …«

Vom Parkplatz des **Schlosses Linderhof** führt der gut ausgeschilderte Weg auf dem ehemaligen Reitweg des Märchenkönigs in Richtung Brunnenkopfhäuser. Man kann sich gut vorstellen, wie sich der König bei diesem Aufstieg durch den Wald mit den herrlichen Ausblicken auf die Bergwelt fühlte. Wir folgen dem breiten Fahrweg moderat bergauf, verlassen ihn nach etwa zwei Kilometern und biegen rechts ab auf einen nicht beschilderten Bergpfad. Zwischendurch sind Baumstämme mit einem roten Punkt markiert und weisen uns den Weg.

Steil geht es bergauf über ein paar flache Felsen, und bald erblicken wir die bayerische Flagge bei der Brunnenkopfhütte auf 1602 Metern Höhe. Links daneben ist auf einem Felsvorsprung das Königshaus mit der Aussichtsterrasse zu sehen. Wir folgen weiter dem Bergpfad, bis wir wieder auf den königlichen Reitweg nahe dem Verbindungsweg (Maximiliansweg) zum Pürschling stoßen. Hier halten wir uns links, und nun sind es nur noch ein paar Meter bis zur Einkehr auf der **Brunnenkopfhütte**: Von der Sonnenterrasse kann man bei guter Sicht und einem zünftigen Weißbier den Blick hinab auf Schloss Linderhof

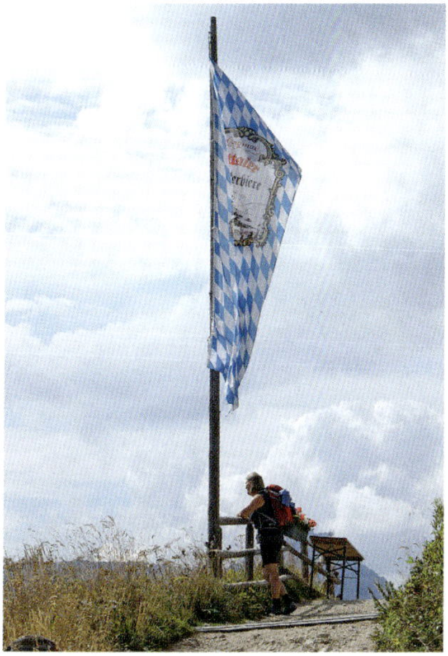

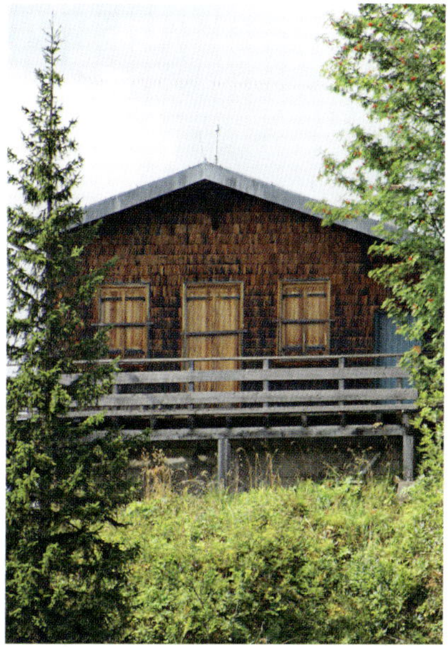

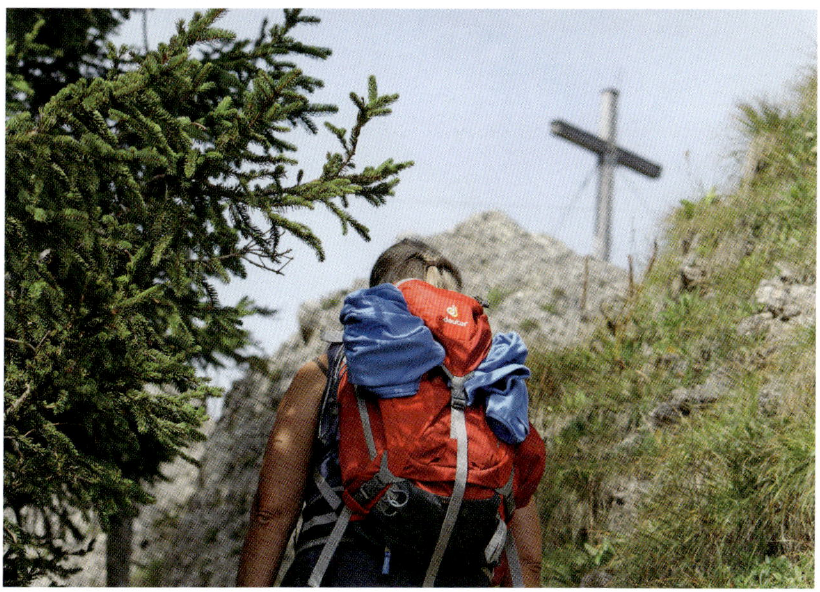

◀ Die Einkehr naht: Bald sind die Brunnenkopfhäuser erreicht!
▶ Das Königshaus in der Nähe der Brunnenkopfhäuser
▼ Das Gipfelkreuz des Brunnenkopfs ist nur für geübte Wanderer zu erreichen.

und hinüber zu Klammspitze und Teufelstättkopf schweifen lassen. Rechts, etwas unterhalb der Hütte, steht das **Königshaus**: Von der Holzveranda konnte der König den Sonnenauf- und -untergang genießen. Heute ist der Weitblick allerdings durch die üppige Vegetation etwas eingeschränkt. Die königliche Hütte ist den Mitgliedern der DAV-Sektion Bergland vorbehalten und nicht zu besichtigen. Ein Bediensteter des Hofstaats von Ludwig II. beschreibt eine Übernachtung auf dem Königshaus am Brunnenkopf folgendermaßen:

> *»Ich erinnere mich des Nachtquartiers auf dem Brunnenkopf, dessen lichte Kuppe als der trefflichste Beobachtungspunkt des Sonnenauf- und -untergangs und des Sternenhimmels gewählt worden war. Um unsere Betten in der Hütte leidlich herzurichten und Abendbrot und Frühstück zu beschaffen, waren über 30 Träger aufgeboten worden. Da nun aber die Träger samt Dienerschaft, also im Ganzen fast 50 Mann, über Nacht auf dem Berg blieben, entwickelte sich dort ein fröhliches Lagerleben … und dem König machte es große Freude …«*

An der Eingangstür der Brunnenkopfhütte (dem ehemaligen Personalgebäude des Hofstaats) thront ein königliches Bronzesiegel aus der Zeit Ludwigs II. Christian Deser, der Hüttenpächter, weiß alles über die Hütte und ihre Historie und erzählt, dass der Reitweg noch im Original erhalten ist. Der König habe immer eine Treppe benutzt, um auf sein Pferd auf- und von ihm abzusteigen. Und wie im Schloss Linderhof das Tischlein-deck-dich hätte es auch hier im Königshaus eine ähnliche Vorrichtung gegeben: Die Dienerschaft legte die Speisen für den König in eine Art Schublade, die durch eine Durchreiche gezogen wurde. Auch der Bodenbelag und die Stofftapeten im Haus sind noch im Original erhalten.

Wir wollen noch etwas höher hinaus, und zwar zum **Brunnenkopf**. Der steile Pfad hinauf zweigt direkt rechts neben der Sonnenterrasse der Brunnenkopfhäuser ab. Schon ganz nah erscheint das Gipfelkreuz auf 1719 Metern Höhe, und obwohl es nur ca. 20 Minuten bis dorthin sind, fordert uns das letzte Stück noch mal, denn es geht über einen ausgesetzten, drahtseilgesicherten Grat – hier ist besondere Vorsicht geboten, der Weg zum Gipfel wird nur erfahrenen Bergwanderern empfohlen! Nicht umsonst erinnert unterwegs eine Gedenktafel an einen Vater mit Sohn, die hier 1984 tödlich verunglückten.

Für den Weg zurück zum Parkplatz wählen wir den beschilderten und originalen Reitweg des Königs und erreichen so nach etwa eineinhalb Stunden wieder **Schloss Linderhof**.

Auf einen Blick

AUSGANGS-/ENDPUNKT

Wanderparkplatz beim Schloss Linderhof
GPS: N47° 34.256‘ E10° 57.221‘

ANFAHRT

Bus & Bahn: Von München mit Regionalzug über Murnau nach Oberammergau, von dort mit Bus 9622 weiter bis zum Schloss
Auto: A 95 Richtung Garmisch-Partenkirchen bis Oberau und weiter auf der B 23 Richtung Oberammergau/Ettal, in Ettal links abbiegen Richtung Reutte/Tirol und Linderhof. Der Parkplatz ist gebührenpflichtig.

GEHZEIT UND SCHWIERIGKEIT

Die Tour ist rund 9 km lang. Beim Aufstieg zu den Brunnenkopfhäusern sind ca. 900 Hm und bis zum Gipfel weitere 200 Hm zu bewältigen. Zeitaufwand für den Hüttenaufstieg: ca. 2 Std., von dort zum Brunnenkopf weitere 20 Min.; Abstieg über den Reitweg ca. 1.30 Std. Der Wirtschaftsweg (Reitweg) ist gut ausgebaut und beschildert.

EINKEHR/ÜBERNACHTUNG

Die bewirtschaftete Brunnenkopfhütte war einst das Personalhaus oberhalb des Königshauses. Hier gibt es deftiges, gutes Essen und Schlafplätze. Von der Sonnenterrasse hat man einen schönen Blick auf Schloss Linderhof. Von etwa Mitte Mai bis Anfang Oktober ist die Hütte geöffnet.

NOCH WICHTIG

Festes Schuhwerk wird unbedingt empfohlen. Der Brunnenkopfgipfel ist nur für geübte Bergwanderer geeignet! Im Sommer Sonnenschutz und Kopfbedeckung mitnehmen!

INFORMATION

brunnenkopfhuette.com

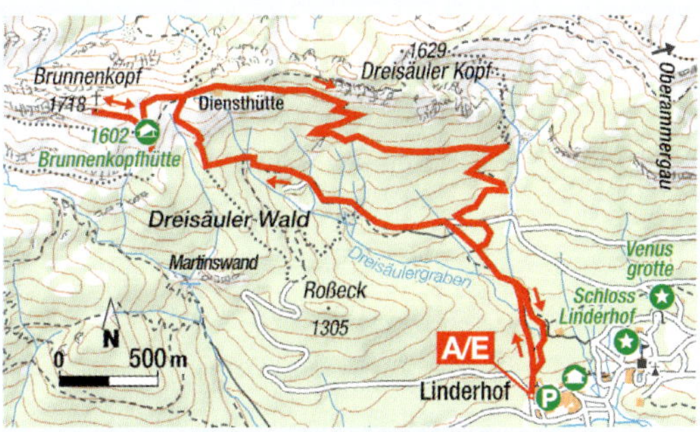

20

Wanderung um den Plansee

DES MÄRCHENKÖNIGS IMAGINÄRER CHINESISCHER SOMMERPALAST

Wie ein Fjord mit karibisch blauem Wasser und eingerahmt von schroffen Felsgipfeln und herrlichen Aussichtsplätzen, so präsentiert sich der Plansee in Tirol. Hier an diesem zauberhaften Lieblingsort des Märchenkönigs sollte ein Sommerschloss im chinesischen Stil entstehen.

Nur wenige Kilometer vom Schloss Linderhof entfernt erreichen wir die Grenze nach Tirol. Eine schmale, kurvige Straße, die links und rechts eingerahmt ist von steilen Felsen, führt uns durch den Ammerwald und bringt uns direkt an den Plansee, in den Ortsteil Plansee der Gemeinde Breitenwang bei Reutte. Hier befindet sich das Hotel Forelle mit einer schönen Terrasse direkt am See, die zum Einkehren einlädt. Nahe dem Hotel Seespitze, dort, wo sich heute der Campingplatz mit großer Liegewiese befindet, sollte nach Ludwigs Idee das Chinesische Sommerschloss erbaut werden. Daran erinnert heute zwar nichts mehr, aber der Blick auf den türkisfarbenen Plansee ist traumhaft, und so wird es nachvollziehbar, weshalb der Märchenkönig sich auch hier eine Residenz errichten lassen wollte.

Die geplante Sommervilla sollte nach dem Vorbild eines chinesischen Palastes aus der Nähe von Peking im Stil einer großbürgerlichen Villa mit großer Gartenanlage erschaffen werden. Ludwig war dabei die Planung der bequemen Räumlichkeiten wie Schlaf-, Wohn- und Lesezimmer besonders wichtig. Auch ein großes Speisezimmer sollte nicht fehlen. In Anbetracht der hohen

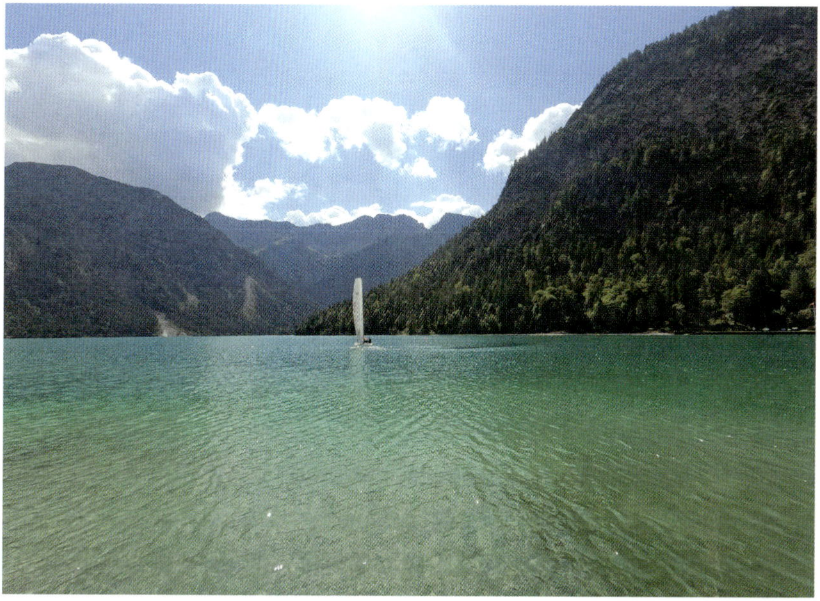

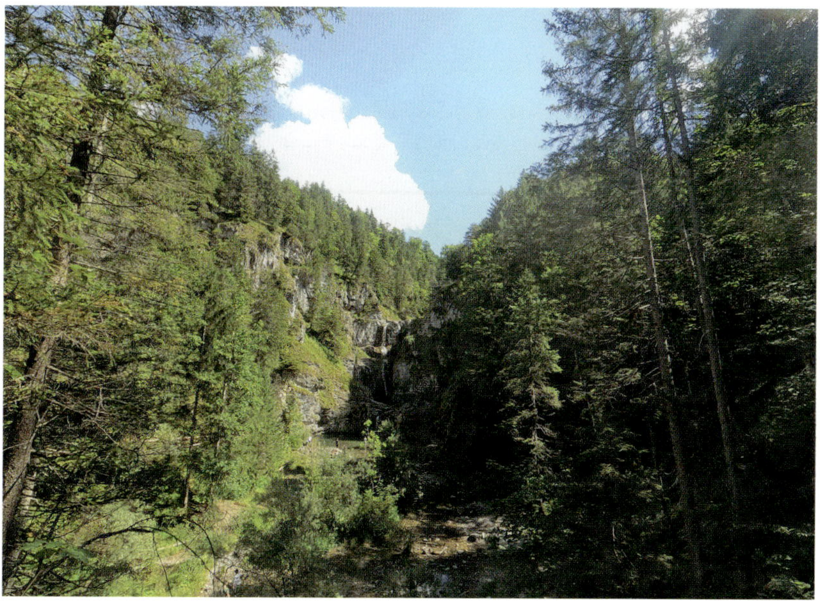

▲ Am Plansee in Tirol
▼ Rauschende Wasser und Gumpenglück: bei den Stuibenfällen

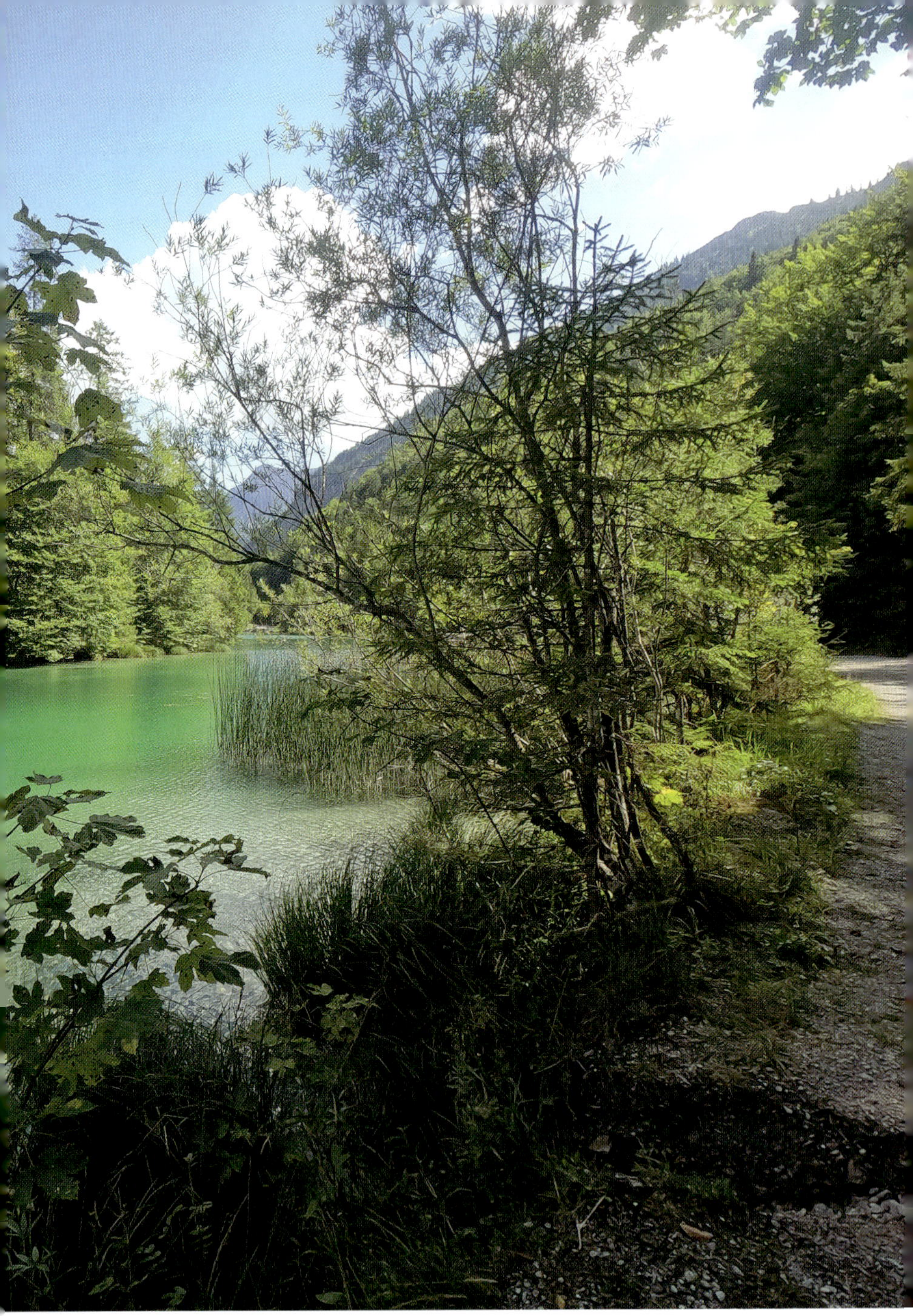

Auf dem Weg zu den Stuibenfällen kommt man am Plansee vorbei.

Schulden, die sein Schlösserbau verursacht hatte, wäre das Chinesische Schloss bezüglich der Baukosten vielleicht ein »Schnäppchen« geworden, doch durch Ludwigs frühen Tod kam es nicht mehr zur Realisierung des Bauvorhabens.

Gegenüber dem Hotel Forelle findet man eine Säule mit einem Löwen darauf – das Denkmal erinnert an Maximilian II., Ludwigs Vater und Auftraggeber der Planseestraße. So erreichte die Königsfamilie seinerzeit bequem und schnell von Hohenschwangau aus den Linderhof. Ludwig II. reiste bereits in seiner Kindheit mit der Familie immer wieder an den Plansee, und auch als junger König kam er des Öfteren zu Pferd hierher und soll mit Vorliebe im Hotel Seespitze am Nordufer des Sees eingekehrt sein. Des Nachts soll der Märchenkönig bei Vollmond Kahnfahrten über den Plansee unternommen haben.

Der Rundweg um den Plansee dauert etwa dreieinhalb Stunden, und es sind dabei ca. 14 Kilometer zurückzulegen. Wir beginnen unsere Wanderung am gebührenpflichtigen Parkplatz neben dem **Hotel Forelle**, überqueren die Seestraße und folgen der Beschilderung auf dem Höhenweg, überwiegend am Seeufer entlang bzw. parallel davon. Das erste Teilstück verläuft etwas oberhalb der Straße als Panoramaweg. Nach etwa einer Stunde entlang des Südufers erreichen wir das **Hotel Seespitze** am Nordufer des **Plansees** und überqueren hinter dem Hotel eine kleine Holzbrücke auf der linken Seite der Straße, die uns über den See bringt. Nach der Brücke halten wir uns links und folgen der Beschilderung »Rundwanderweg Plansee«. Immer wieder genießen wir die Blicke auf den türkisfarbenen See und auf die bis zu 1800 Meter hohen Berge der Ammergauer Alpen. Der Plansee ist etwa sechs Kilometer lang und über 70 Meter tief. Er ist nach dem Achensee der zweitgrößte See in Tirol und hat eine hervorragende Wasserqualität. Im Sommer bietet es sich an, eine Badepause einzulegen, am besten am Nordufer, das schattig und ruhig ist, da hier keine Straße entlangführt. Ausflugsboote schippern die Besucher über Plan- und Heiterwanger See, der sich direkt an den Plansee anschließt.

Der Rundweg endet am Startpunkt, dem Parkplatz neben dem **Hotel Forelle**.

Variante: Wer die Wanderung erweitern bzw. abkürzen möchte, kann die Plansee-Umrundung auch noch auf den Heiterwanger See ausdehnen oder die Strecke mittels eines Ausflugsboots verkürzen. Die Tour kann kombiniert werden mit einer Wanderung zu den Stuibenfällen (siehe S. 162).

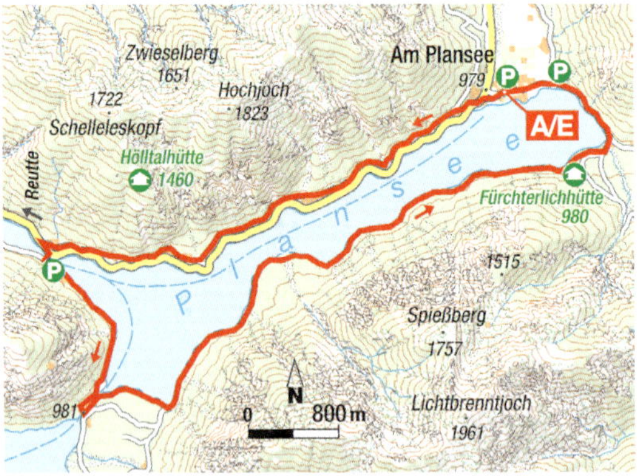

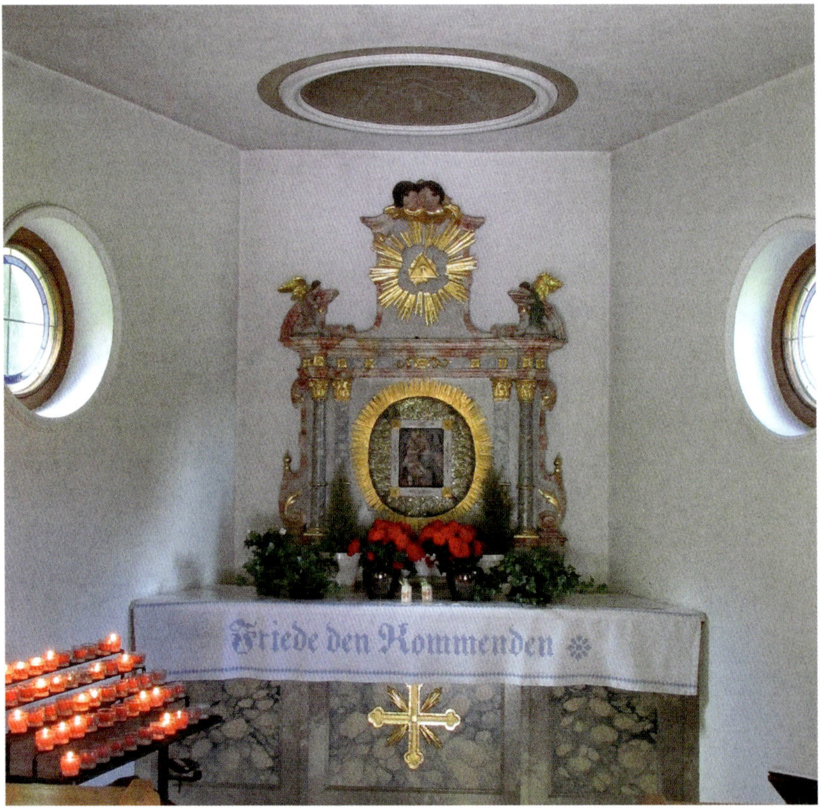

In der Kapelle Frauenbrünnele sollte man eine Kerze anzünden.

Auf einen Blick

AUSGANGS-/ENDPUNKT

Plansee, gebührenpflichtiger Parkplatz gegenüber dem Hotel Forelle
GPS: N47° 29.182' E10° 50.187'

ANFAHRT

Bus & Bahn: Von München mit der Regionalbahn nach Garmisch-Partenkirchen, dort umsteigen in die Regionalbahn Richtung Pfronten-Steinbach und bis Heiterwang-Plansee
Auto: A 95 Richtung Garmisch-Partenkirchen, bei Oberau abfahren, weiter auf der B 23 Richtung Oberammergau/Ettal und nach Ettal links abbiegen Richtung Reutte/Tirol und Linderhof

GEHZEIT UND SCHWIERIGKEIT

Einfacher, etwa 14 km langer Wanderweg, für den ca. 3.30 Std. eingeplant werden sollten. Der Weg, überwiegend auf Wald- und Schotterwegen, ist gut beschildert (»Rundweg um den Plansee«) und verläuft entlang des Ufers bzw. abschnittsweise als Höhenweg. Es sind keine besonderen Höhendifferenzen zu überwinden. Festes Schuhwerk wird empfohlen.

EINKEHR/ÜBERNACHTUNG

Hotel Forelle mit schöner Terrasse und Blick auf den See (hotelforelle.at); Hotel Seespitze (hotel-seespitze.at); auf der Strecke von Linderhof in Richtung Plansee: Ammerwald Alm (ammerwald-alm.at)

NOCH WICHTIG

Im Sommer Sonnenschutz und Kopfbedeckung sowie Badesachen nicht vergessen!

ZUSÄTZLICHE HINWEISE

Die Wanderung ist mit Tour 18 (Linderhof) kombinierbar und auch als Winterwanderung geeignet.

INFORMATION

tirol.at/reisefuehrer/ausflugstipps/badeseen

Außerdem sehenswert

Rauschende Stuibenfälle

Von der kleinen Holzbrücke hinter dem Hotel Seespitze führt eine empfehlenswerte Tour nach rechts bis in den Canyon. Wir folgen der Beschilderung immer geradeaus auf einem breiten Schotterweg, entlang des **Plansees** und kommen nach ca. 15 Minuten Fußmarsch auf die Planseestraße. Ein kurzes Stück an der Straße entlang, dann halten wir uns links und erreichen nach wenigen Metern die Kapelle **Frauenbrünnele**, wo wir eine Kerze anzünden können. Der Weg kreuzt nun die Planseestraße und wird etwas schmaler. Wir kommen an einem Wehr vorbei und bleiben weiter links, der Beschilderung folgend. Der Weg fällt leicht ab, und wir erhaschen immer wieder Tiefblicke in die grandiose Schlucht. Schon bald ist das Rauschen eines Wasserfalls zu hören, und wir gelangen zu einer **Aussichtsplattform**: Von hier oben haben wir einen gigantischen Blick in die Tiefe und in Richtung der Berge um Reutte in Tirol. Unser Weg führt uns weiter abwärts über eine Felsenklamm und auf einem gut gesicherten Steig an kleinen Wasserfällen vorbei. Immer wieder ergeben sich schöne Ausblicke auf die Wasserfälle und die Gumpen – Canyoning durch die **Stuibenfälle** wird hier angeboten. An den **Gumpen** angekommen, achte man auf einen steilen Pfad mit Holztreppen, der rechts aufwärts führt. Ca. 100 Höhenmeter geht er über den sogenannten **Ministersteig** hinauf und immer am Canyon entlang – ein grandioser Blick hinab und auf die Wasserfälle ist hier garantiert. Wieder an der Staumauer angekommen, wandern wir auf dem Hinweg am **Plansee** entlang zurück zum **Hotel Seespitze**. Die gesamte Tour ist etwa fünf Kilometer lang und in rund zwei Stunden zu erwandern. Beim Auf- und Abstieg sind jeweils ca. 200 Höhenmeter zu bewältigen. Festes Schuhwerk, Trittsicherheit und etwas Schwindelfreiheit sind erforderlich – bei Nässe Rutschgefahr!

INFORMATION allgai.de/15611/rundwanderweg-stuibenfaelle

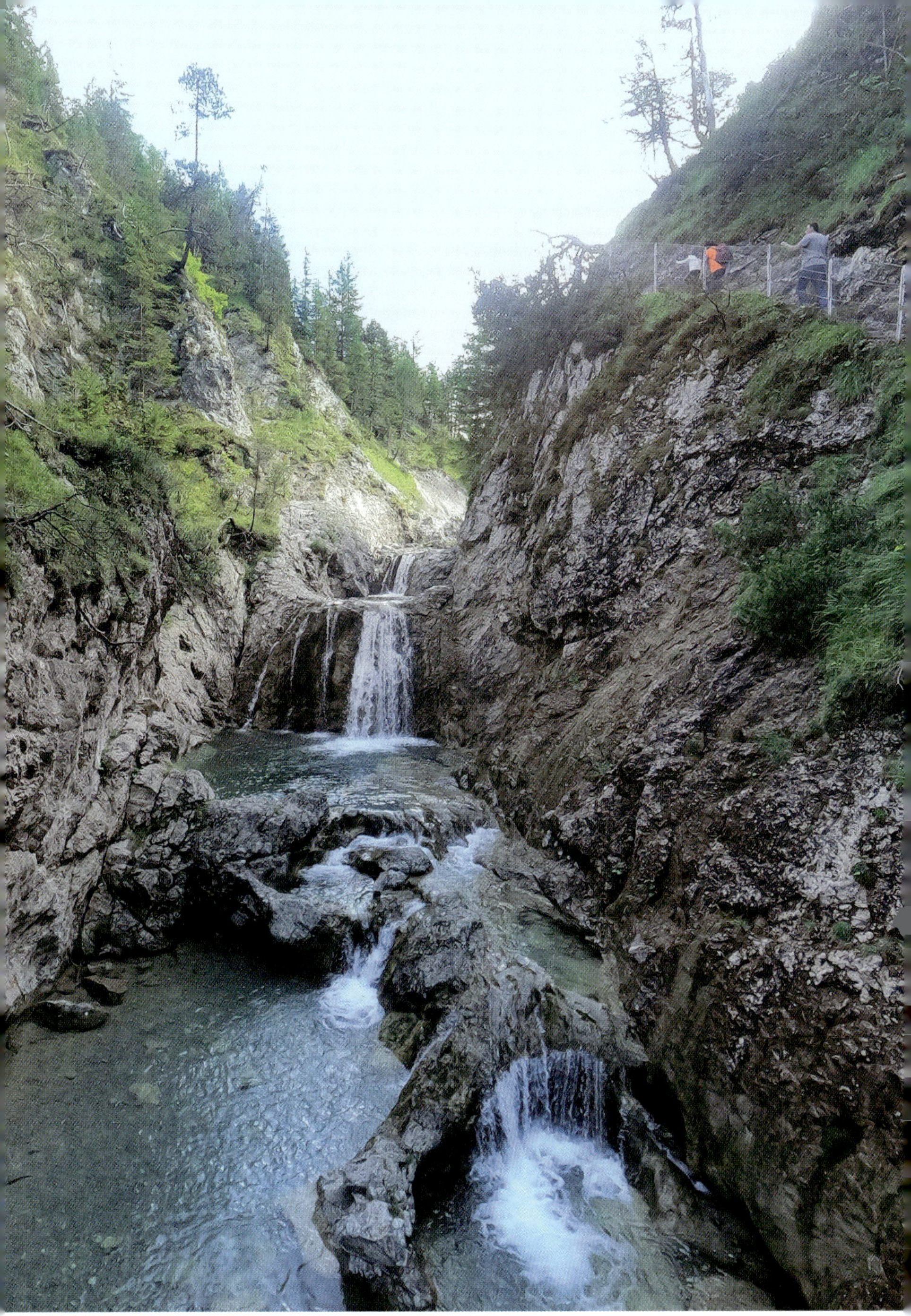

Bei den Stuibenfällen: Wildwasserfahrten für Mutige sind hier möglich.

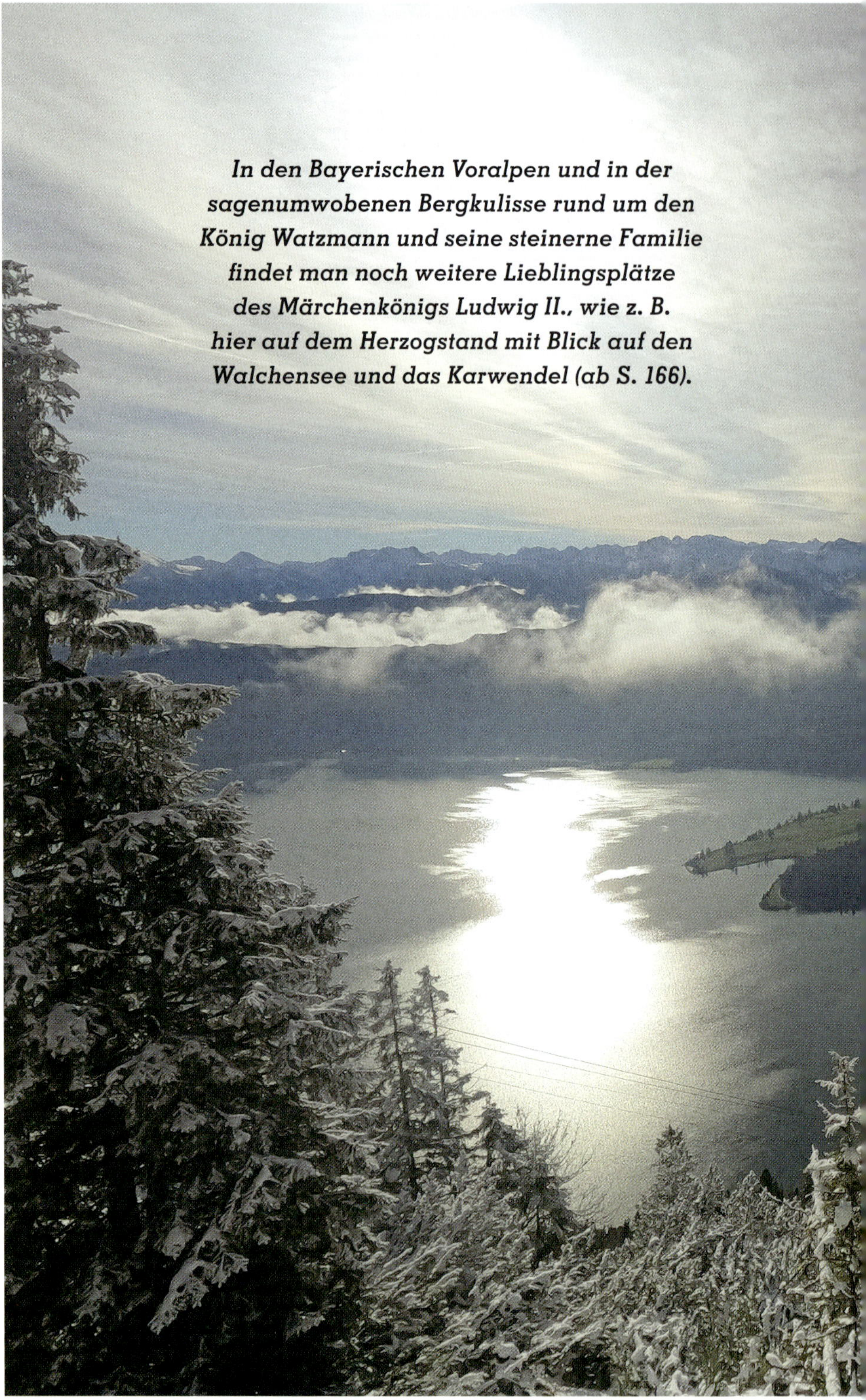

In den Bayerischen Voralpen und in der sagenumwobenen Bergkulisse rund um den König Watzmann und seine steinerne Familie findet man noch weitere Lieblingsplätze des Märchenkönigs Ludwig II., wie z. B. hier auf dem Herzogstand mit Blick auf den Walchensee und das Karwendel (ab S. 166).

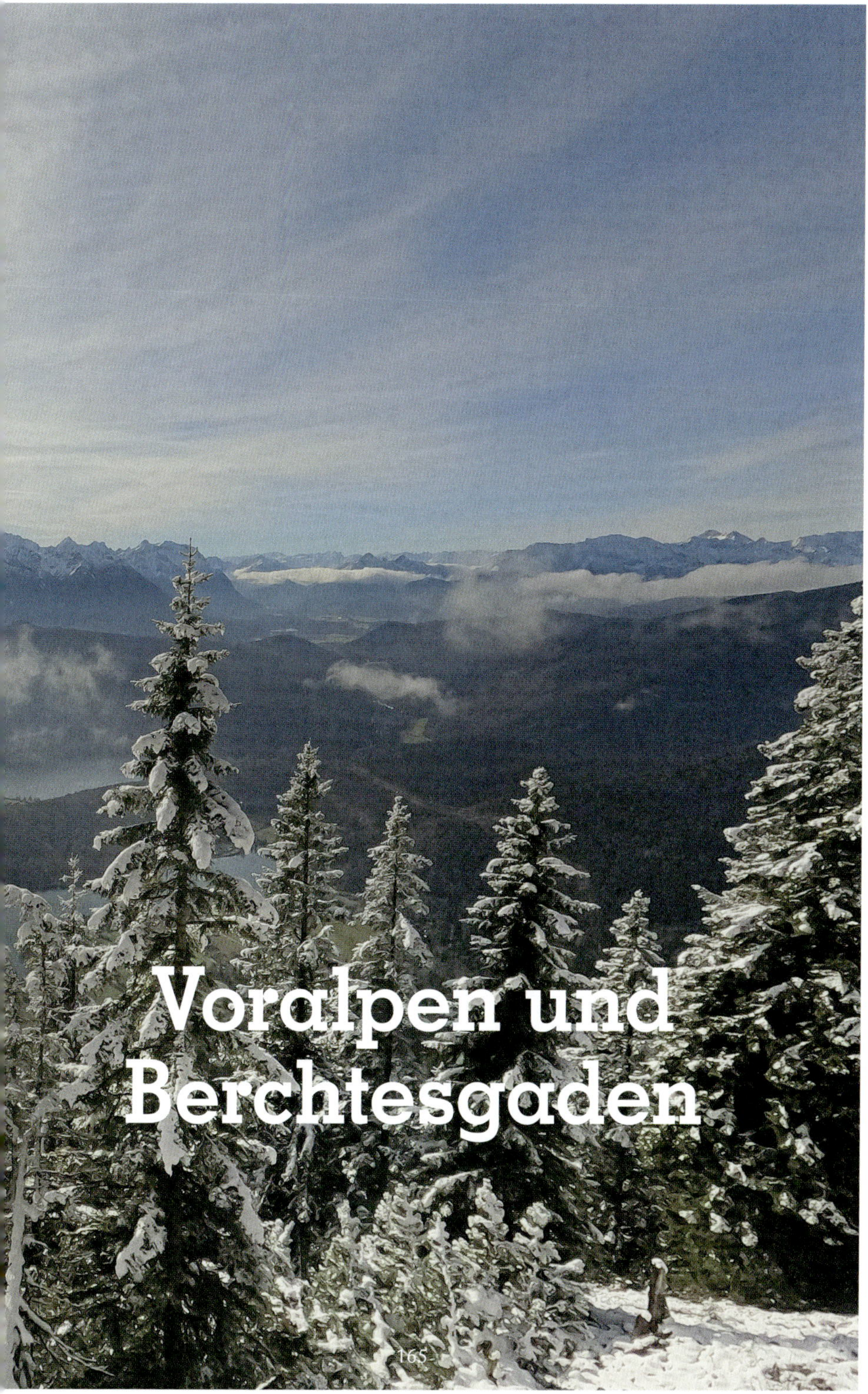

Voralpen und Berchtesgaden

21

Das Königshaus auf dem Herzogstand

HERRLICHER BLICK AUF WALCHENSEE UND INS KARWENDEL

Ludwig II. verweilte in den Sommermonaten nicht wegen der Jagd, sondern der schönen Bergaussicht wegen gern hier oben. Zu der einen Seite fällt der Blick auf den smaragdgrünen Walchensee, zur anderen Seite sieht man Kochel- und Starnberger See, und bei klarer Sicht schaut man gar bis nach München.

Der Märchenkönig hatte ein Faible dafür, auf Gipfeln Pavillons erbauen zu lassen, um dort zu verweilen und – besonders gern – um dort zu speisen. Die meisten fielen im Lauf der Zeit Bränden zum Opfer, nur der Pavillon auf dem Herzogstand ist noch erhalten, wurde jedoch mittlerweile erneuert. Auch das ursprüngliche Königshaus, das Ludwig II. hier oben erbauen ließ und 1867 einweihte, brannte ab; eine König-Ludwig-Büste erinnert noch an den ehemaligen Standort. Das neu erbaute Königshaus gehört zum Berggasthof Herzogstand, in dem noch einige alte Bilder, die auf die historischen Ursprünge hinweisen, zu finden sind.

Anfang November hat es den ersten Schnee in den Bergen, und vielleicht trifft man an einem frühen Morgen am **Parkplatz der Herzogstandbahn** auf Sepp und Hubert, die freundlich und professionell für das ordentliche Parken der vielen Touristenautos sorgen (ihnen sei an dieser Stelle herzlich dafür gedankt!). Noch ist nichts los, und am besten fährt man gemütlich mit der ersten Seilbahn um 9 Uhr hinauf, um sich den schweißtreibenden Aufstieg und vor allem Zeit zu ersparen. (Wer lieber schwitzen möchte, kann

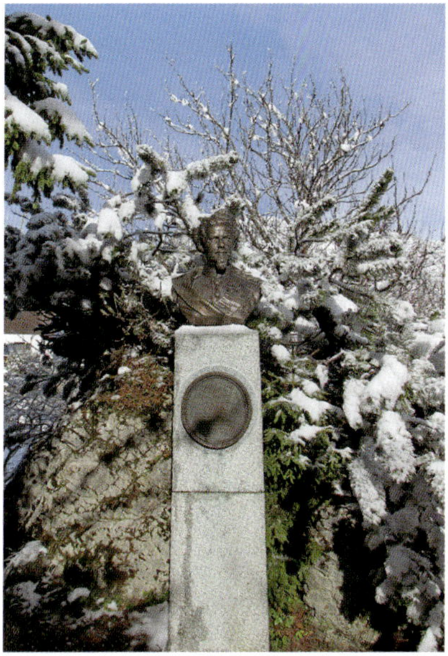

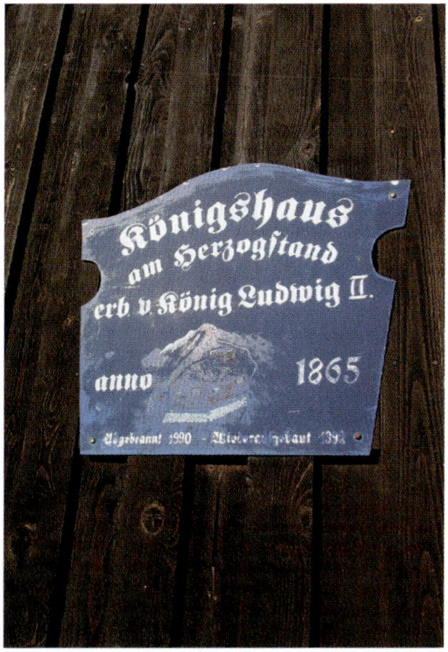

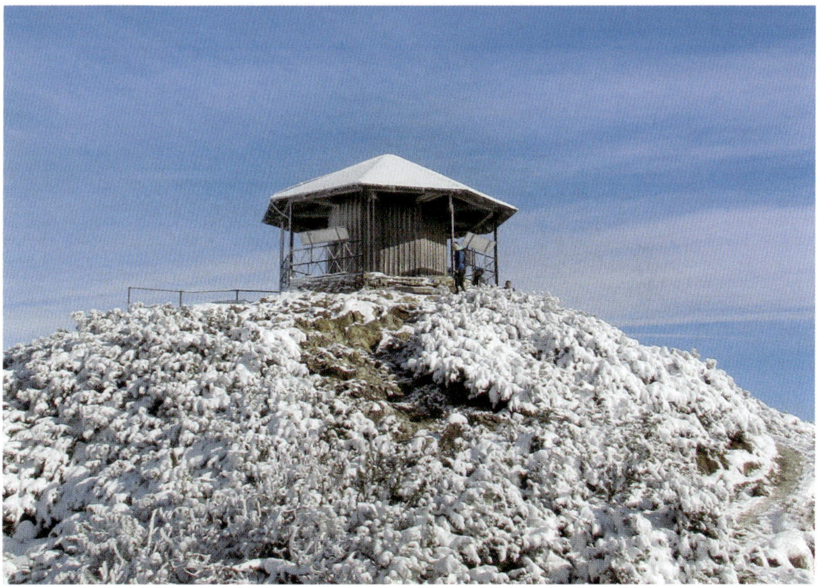

◀ Die König-Ludwig-Büste erinnert an den ursprünglichen Standort des Königshauses.
▶ Hinweistafel am neuen Königshaus
▼ Vom Pavillon am Herzogstand bietet sich eine 360°-Aussicht.

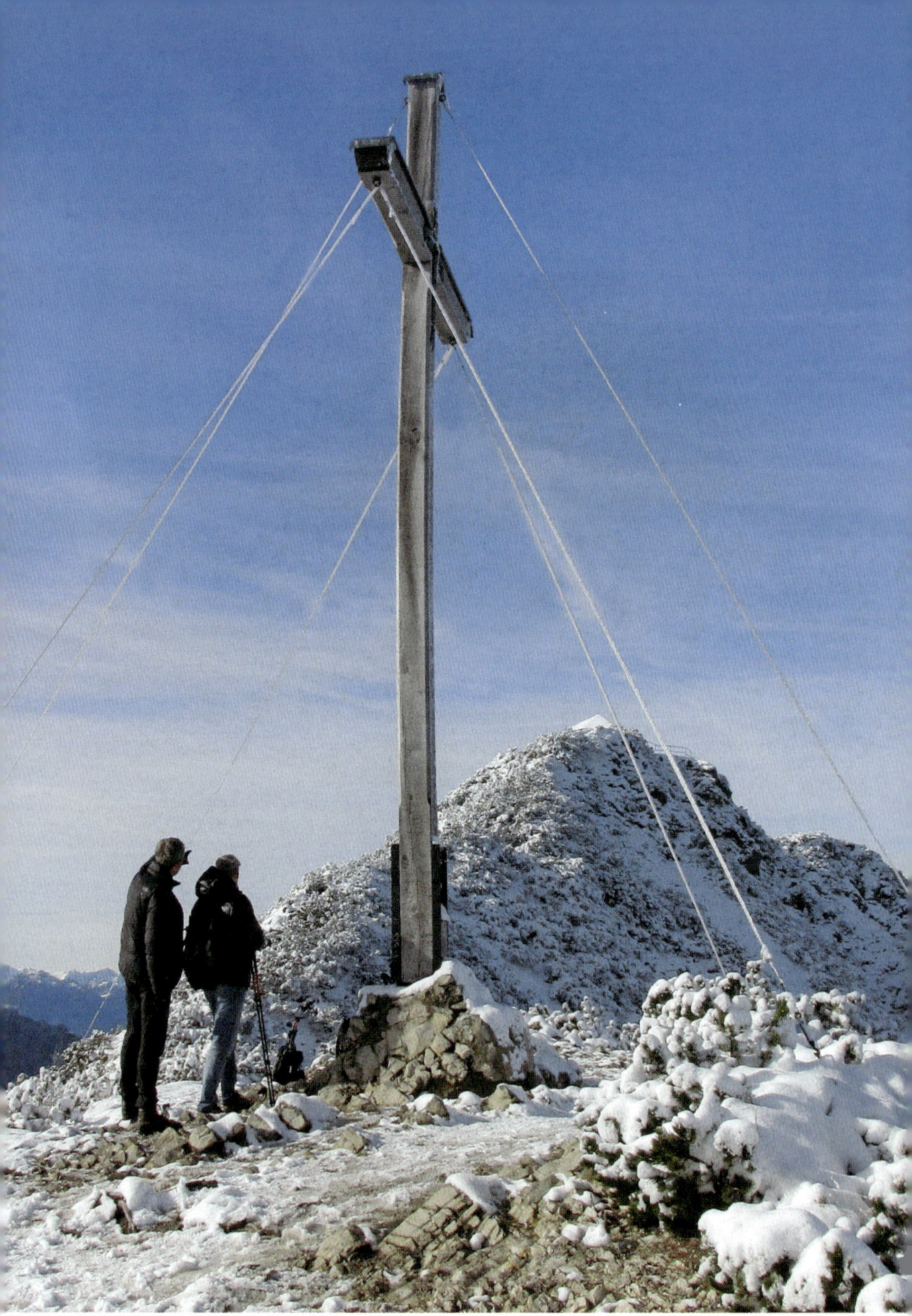

Geschafft: am Gipfelkreuz des Herzogstands!

natürlich auch den ausgeschilderten Weg direkt vom Parkplatz in Richtung Herzogstand nehmen.)

An der **Bergstation** angekommen, schweift der erste Blick hinab Richtung Walchensee und hinüber ins Karwendel. Alsdann führt der gut ausgebaute Weg in Richtung Herzogstandhäuser. Die imposante **Büste König Ludwigs II.** trägt die Inschrift »Dem Freunde des Herzogstandes, unserem unvergessenen König«. Wir erreichen das neue Königshaus und die **Herzogstandhütte** (Gasthaus, 1575 m) und genießen von hier einen großartigen Blick auf den Martinskopf und auf den Pavillon seiner Majestät auf dem Gipfel des Herzogstands. Der Aufstieg dort hinauf verläuft über einen schmalen Pfad und schwingt sich in Serpentinen stetig nach oben. Zuerst erreicht man das Gipfelkreuz des **Herzogstands** (1731 m) und dann den **Pavillon**. Von hier aus kann man noch einen Abstecher zum Nachbargipfel **Martinskopf** (1676 m) unternehmen, wo man einen unverstellten Blick auf den Gipfel des Herzogstands und auf die Überschreitung zum Heimgarten hat.

Für den Abstieg entscheiden wir uns für den **Reitweg**, den König Maximilian 1859 erbauen und den Ludwig II. verbreitern ließ, damit er ihn mit seinem Bergwagen befahren konnte. Er führt hinab zur **Kesselberg-Passhöhe**. Wir folgen dem beschilderten und gut ausgebauten Weg talwärts, jedoch nicht bis zum Abzweig zur B 11 – nach dem großen freien Abstellplatz folgen wir einem Trampelpfad nach rechts abwärts. Wenig später gelangen wir auf den beschilderten und nach dem impressionistischen Maler Lovis-Corinth benannten Rundweg und erreichen die Jugendherberge in **Ursprung**. Sollte an der nahen Bushaltestelle an der B 11 gerade kein Bus in Sicht sein, kann man die restlichen fünf Kilometer bis zum Parkplatz am **Walchensee** entlangwandern und dabei die wunderbaren Ausblicke auf See und Berge noch einmal intensiv genießen.

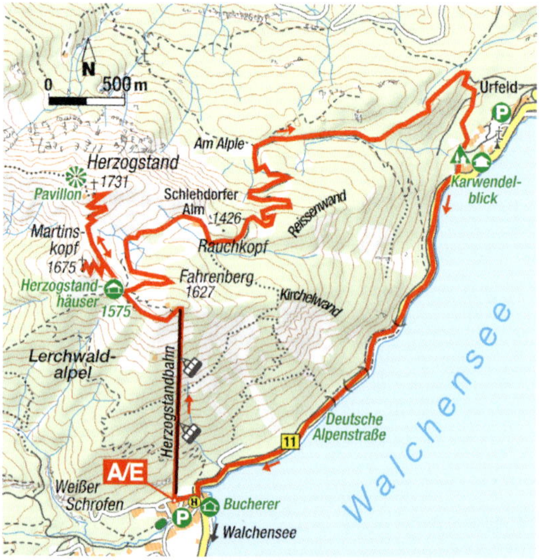

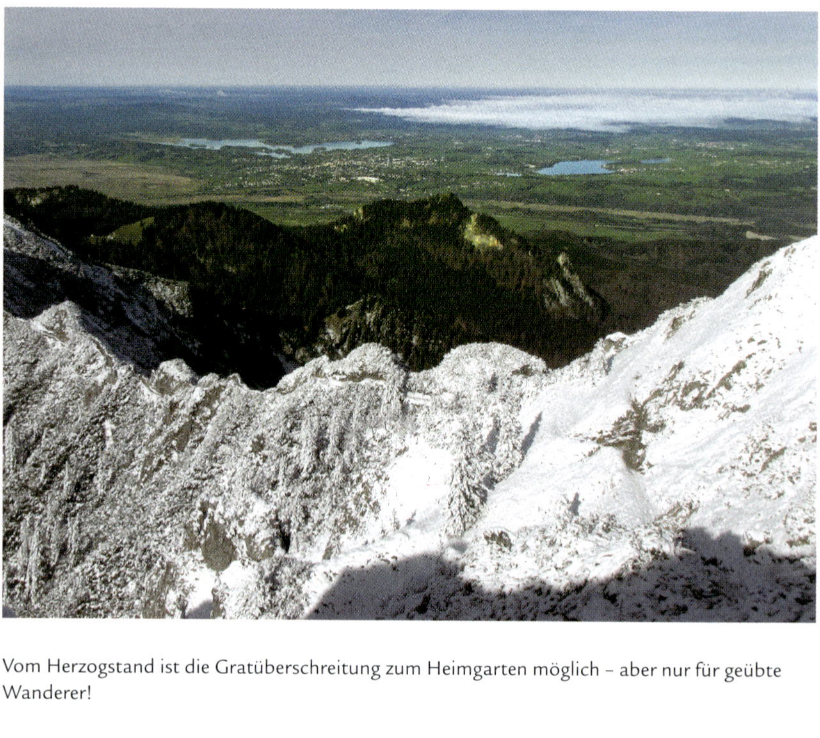

Vom Herzogstand ist die Gratüberschreitung zum Heimgarten möglich – aber nur für geübte Wanderer!

Auf einen Blick

AUSGANGS-/ENDPUNKT

Walchensee, gebührenpflichtiger Parkplatz an der der Herzogstandbahn
GPS: N47° 35.772‘ E11° 18.971‘

ANFAHRT

Bus & Bahn: Von München mit der Regionalbahn nach Kochel und weiter mit Bus 9608 zum Walchensee bis Haltestelle Herzogstandbahn
Auto: A 95 Richtung Garmisch-Partenkirchen bis Ausfahrt Murnau/Kochel, weiter auf der B 11 über Kochel und den Kesselberg hinauf zum Walchensee

GEHZEIT UND SCHWIERIGKEIT

Mittelschwere Tour mit einer Länge von insgesamt ca. 15 km und ca. 1000 Hm im Auf- und Abstieg. Je nach Wandertempo sollte man dafür 2–3 Std. im Aufstieg und ca. 2.30 Std. im Abstieg veranschlagen. Der Aufstieg erfordert Kondition, Trittsicherheit und etwas Schwindelfreiheit – Vorsicht bei Nässe! Der Abstieg über den Reitweg ist einfach zu bewältigen, aber lang. Von Ursprung kann man mit dem Bus 9608 stündlich zur Talstation zurückfahren.

EINKEHR/ÜBERNACHTUNG

Berggasthaus Herzogstand (berggasthaus-herzogstand.de); in Walchensee und Ursprung

NOCH WICHTIG

Bergschuhe notwendig (ggf. Trekkingstöcke)! Im Sommer Sonnenschutz und Kopfbedeckung nicht vergessen

ZUSÄTZLICHE HINWEISE

Die Tour ist auch als Winterwanderung geeignet (Trekkingstöcke und Grödeln mitnehmen!). Wer nicht wandern möchte, nimmt die Herzogstandbahn für Auf- und Abstieg.

AUCH INTERESSANT

Walchensee-Kraftwerk und Gratwanderung zum Heimgarten (nur für geübte Bergwanderer!)

INFORMATION

herzogstandbahn.de; walchensee-kochelsee.de

22

Zur Hochkopfhütte

BESCHEIDENE BERGRESIDENZ OBERHALB DES WALCHENSEES

Die von König Maximilian 1850 erbaute Hochkopfhütte war für den Märchenkönig etwas ganz Besonderes: Im August 1865 empfing er hier seinen geschätzten Freund Richard Wagner – zehn Tage verbrachten sie gemeinsam auf der Hütte. Wagner soll hier oben an seiner »Siegfried«-Oper gearbeitet haben.

»Gestern begab ich mich nach geräuschvollen unruhigen Tagen nach dem abgeschiedenen, trauten Hochkopf, wo ich auflebe in wonniger Einsamkeit, fern der Welt, die stets mich verkennt und mit der auch ich mich nie und nimmer befreunden kann und will.«

So schrieb es der Märchenkönig an Richard Wagner. Ludwig II. fühlte sich mit den Jahren im königlichen Regierungsamt für die Erledigung seiner Regierungsgeschäfte nicht mehr ortsgebunden an die Regierungshauptstadt München. Einmal soll sogar die Wiese vor dem herrschaftlichen Hof direkt am Walchensee (damals ein Forsthaus) zum Regierungssitz geworden sein – der Kabinettschef erstattete dem Regierungsoberhaupt dort Bericht: Der König saß am Tisch, hinter ihm stand eines seiner Lieblingspferde, Thorilde. Ludwig II. hatte in diesem Forsthaus im ersten Stock ein Zimmer, wo er auf dem Weg zur Hochkopfhütte einen Zwischenstopp einlegte und sich ausruhen konnte.

Trotz zahlreicher Einladungen auf die königlichen Bergresidenzen blieb die Hochkopfhütte doch der einzige Ort, den Richard Wagner tatsächlich auch besuchte. Bei seinem Aufenthalt im August 1865 hatte es allerdings einige Tage geregnet, und er soll sich eine heftige Erkältung zugezogen haben – nach einer vorzeitigen Abreise mied er fortan die Berge. Drei einfache Zimmer auf der Hochkopfhütte waren für den König etwas wohnlich gemacht worden: Die

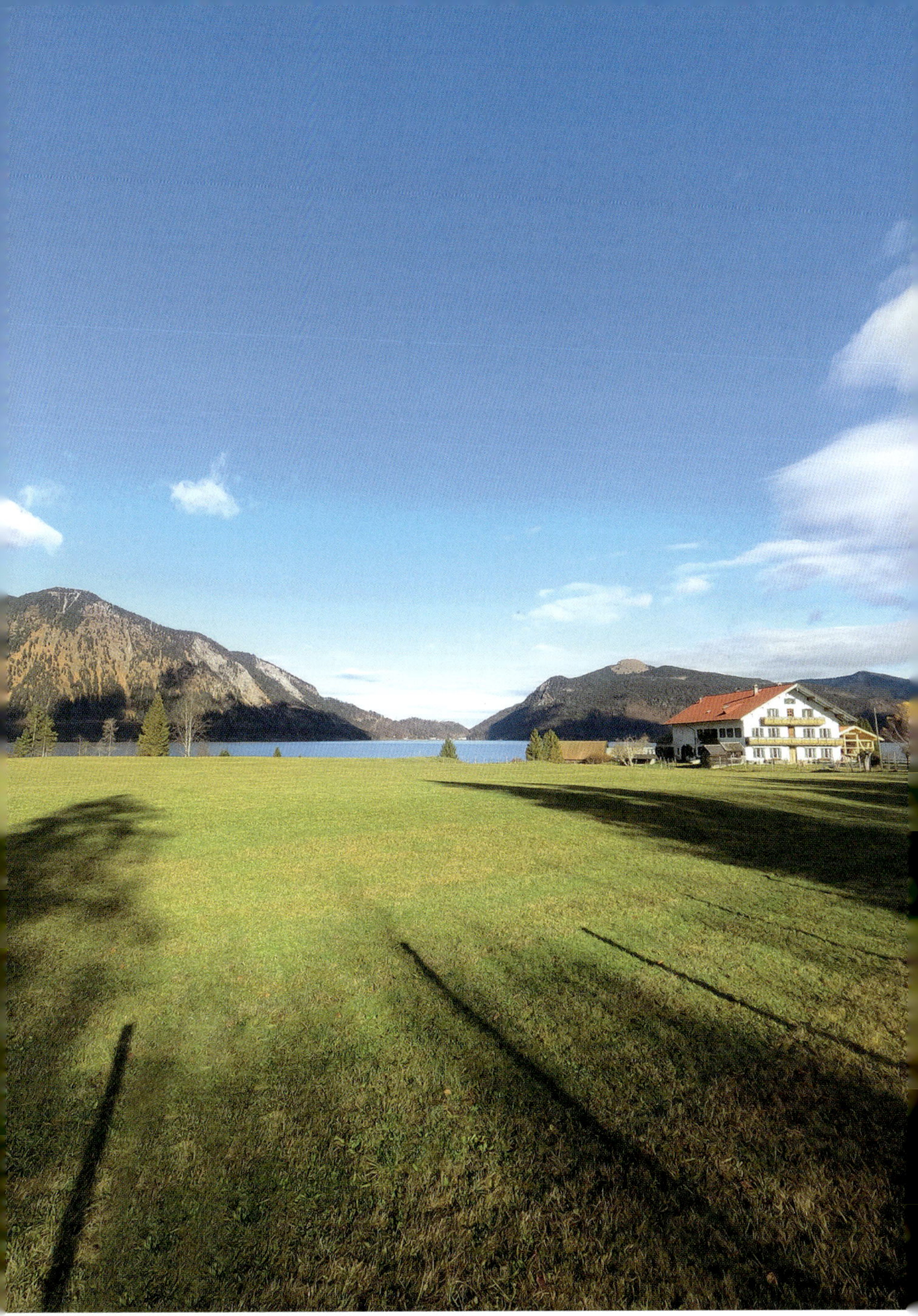

Das ehemalige Forsthaus in Altlach am Walchensee mit Blick auf den Herzogstand (links)

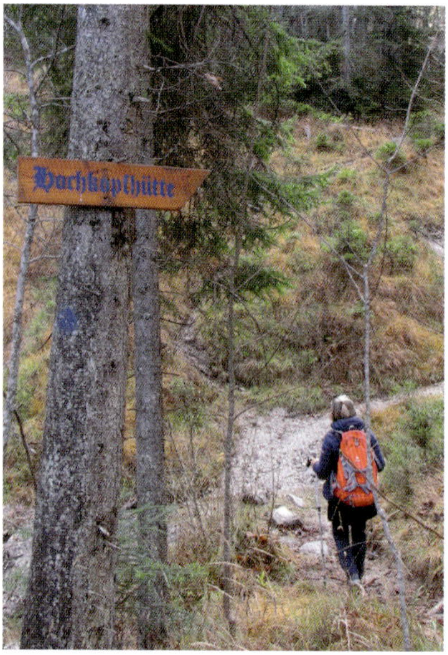

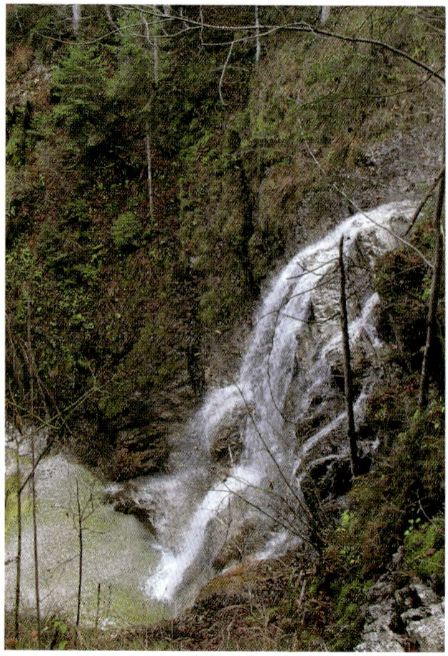

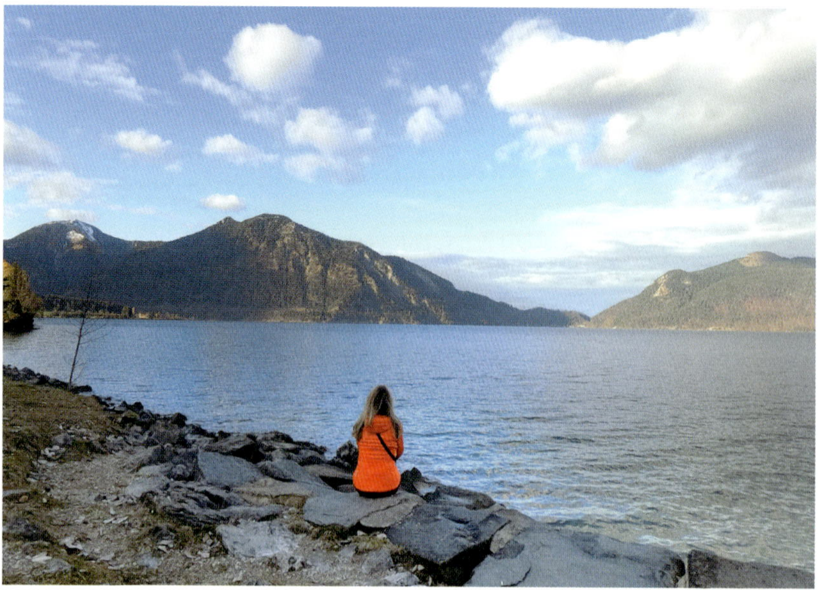

◂ Ein schlichtes Holzschild zeigt uns den Weg zur Hochkopfhütte.
▸ Der Aufstiegsweg zur Hochkopfhütte wird von einem kleinen Bach mit Gumpen begleitet.
▾ Pause am Walchensee

Böden mit Wollteppichen ausgelegt, ein Kachelofen, Bett, Tisch und Stühle gehörten zur puristischen Inneneinrichtung.

»Diese königliche Hütte mir wert und teuer ist, und zwar werter als alle königlichen Schlösser mit ihrem Glanz und hohlen Prunk.«

Von der Hochkopfhütte genießt man einen sehr schönen Ausblick auf das Wettersteinmassiv und die Zugspitze. Für unsere Wanderung dort hinauf parken wir ca. 150 Meter vor dem ehemaligen **Forsthaus in Altlach** und wählen dann nach ca. 150 m entlang der Straße rechts den ausgeschilderten Bergweg. Der zunächst breite Forstweg führt nach kurzer Zeit steiler bergwärts und geht in einen schmalen Pfad über. Wir folgen dem links von uns verlaufenden Bach mit Gumpen und Wasserfällen aufwärts, den unser Wanderpfad ab und an kreuzt – dann müssen wir über größere Steine balancieren, um keine nassen Füße zu bekommen.

Wie muss es da erst dem königlichen Trupp ergangen sein, der damals den Hausrat auf diesem Weg bis zur Hochkopfhütte hinaufschleppte, und auch dem König, der hier heraufritt – Respekt! Der Trupp aus etwa 20 kräftigen Männern inklusive Leibkoch setzte sich mit dem für das königliche Wohlergehen erforderlichen Hausstand bergauf in Bewegung, und auch Eis und Schnee zur Kühlung der Lebensmittel, Getränke und viel Wasser mussten zur Hütte gebracht werden (Ludwig liebte nach der anstrengenden Anreise ein erfrischendes Bad).

Wir folgen dem Weg weiter aufwärts und müssen dabei die Beschilderung teilweise etwas suchen – neben den gelben Wanderschildern finden sich ab und zu auch ein hölzernes Schild sowie eine blaue und eine rot-weiß-rote Markierung. Der Pfad trifft nun wieder auf die Fahrstraße, die sich verzweigt (ohne Beschilderung); hier halten wir uns links. Nach etwa eineinhalb Kilometern biegt ein Weg rechts in den Wald ein, und das hölzerne Schild »Hochkopfhütte« zeigt uns den richtigen Weg. Auf einem schmalen Bergpfad geht es ein letztes Mal steil bergauf, dann kommt nach ca. 700 Metern Ludwigs Bergresidenz, die **Hochkopfhütte** auf 1299 Metern Höhe, in Sicht, die wir bald erreicht haben. Ein Bild und ein kleiner Text weisen auf die königliche Historie der Hütte hin, die heute dem Deutschen Alpenverein gehört. Von der Terrasse ist der Ausblick wirklich überwältigend, und die mitgebrachte Brotzeit schmeckt vor der Alpenkulisse doppelt so gut. Da es hier oben weit und breit keine Einkehr gibt, ist es ohne Besucherandrang angenehm ruhig.

Etwas versteckt neben der Hütte zweigt ein Pfad zum **Hochkopfgipfel** (1328 m) ab, den man von der Hütte in ca. 10 Minuten erreicht.

Beim Abstieg setzen wir den Weg über die Forststraße in Richtung Niedernach fort, halten uns an den Weggabelungen stets links und gelangen so zurück zum **Forsthaus in Altlach**.

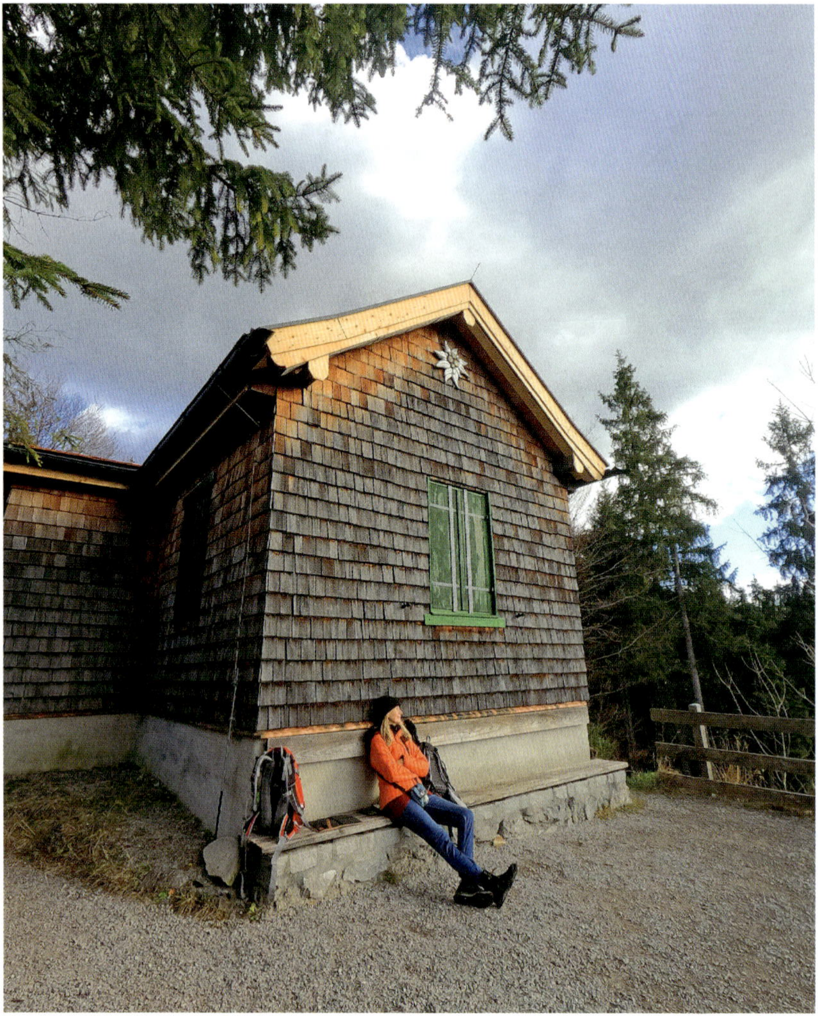

Brotzeit auf der Terrasse der Hochkopfhütte

Auf einen Blick

AUSGANGS-/ENDPUNKT

Forsthaus in Altlach
GPS: N47° 34.381‘ E11° 20.182‘

ANFAHRT

Bus & Bahn: Regionalbahn nach Kochel und weiter mit Bus 9608 bis Einsiedl/ Mautstraße Jachenau, dann zu Fuß ca. 3 km bis zum Ausgangspunkt
Auto: A 95 Richtung Garmisch-Partenkirchen bis Ausfahrt Murnau/Kochel, über Kochel und den Kesselberg nach Walchensee, der Seestraße folgend bis Einsiedl und kurz danach links in die Mautstraße Richtung Jachenau einbiegen (gebührenpflichtige Parkplätze an der Zufahrtsstraße)

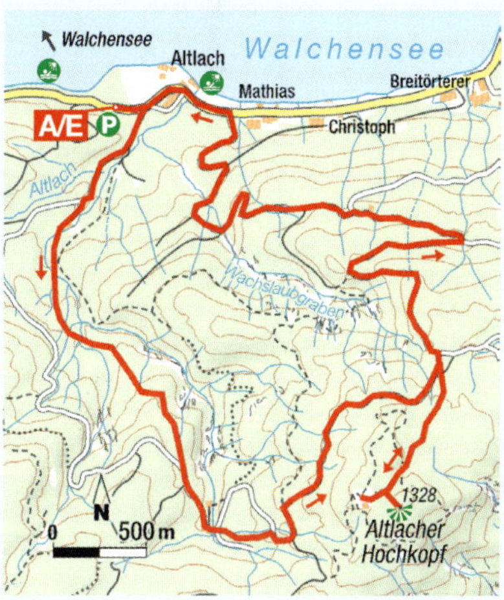

GEHZEIT UND SCHWIERIGKEIT

Die Tour ist insgesamt ca. 12 km lang (gut 600 Hm), für die man 2–3 Std. im Aufstieg und 1.30–2 Std. im Abstieg benötigt. Der ordentlich ausgeschilderte Wirtschaftsweg ist gut ausgebaut, die Bergpfade sind teilweise schmal und steil. Die Tour erfordert Kondition und Trittsicherheit – Vorsicht bei Nässe!

NOCH WICHTIG

Bergschuhe sind unabdingbar (ggf. auch Trekkingstöcke)! Im Sommer Sonnenschutz und Kopfbedeckung mitnehmen

ZUSÄTZLICHE HINWEISE

Die Tour ist auch als Winterwanderung geeignet (dann Trekkingstöcke und ggf. Grödeln mitnehmen).

EINKEHR/ÜBERNACHTUNG

Unterwegs keine, Brotzeit mitnehmen. Einkehrmöglichkeiten in Walchensee und Ursprung

INFORMATION

walchensee-kochelsee.de

23

Königliche Villa Berchtesgaden

SAGENUMWOBENE BERGLANDSCHAFT MIT KÖNIGSBERG WATZMANN

Ludwigs Großvater Ludwig I. bewohnte auch nach seiner Abdankung das königliche Schloss in Berchtesgaden, daher ließ sein Sohn Maximilian II. die Königliche Villa in Berchtesgaden (1852 fertiggestellt) erbauen. Der Märchenkönig kam mit acht Jahren erstmals hierher und verlebte auch einen Teil seiner Jugendjahre im Berchtesgadener Land.

An seinen Aufenthalt im Schloss erinnert u. a. die Markierung der damaligen Körpergröße des Kronprinzen im Türstock des Kronprinzentrakts. Ludwig und sein Bruder Otto wurden jedoch weitestgehend von der Hofgesellschaft ferngehalten. Zwischen den Brüdern soll es oft zu Rivalitäten gekommen sein, vor allem weil Kronprinz Ludwig sein Recht als Erstgeborener gegenüber Otto eingefordert haben soll. Ein »Vasallenspiel« soll für den Kronprinzen jedoch einmal mit einer strengen väterlichen Strafe geendet haben: Ludwig hatte spielerisch von Otto, seinem »Vasall«, Gehorsam gefordert, und Otto hatte ihm diesen verweigert. Daraufhin bekam der große Bruder eine solche Wut, dass er Otto derb fesselte. Der Vater Max verpasste Ludwig dafür eine heftige Strafe. Ob diese schlechten Erinnerungen tatsächlich dazu geführt haben, dass Ludwig II. nach seiner Krönung das Berchtesgadener Land mied, ist fraglich. Fakt ist, dass er auch hier viele Lieblingsplätze hatte.

An der Kälbersteinstraße, wo sich die Königliche Villa befindet, starten wir unsere Wanderung. Etwas oberhalb der **Königlichen Villa**, die heute im Pri-

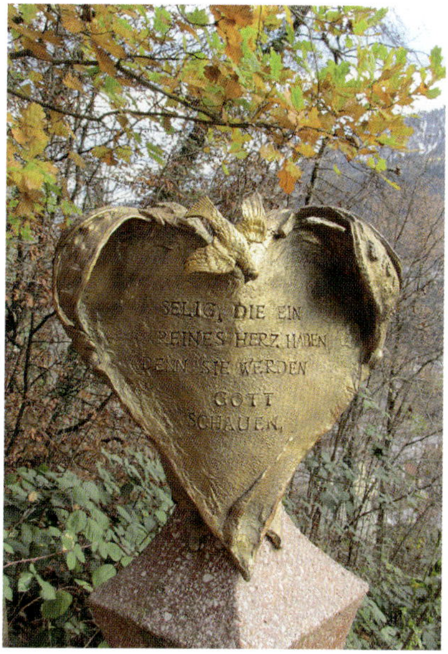

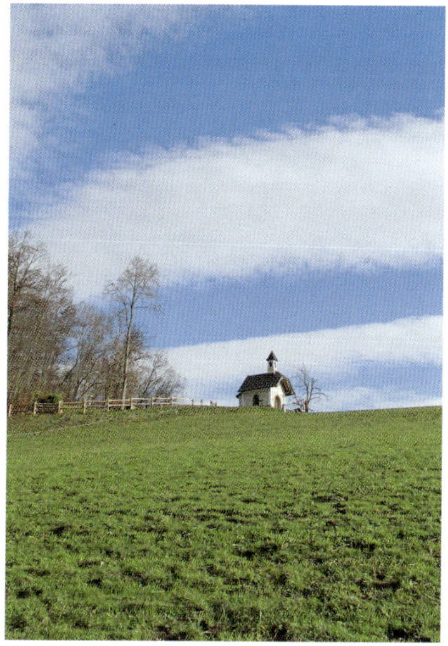

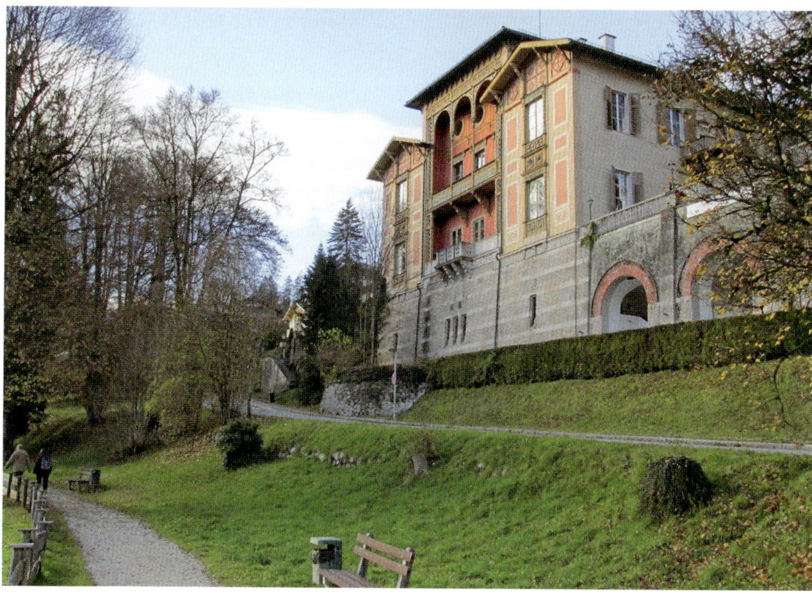

◄ Herz-Skulptur am Meditationsweg von der Kirchleitn-Kapelle hinunter ins Nonntal
► Von der Kirchleitn-Kapelle hat man einen freien Blick auf das Watzmann-Massiv.
▼ Die Königliche Villa befindet sich in der Kälbersteinstraße in Berchtesgaden.

vatbesitz ist, finden wir den Einstieg in den **Soleleitungsweg** (Am Brandholz). Die Bezeichnung weist darauf hin, dass auf diesem Weg vor 200 Jahren die salzhaltige Sole vom Bergwerk in Berchtesgaden über den Gebirgszug für die Salzgewinnung bis nach Bad Reichenhall geleitet wurde. Der schöne Wanderweg führt uns hoch über der Stadt dahin und bietet zauberhafte Ausblicke auf Berchtesgaden und die imposante Bergwelt.

Wir gelangen zum **Kalvarienberg** und folgen der Ausschilderung über den **Soleleitungssteg** (Reichenbachsteg). Ein Gedenkstein erinnert an Georg von Reichenbach, der den Soleleitungsweg damals erbaute. Wir verlassen den Soleleitungssteg, queren die Straße Doktorberg und erreichen nach wenigen Hundert Metern den über 400 Jahre alten Bauernhof **Weinfeldhof**. Dort gehen wir geradeaus direkt auf den Waldrand zu, von wo man schon den berühmten Aussichtsplatz, die Kirchleitn-Kapelle mit freiem Blick auf das Watzmann-Massiv, sieht. Die Gegend rund um den Watzmann gehörte mit Sicherheit auch zu den Lieblingsplätzen des Märchenkönigs – ob er allerdings den Watzmann tatsächlich einmal bestieg, ist nicht nachgewiesen.

Hält man sich links, führt der Weg hinauf zum kleinen Aussichtsberg Lockstein. Wir bleiben jedoch unserem Weg treu und gelangen direkt zur **Kirchleitn-Kapelle**. Neben dieser führt ein Meditationsweg mit interessanten Skulpturen hinab ins Nonntal. Das **Königliche Schloss Berchtesgaden** befindet sich neben der **Stiftskirche** am Schlossplatz; eine 50-minütige Schlossführung gibt Einblicke in gewaltige Gewölbe, wertvolle Kunstsammlungen und romantische Rosengärten. Durch die Fußgängerzone und vorbei am ehemaligen **Hofgarten** (heute Kurgarten), dem Kongresszentrum und dem Alten Friedhof gelangen wir zur **Franziskanerkirche** von 1480. Über die Sonnenpromenade führt der aussichtsreiche Weg zum **Luitpoldpark** unterhalb der **Königlichen Villa**, wo wir wieder unseren Ausgangspunkt erreichen.

Auf einen Blick

AUSGANGS-/ENDPUNKT

Königliche Villa in Berchtesgaden
GPS: N47° 37.727‘ E12° 59.873‘

ANFAHRT

Bus & Bahn: Von München mit der Regionalbahn nach Berchtesgaden
Auto: A 8 Richtung Salzburg bis Ausfahrt Bad Reichenhall und auf der B 20 nach Berchtesgaden und dort in die Kälbersteinstr. 4 (Parkplätze an der Straße)

GEHZEIT UND SCHWIERIGKEIT

Die gemütliche Rundtour ist ca. 5 km lang und in 1.30–2 Std. zu erwandern. Dabei sind kaum Höhendifferenzen zu überwinden. Der Weg ist sehr gut ausgeschildert und bietet beschilderte Varianten, sodass die beschriebene Tour verkürzt oder verlängert werden kann.

EINKEHR

Gasthof NEUHAUS
(edelweiss-berchtesgaden.com)

ÜBERNACHTUNG

Im Turmappartement in der Königlichen Villa (koenigliche-villa.net/turmappartement-1)

NOCH WICHTIG

Bergschuhe und ggf. Trekkingstöcke werden empfohlen. Im Sommer Sonnenschutz und Kopfbedeckung mitnehmen

ZUSÄTZLICHE HINWEISE

Die Tour kann erweitert werden, indem man Am Lockstein dem Waldweg bis zur Locksteinstraße folgt, an der Hilgerkapelle vorbei in die Straße Am Rad und die Schroffenbergallee hinunter läuft. So gelangt man zum 1614 erbauten Schloss Adelsheim mit Heimatmuseum, wo sich ein Kinderspielzeug des Königs, ein hölzernes Pferdefuhrwerk, befindet (museum-schloss-adelsheim.de).

INFORMATION

berchtesgaden.de;
schloss-berchtesgaden.de

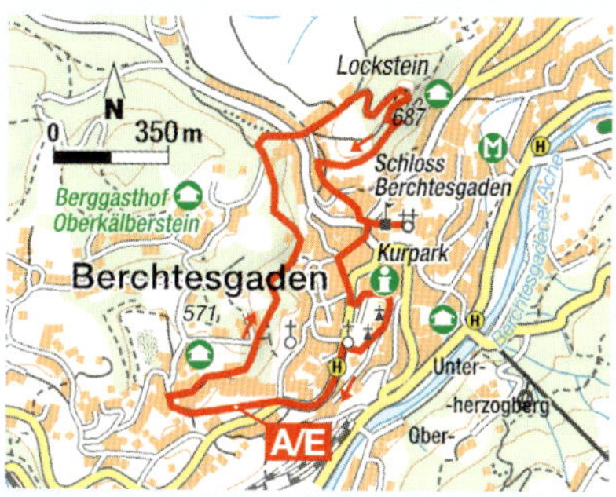

24

Hintersee und Zauberwald

URWÜCHSIG, WILDROMANTISCH
UND EINES VON BAYERNS
SCHÖNSTEN BIOTOPEN

An der Grenze zum Nationalpark Berchtesgaden liegt das Bergsteigerdorf Ramsau. Weltbekannt ist der Blick in Richtung Pfarrkirche St. Sebastian mit dem gewaltigen Gebirgsmassiv der Reiteralm im Hintergrund. Von hier gelangt man durch den Zauberwald zum Hintersee, einem Lieblingsplatz des jungen Kronprinzen Ludwig.

Einen königlichen Aufenthalt in Ramsau sollen die Brüder Ludwig und Otto für ein Erlebnis besonderer Art genutzt haben. Sie waren mit einem Erzieher auf einem Spaziergang am Hintersee und wollten heimlich rauchen. Der Erzieher ertappte sie jedoch – verpetzt hat er die Prinzen wohl nicht, denn dies hätte sicherlich eine harte Strafe des Vaters nach sich gezogen. Der Märchenkönig rauchte zeitlebens, und zwar Zigaretten der Marke »Compagnie Laferme«, die seit 1862 industriell in der ersten deutschen Tabakfabrik in Dresden hergestellt wurden.

Wir starten unsere Tour in **Ramsau** mit der Besichtigung der Pfarrkirche **St. Sebastian**, wo schon Josef Mohr, der Texter von »Stille Nacht, heilige Nacht«, kurze Zeit weilte. Wir überqueren die **Ramsauer Ache** über die kleine Brücke (Fotopunkt) gegenüber der Kirche und folgen rechts der Beschilderung Richtung Zauberwald und Hintersee. Der gut ausgeschilderte Weg führt uns das erste Stück idyllisch am Fluss entlang. Nach einer kurzen Steigung entlang der Forststraße biegt der Wanderweg rechts ab und führt in den **Zauberwald**

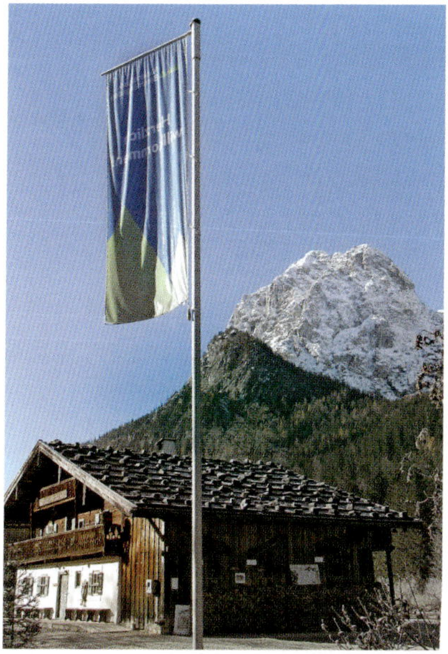

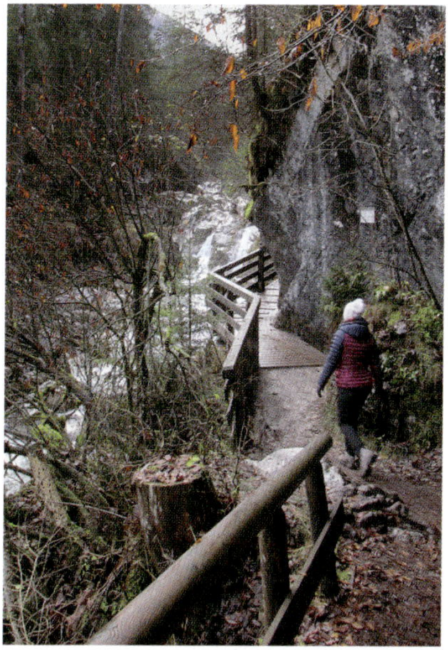

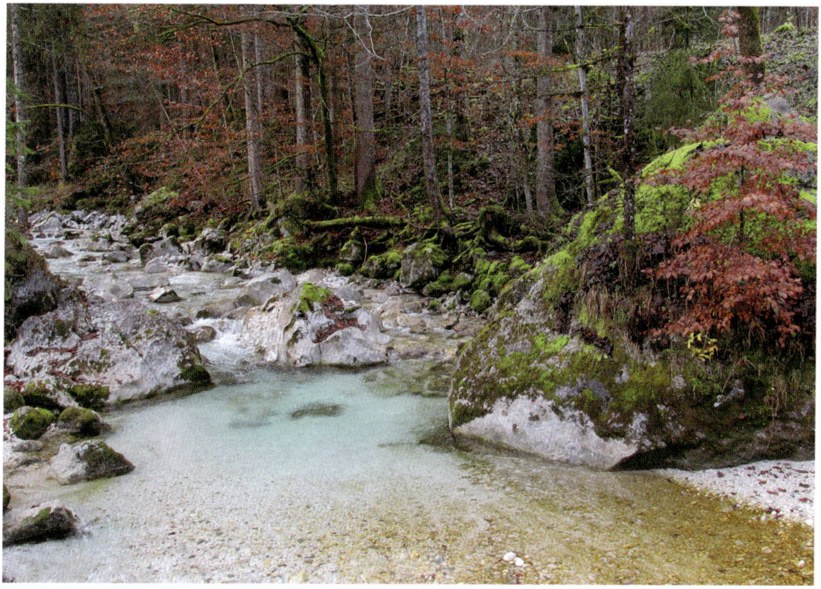

◀ Nationalparkinformationshaus mit Blick auf die Ramsauer Dolomiten
▶ Auf dem Weg durch den Zauberwald zum Hintersee
▼ Im Zauberwald

hinein. Vor ca. 3500 Jahren fand hier ein gewaltiger Felssturz statt, und der Naturlehrpfad im Zauberwald vermittelt interessante Informationen über dieses Geotop und seine Pflanzenwelt sowie über die Entstehung des Hintersees.

Der wildromantische Weg führt vorbei an großen, moosbewachsenen Felsbrocken, kleine Wasserfälle sprudeln neben dem Weg, und es ist durchaus nachvollziehbar, weshalb der Zauberwald diesen Namen erhalten hat. Eine Holzbrücke führt über die Ache und es sind nun nur noch wenige Minuten Fußweg bis zum **Hintersee**, um den ein Wanderweg führt. Die Hinweistafeln am Weg informieren uns über bekannte Bildmotive - gerade die Maler der Romantik ließen sich hier im 19. Jahrhundert durch diese traumhafte Landschaft inspirieren, bot die Kulisse am Hintersee doch reizvolle und einzigartige Vorlagen. Im Westen und Süden des Sees erheben sich die Steilwände der umgebenden Bergmassive, die sich an klaren Tagen in der Wasseroberfläche spiegeln. Mit Sicherheit finden auch wir den Platz am Wasser, an dem Paul Weber sein berühmtes Gemälde mit den Fischern auf dem Hintersee vor den Mühlsturzhörnern schuf. Auch Carl Rottmann, der dem Künstlerkreis um Ludwig I. angehörte, und sogar Wilhelm Busch wurden am Hintersee zu Werken inspiriert.

Der Rückweg verläuft auf dem Hinweg durch den **Zauberwald** zum Ausgangspunkt in **Ramsau**.

Variante: Vom Hintersee kann man einen Abstecher ins Klausbachtal unternehmen. Schön ausgebaute Wanderwege, ein Informationsstand des Nationalparks, eine Hängebrücke und ein Aussichtsplatz, von dem man die Wildfütterung beobachten kann, warten auf die Besucher.

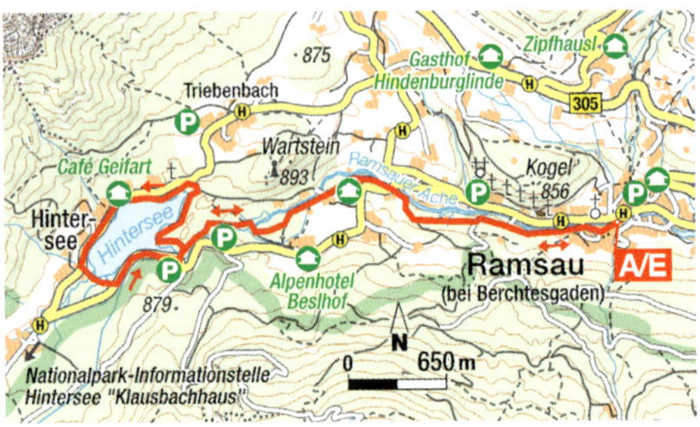

Auf einen Blick

AUSGANGS-/ENDPUNKT

Ramsau, Parkplatz an der Straße nahe der Pfarrkirche St. Sebastian
GPS: N47° 36.455‘ E12° 53.831‘

ANFAHRT

Bus & Bahn: Von München mit der Regionalbahn nach Berchtesgaden und mit Bus 846 bis Ramsau
Auto: A 8 Richtung Salzburg bis Ausfahrt Traunstein, über die Bundesstraße nach Inzell und über die Deutsche Alpenstraße weiter bis Ramsau

GEHZEIT UND SCHWIERIGKEIT

Die rund 15 km lange Wanderung verläuft ohne größere Höhenunterschiede auf überwiegend gut ausgeschilderten, breiten Wanderwegen. Je nach Wandertempo sind ca. 4 Std. einzuplanen. Es gibt auch beschilderte Varianten, sodass die beschriebene Tour verkürzt oder verlängert werden kann.

EINKEHR/ÜBERNACHTUNG

Wirtshaus im Zauberwald (ramsau-zauberwald.de); Berghotel Rehlegg Ramsau (rehlegg.de)

NOCH WICHTIG

Bergschuhe und ggf. Trekkingstöcke werden empfohlen, im Sommer Sonnenschutz und Kopfbedeckung, ggf. Badesachen. Die Tour ist auch als Winterwanderung möglich, da die Wege geräumt werden.

ZUSÄTZLICHE HINWEISE

Die Tour kann ins Klausbachtal erweitert werden (ca. 5 Std., 13,5 km, 400 Hm).

INFORMATION

berchtesgaden.de/nationalpark; ramsau.de

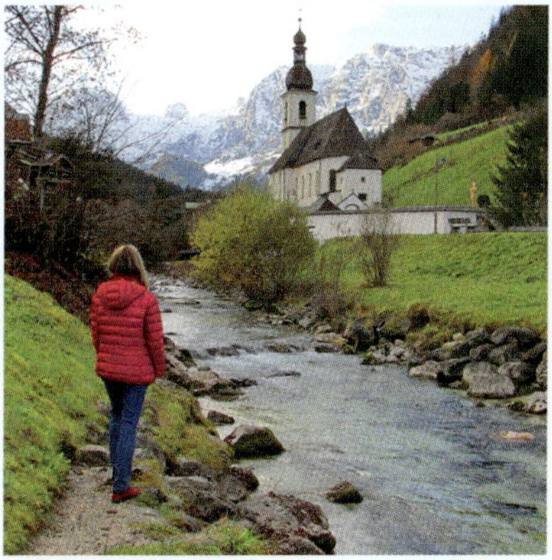

Blick auf die Pfarrkirche St. Sebastian in der Ramsau

Außerdem sehenswert

Schloss Herrenchiemsee mit Schlosspark

Ludwig II. verehrte den Sonnenkönig Ludwig XIV. so sehr, dass er ein neues Versailles in Bayern erschaffen wollte. Wie gern wäre er ein absolutistischer Herrscher gewesen, getreu dem Motto: »Der Staat bin ich!«

1873 erwarb der König die größte Chiemsee-Insel Herrenwörth für umgerechnet etwa 6 Millionen Euro. Hier wollte er das Schloss seines großen Vorbilds Ludwigs XIV. im Maßstab 1:1 nachbauen lassen, um dem von ihm so geschätzten Sonnenkönig zu huldigen. Wie bei allen seinen Bauten bereitete er auch den Plan dieses Schlosses sehr gründlich vor: Er schickte seine Gesandten wochenlang vor Ort, um Bücher, Pläne und alles an Material zur Baugeschichte von Versailles zusammenzutragen.

Durch den Kaiserbrief kam es 1871 zur Gründung des Deutschen Reichs, und Wilhelm I. wurde im Spiegelsaal von Versailles zum Kaiser gekrönt. Bayern musste daraufhin an der Seite Preußens gegen Frankreich in den Krieg ziehen, und Ludwig II. konnte als bayerischer König daher sein geliebtes Frankreich nicht mehr so einfach besuchen – er reiste deshalb unter dem Pseudonym Graf von Berg im August 1874 nach Versailles, um sich noch einmal selbst von seinem Vorbildschloss für Herrenchiemsee inspirieren zu lassen. Sein Architekt und Hofbaudirektor Georg von Dollmann hatte in der Zwischenzeit schon einige Entwürfe gefertigt, sodass im Mai 1878 die Grundsteinlegung stattfand. Die Bauleute schafften es mit großer Eile und trotz zahlreicher Schwierigkeiten mit den Fundamten und dem Materialtransport über den See, um den Rohbau 1881 fertigzustellen.

Im Schloss Herrenchiemsee wurde mit dem gigantischen, 75 Meter langen Spiegelsaal ein Meisterwerk geschaffen, das die Spiegelgalerie von Versailles sogar noch übertraf. Der Bau des königlichen Schlafzimmers verschlang mehr als 650 000 Mark – allein an dem Brokatvorhang des Betts sollen 20 Frauen sieben Jahre lang gearbeitet haben. Mit dem Prunktreppenhaus im Südflügel entstand eine Nachahmung des bereits 1752 wieder abgerissenen Treppenhauses von Versailles. Einlegearbeiten in den Fußböden, geschnitzte Vertäfelungen und Stuckmarmorverkleidungen, Wand- und Deckengemälde sowie natürlich kostbare Möbel gehörten ebenfalls zur Ausstattung. Die prächtige Gartenanlage mit Wasserspielen wurde von Carl von Effner geplant und ist Ausdruck der Versinnbildlichung des imperialen Glanzes.

Finanzielle Schwierigkeiten und der frühe Tod des Königs beendeten dann allerdings das gewaltige Bauprojekt – Ludwig II. bewohnte Schloss Herrenchiemsee nur für insgesamt neun Tage im Herbst 1885. Dieses Schlossprojekt blieb sein teuerstes und verschlang nahezu 17 Millionen Mark – fast so viel wie Linderhof und Neuschwanstein zusammen.

Wenn es auch der damaligen Zeit geschuldet war, dass der Märchenkönig »nur« konstitutionell herrschen konnte, so übertraf der Prunk des wundervollen Bauwerks auf Herrenchiemsee, das »bayerische Versailles«, vielleicht sogar noch den des Schlosses des französischen Sonnenkönigs. Ludwig herrschte zwar nicht wie der Sonnenkönig, doch war er ein einzigartiger »Mondkönig«: Als Nachtmensch liebte er die Ruhe, die Dunkelheit und Abgeschiedenheit, durch seine nächtlichen Reitausflüge, die Kutsch- und Schlittenfahrten machte er oft die Nacht zum Tage, und bei seinen mitternächtlichen »Dinners for One« speisten Marie Antoinette, Ludwig XIV., Julius Cäsar, Kaiser Barbarossa und viele andere imaginär mit ihm am Tischlein-deck-dich. In seinen Schlössern liebte er das Funkeln und die Lichtspiele der vielen Tausend Kerzen bei Nacht, und durch die von ihm erdachte und initiierte Architektur ließ er so seine Paläste wie Diamanten erstrahlen – auf Herrenchiemsee wurden z. B. über 70 Leuchter mit mehr als 2500 Wachskerzen bestückt und dem König damit das Vergnügen verschafft, sich am magischen Lichterglanz des sich in der Spiegelgalerie reflektierenden Kerzenscheins Tausender Kerzen zu erfreuen – märchenhaft muss das gewesen sein!

»Auch für zahllose andere Menschen, als ich einer bin, wird eine Zeit kommen, in der sie sich nach einem Land sehnen und zu einem Fleck Erde flüchten, wo die moderne Kultur, Technik, Habgier und Hetze noch eine friedliche Stätte weit vom Lärm, Gewühl, Rauch und Staub der Städte übriggelassen hat.«
(König Ludwig II.)

INFORMATION Schloss- und Gartenverwaltung Herrenchiemsee, herrenchiemsee.de

Register

DANKSAGUNG

Ich danke allen, die dazu beigetragen haben, dass dieses Buch entstehen konnte.

Besonders bedanken möchte ich mich bei Herrn Prof. Dr. Gerd Hirzinger, emeritierter Institutsdirektor des Deutschen Zentrums für Luft- und Raumfahrt e. V. (DLR), RMC, Institut für Robotik und Mechatronik, für unseren Austausch und das wissenschaftliche Dossier zu den technischen Errungenschaften des Königs. Dr. Markus Schmitt sage ich herzlichen Dank für die Unterstützung – seine Recherchen und Erkenntnisse im Rahmen seiner Promotion über Ludwig II. haben mir sehr geholfen und durften in dieses Buch einfließen.

Auf Schloss Hohenschwangau wurde mir ein herzlicher Empfang bereitet. Mein Dank dafür und den spannenden Austausch sowie die »Privatführung« auf Schloss Hohenschwangau gilt insbesondere Gerhard Luxenhofer, dem ehemaligen Kastellan, und der »Schlossherrin«, Barbara Schumann. Großen Dank möchte ich auch an den Wittelsbacher Ausgleichsfond, vor allem an Dr. Birgit Jooss und Brigitte Schuhbauer für ihre Unterstützung richten.

Bei der Bayerischen Schlösserverwaltung bedanke ich mich ebenfalls herzlich.

Dankeschön an dich, liebe Rita Deutschenbauer, und dich, liebe Franziska Tusch-Karrasch, für die gemeinsamen und »exklusiven« Ludwig-Wanderungen und unsere schönen Gespräche.

Bei Lea Niesler vom Bruckmann Verlag GmbH bedanke ich mich für die Unterstützung und Geduld. Den Verantwortlichen für Lektorat, Layout und Kartografie sowie allen weiteren Personen, die zum Gelingen dieses Buchs beigetragen haben, gebührt mein aufrichtiger Dank.

Herzlichen Dank an meine Wanderbegleitungen, die geplant oder zufällig meine Wege kreuzten: Ich danke euch für die schönen Gespräche und Augenblicke, die gemeinsamen Brotzeiten und eure Begleitung – es war mir ein Fest!

Impressum

Verantwortlich: Lea Niesler
Redaktion: Anette Späth
Layout: Eva-Maria Klaffenböck
Kartografie: Bruckmann Kartografie, Heidi Schmalfuß
Repro: Repro Ludwig Prepress
Herstellung: Bettina Schippel
Printed in Poland by CGS sp. O. o.

★★★★★

Sind Sie mit diesem Titel zufrieden? Dann würden wir uns über ihre Weiterempfehlung freuen. Erzählen Sie es im Freundeskreis, berichten Sie Ihrem Buchhändler, oder bewerten Sie bei Onlinekauf. Und wenn Sie Kritik, Korrekturen, Aktualisierungen haben, freuen wir uns über Ihre Nachricht an Süddeutsche Zeitung Edition, c/o Bruckmann Verlag GmbH, Postfach 40 02 09, D-80702 München oder per E-Mail an lektorat@verlagshaus.de

Unser komplettes Programm finden Sie unter verlagshaus24.de

In diesem Buch wird aus Gründen der besseren Lesbarkeit das generische Maskulinum verwendet. Weibliche und anderweitige Geschlechteridentitäten werden dabei ausdrücklich mitgemeint, soweit es für die Aussage erforderlich ist.

Bildnachweis
Alle Bilder im Innenteil und auf dem Umschlag stammen von der Autorin,mit Ausnahme von Lookphotos: Cover (Thomas Stankiewicz), Shutterstock: S.7(Kate_gps), 14 o. (Sirio Carnevalino), 14 u. (BGStock72), 28 (Fernando Duarte Nogueira), 29 (365 Focus Photography), 46, 118 o. (Yury Dmitrienko), 49 (Vladislav Gajic), 50 o. l. (minhanphotos), 71 u. (Andy Faessler), 87 (FooTToo), 101 (Tobias Kern), 125 (Shevchenko Andrey), 140 (Eder).

Umschlagvorderseite: König Ludwigs Schachenhaus im Wettersteingebirge (Tour 8)
Umschlagrückseite: Blick auf Hohenschwangau (Tour 14)

Die Deutsche Nationalbibliothek verzeichnet diese Publikation in der Deutschen Nationalbibliografie; detaillierte bibliografische Daten sind im Internet über http://dnb.d-nb.de abrufbar.

ISBN 978-3-7343-2848-0